Lust auf Wandern 2

NATASCHA KNECHT | THOMAS SENF

Lust auf Wandern

— BAND 2 —

Neue idyllische Wanderziele in der Schweiz – für alle Jahreszeiten

 **Natascha Knecht,** aufgewachsen im Berner Oberland, arbeitet seit zwanzig Jahren als Journalistin, Kolumnistin und Autorin. Sie schreibt über Wandern, Alpinismus und Outdoor-Sport. Als leidenschaftliche Berggängerin kennt sie die schönsten Täler und Gegenden der Schweiz – von der gemütlichen Rheinwanderung bei Schaffhausen bis zum Matterhorngipfel.

 **Thomas Senf** wuchs in Leipzig auf. Seine Liebe zu den Bergen liess ihn 2002 mit 21 Jahren in die Schweiz übersiedeln. Dort lebt er in Interlaken im Berner Oberland. Während seines Studiums als Maschinenbauingenieur zog es ihn stets in die grossen Wände der Welt. Neben der Ausbildung zum Bergführer begann das Fotografieren einen immer wichtigeren Stellenwert einzunehmen. Um seine fotografischen Ideen verwirklichen zu können, realisiert Thomas Senf seine Projekte mit einigen der besten Athleten der jeweiligen Sportart.

IMPRESSUM

LandLiebe-Edition
© 2019 Ringier Axel Springer
Schweiz AG, Zürich
Alle Rechte vorbehalten
www.landliebe.ch

Herausgeber:
Schweizer LandLiebe

Lektorat:
Andina Schubiger

Buchgestaltung und Satz:
Bruno Bolliger, Gudo

Buchherstellung:
Bruno Bächtold

Gedruckt in der EU

ISBN 978-3-906869-15-5

SCHWIERIGKEITSGRADE DER WANDERUNGEN

KONDITION	LEICHT	MITTEL	SCHWER
	♥♡♡	♥♥♡	♥♥♥
Länge	< 3 km	< 8 km	> 8 km
Höhenmeter	< 200 hM	< 500 hM	> 500 hM
Gehzeit	< 1½ h	< 4 h	> 3½ h

TECHNIK	LEICHT	MITTEL	SCHWER
Anforderungen	keine speziellen Anforderungen	trittsicher, gute körperliche Verfassung	trittsicher, sehr gute körperliche Verfassung, schwindelfrei
Wegqualität	sehr gut	gut, Stellen unwegsam	teilweise unwegsames Gelände, Bachquerungen zum Teil anspruchsvoll
Ausgesetztheit	kaum ausgesetzt	teilweise wenig exponiert	teilweise exponiert, z. T. mit Ketten gesichert

Inhalt

Vorwort 9

Frühling

Basel-Landschaft 12
01 Kirschblüten und
   Ruine Farnsburg 15
02 Aussichtsturm Wisenberg 20
03 Chellenchöpfli und
   Hinteri Egg 22

Niederhorn und Justistal BE ... 26
04 Wo die Krokusse blühen 30
05 Märchenwald des Steinwildes .. 36
06 Justistal und Sichle 40

Onsernonetal TI 44
07 Pian Secco 50
08 Bäder von Craveggia 52
09 Waldreservat dell'Arena 54
10 Lago di Saléi 58

Zürcher Oberland 62
11 Hörnli 64
12 Schnebelhorn 68
13 Pfäffikersee 74

Sommer

Calancatal GR 81
14 Sentiero Alpino Calanca 84
15 Calanca-Talebene 94

Göscheneralptal UR 96
16 Voralphütte & Rekord-Fichte .. 100

17 Bergsee & Bergseehütte 104
18 Göscheneralp & Stausee 108

Muotatal SZ 113
19 Glattalpsee 116
20 Urwaldspur Bödmeren 120
21 Karstspur Silberen 124

Oberaargau BE 131
22 Linksmähder & Hohwacht 132
23 Aussichtsberg Ahorn 136
24 Burgäschisee 140

Obertoggenburg SG 142
25 Gräppelensee 144
26 Chäserrugg & Rosenboden ... 148
27 Hinterrugg & Alp Sellamatt .. 150
28 Toggenburger Klangweg 152
29 Toggenburger Sagenweg 154

Herbst

Genf und Waadt 158
30 Aussichtsgipfel La Dôle 160
31 Genfer Champagne 164
32 Weinberge von La Côte 169

Lötschental VS 172
33 Themen- und Lehrpfad
   «sehen & verstehen» 174
34 Lötschentaler Höhenweg 178
35 «Besinnungsweg»
   nach Kühmad 182

Pilatus 184
36 Normalweg ab Alpnachstad .. 186
37 Aussichtsberg Matthorn 190
38 Heitertannliweg ab Kriens 192
39 Gratweg vom Pilatus
ins Eigental 196

Winter

Goms, Obergoms, Binntal VS 200
40 «Natura Trail» im Binntal 202
41 Hungerberg im Obergoms 204
42 Panoramaweg in der
Aletsch-Arena 208

Val Müstair GR 212
43 Hochebene Jufplaun mit
Schneeschuhen 216
44 Panoramawanderung
Alp Champatsch 221
45 Skitour Piz Terza 222

Surselva GR 226
46 Schneeschuhtrail «Camana» .. 230
47 Panoramaweg Zervreila 232
48 Schlittelbeizli Imschlacht 236

Genf und Waadt
Wanderungen
30–32

Vorwort

Woher kommt eigentlich unsere Wanderlust? Warum zieht es uns so magisch in die Natur? Sind es die grossartigen und vielfältigen Landschaften der Schweiz? Ist es die Bewegung an der frischen Luft? Das Verlangen nach ein wenig Stille? Die Aussicht auf einen hausgemachten Aprikosenkuchen im gemütlichen Beizli entlang des Wegs? Oder alles zusammen?

Für Fotograf Thomas Senf und mich ist es alles zusammen – und noch viel mehr. Über 200 Wanderungen haben wir bislang gemeinsam unternommen. Bei Hitze, Kälte und allen Witterungen dazwischen. Wir durchstreiften sanfte Hügelwelten und abgelegene Bergtäler. Schlenderten durch moosgepolstertes Unterholz und knorrige Arvenwälder. Standen auf Alpwiesen, als gerade ein wild wachsender, violett-weisser Krokusteppich aus dem Boden spross. Im Herbst spazierten wir in goldfarbenen Weinbergen und im Winter berauschte uns die Wonne der grellen Wintersonne.

Doch wie erwähnt, es ist mehr als die erhabene Naturschönheit, die uns stets aufs Neue hinauslockt. Es sind ebenso die zufälligen Erlebnisse, die auf jeder Wanderung warten. Das Überraschende. Das Einzigartige. Die Momente, die es für kein Geld der Welt zu kaufen gibt. Die Gefühle, Eindrücke, Freuden und Genüsse.

Zum Beispiel besuchten wir im Frühling das Baselbiet, als die Kirschbäume in Hochblüte standen. Wir wussten zuvor ungefähr, was uns erwartet. Online hatten wir von diesem «weiss schimmernden Zauber» gelesen und Fotos gesehen. Doch wie herrlich die Blüten in der Realität duften, kann kein Internet vermitteln. Auch nicht, welche Ruhe über dieser ländlichen, vom Obstbau geprägten Gegend liegt. Wie friedlich die Bienen summen und brummen, das Vogelgezwitscher und das Knattern eines Traktors in der Ferne.

Wer eine Wanderung unternimmt, der hat danach etwas zu erzählen. Von der eigenartigen Feststellung, dass auf einem Berggipfel das matschigste Sandwich aus dem Rucksack besser schmeckt als jedes Gourmetmenü eines Sternekochs. Von Steinböcken, die den Wanderweg blockieren. Von interessanten oder kuriosen Menschen, denen man begegnet. Von der Magie der Jahreszeiten. Der Kultur und kulinarischen Spezialitäten unserer vier Sprachregionen.

Darum stellt sich uns weniger die Frage, warum es uns in die Natur zieht. Sondern viel mehr: Wann geht es wieder los? Und wohin?

Die «Lust auf Wandern» geht also weiter. Nach dem ersten Band halten Sie nun den zweiten in der Hand: 48 neue Routen in 15 neuen Regionen zu allen Jahreszeiten. Um die Atmosphäre, die Mentalität und die Besonderheiten einer Region zu spüren, verbrachten wir jeweils drei Tage mit zwei Übernachtungen im jeweiligen Gebiet. Immer zu zweit, immer auf eigene Faust – und immer frei der Nase nach.

Wir wünschen Ihnen viel Lust auf Wandern!

Natascha Knecht

◀ Becher-Enziane im Göschenertal UR.

BASEL-LANDSCHAFT

In der «Chirsi-Bluescht»

Im Frühling verzaubern die blühenden Kirschbäume das Baselbiet in ein Märchenland. Es summt, brummt und duftet herrlich. Unvergesslich bleiben auch die Bisons und das Chellenchöpfli.

◀ Rund um Hemmiken spriesst das frische Gras und die Chirsibäume stehen in voller Blüte.

Die Kirsche ist im Baselbiet sozusagen die Nationalfrucht. Denn im ländlichen Kanton Basel-Landschaft hat der Kirschenanbau Tradition und die Obstbauern sind zu Recht stolz auf ihren Bestand. Die tiefschwarzen, saftigen Tafelkirschen gehören zu den besten der Schweiz und sind entsprechend begehrt. Und als Wanderer haben wir die Qual der Wahl: Entweder kommen wir im Sommer zur Erntezeit, wenn man entlang des Wegs die reifen Chirsi naschen und erwerben kann. Oder wir kommen, wenn der Frühling die Blüten treibt – und die Gegend aussieht wie ein Gedicht.

Für uns war die Wahl unschwer. Einmal durch die «Chirsi-Bluescht» wandern – das hatten wir schon lange auf der Wunschliste. Umso mehr freuen wir uns jetzt, den richtigen Moment erwischt zu haben. Dieses Naturspektakel dauert nämlich nur wenige Tage – und man kann im Voraus nie genau wissen, wann es so weit ist. Sicher ist nur: Wer zu spät ist, ist zu spät. Die Blütezeit hängt vom

▲ Morgensonne in der Baselbieter Kirschenblüte: Es duftet betörend.

Verlauf der Jahreszeit ab, von Wetter, Temperatur, Niederschlag. Meistens findet die Hochblüte zwischen Mitte und Ende April statt. Es lohnt sich, die Entwicklung via Internet zu verfolgen – zum Beispiel bei www.baselland-tourismus.ch.

Als Stützpunkt für unsere drei Wandertage im Baselbiet haben wir das historische Quellhotel Bad Ramsach ausgesucht. Das Haus steht oberhalb von Läufelfingen BL am Wisenberg auf 740 Metern Höhe. Still und idyllisch. Umgeben von Mischwald und Wiesen.

Es ist bekannt für sein Heilwasser, seine Bäder, Kuren und Wandermöglichkeiten in autofreier Natur. Sehen lassen darf sich auch sein Restaurant mit der grossen Fensterfront. Die Weitsicht in die Hügelwelt des Tafeljura ist prächtig. Es gibt leichte und währschafte Speisen; auch Lebensmittelunverträglichkeiten werden berücksichtigt. Nach unserer Wanderung ist der Hunger jeweils gross und wir bestellen Nahrhaftes: Cordon bleu mit Pommes und sautierte Kalbslebern mit Rösti.

BASEL-LANDSCHAFT

◀ Sind in Farnsburg zu Hause: die Bisons.

01
Kirschblüten und Ruine Farnsburg

Dass im «Land der Kirschen» etliche Chirsi-Wege zur Auswahl stehen, liegt auf der Hand. Wir haben uns für eine Genusstour entschieden: Sie beginnt in Buus BL (445 m ü. M.) und führt hinauf zur Ruine Farnsburg (734 m ü. M.). Auf dieser erholsamen Wanderung kommen wir nicht nur mitten in die Kirschblüte, sondern auch zu einem aussergewöhnlichen Hofgut, einem romantischen Gasthaus – und zu einer historischen Burg mit fantastischer Weitsicht.

Vom Dorf Buus führt uns die erste Etappe via Asphof, Rigiberg und Baregg über saftig grüne Matten und an den vielen Kirschbäumen vorbei. Ihre Blüten gelten als Symbol für Reinheit, Schönheit und bräutliches Glück – und tatsächlich sieht die Landschaft aus, als trage sie ihr Hochzeitskleid. Es summt, brummt und zwitschert. Glückliche Bienen sammeln fleissig Nektar, die Vögel singen fröhlich und die leuchtend weisse «Bluescht» duftet herrlich.

Nach fast zwei Stunden erreichen wir das grosse Hofgut Farnsburg, das auf einer ruhigen Anhöhe steht. Und wir machen grosse Augen: Hier leben verwöhnte Weideschweine, die sich hemmungslos im Dreck suhlen dürfen. Schottische Galloway-Rinder, die dank ihrem zottigen Fell auch bei garstigem Wetter nie frieren. Und Bisons! Zuerst wissen wir gar nicht, was für Tiere das sind. Mammuts? Sind die nicht ausgestorben? Solch riesige Viecher haben wir noch nie in natura gesehen, nur im Fernsehen. Sie glotzen uns aus ihrem weitläufigen Gehege ähnlich interessiert an wie wir sie.

An das Hofgut angrenzend, steht der Landgasthof Farnsburg. Die Spezialitäten sind die Tiere von nebenan: Bison, Galloway und Weideschwein. Zwar stimmt es uns im ersten Moment etwas nachdenklich, zuerst die herzigen Tiere zu bestaunen und sie anschliessend in der Gaststube zu essen. Aber da wir solches Fleisch noch nie verköstigt haben, wären wir nicht abgeneigt. Leider sind für den Abend alle Plätze im Restaurant reserviert, das Haus ist weitum bekannt.

Also gehen wir weiter. Nach den blühenden Kirschbäumen und den Bisons bringt uns die Wanderung nun ins Mittelalter: Vom Hofgut Farnsburg gelangen wir in zwanzig Minuten auf dem Burgweg zur restaurierten Ruine Farnsburg aus dem 14. Jahrhundert. In der gepflegten Anlage gibt es imposante Überreste der Schildmauer, Türme, mehrere Gebäude und die Ringmauer. Wir bleiben lange auf den altehrwürdigen Mauern sitzen, geniessen die atemberaubende Weitsicht über das Baselbiet und die angenehme Stille.

START & ZIEL Buus BL (445 m ü. M.) – Rigiberg (624 m ü. M.) – Hofgut Farnsburg (642 m ü. M.) – Ruine Farnsburg (734 m ü. M.). Retour auf demselben Weg – oder über den Farnsberg (749 m ü. M.) hinab zur Bushaltestelle Buuseregg.

DISTANZ & GEHZEIT Pro Weg 8 Kilometer, 3 Stunden (bis Buuseregg).

HÖHENMETER 420.

WICHTIG Meistens blühen die Kirschbäume zwischen Mitte und Ende April – je nach Wetter. Planung erforderlich. Infos via www.baselland-tourismus.ch.

TIPP Bei der Ruine Farnsburg gibt es mehrere Grillstellen.

EINKEHR Landgasthof Farnsburg (Öffnungszeiten vorher checken) in Buus.

In den Kirschbäumen von Buus BL summt und brummt es von allen Seiten. ▼

BASEL-LANDSCHAFT

Zur «perfekten» Eiche

Eine Linde? Nein, eine Eiche! Die achtzigjährige Gigantin gilt als perfekteste und symmetrischste Eiche Europas (Bild links). Sie steht oberhalb des Winzerdorfs Wintersingen BL. Als perfekt gilt sie, weil sie eine durchwegs symmetrische Form aufweist und aus der Distanz aussieht wie eine Linde. Erst beim Näherkommen verraten Laub und Rinde, dass es sich hier um eine Eiche handelt. Die prominente Baumpersönlichkeit hat in ihrem Leben alle Stürme mehr oder weniger schadlos überstanden – bis im Januar 2018 Sturm Burglind über das Land fegte und ihr einen dicken Ast abbrach. Eine Schönheit bleibt sie trotzdem.

Um der perfekten Eiche einen Besuch abzustatten, ist keine eigentliche Wanderung nötig – nur ein kleiner Spaziergang. Unterhalb der Bushaltestelle «Nusshof, Abzw.» (5 Minuten Fahrt von Wintersingen) zweigt ein Feldweg von der Kantonsstrasse ab und leitet in die Landwirtschaftszone «Im Buech». Nach ungefähr 200 Metern hat man sie bereits erreicht.

Mitten im kleinen Dorf Wintersingen gibt es übrigens noch eine zweite bäumige Sehenswürdigkeit: die knorrige Winterlinde vor dem Pfarrhaus (Bild oben). Sie ist 350-jährig und hat einen hohlen Stamm.

▲ Sind die Treppen des Aussichtsturms erklommen, winkt als Belohnung der Blick bis ins Elsass.

02
Aussichtsturm Wisenberg

Die Zahl 1001 klingt märchenhaft – und so erleben wir auch die Wanderung auf den 1001 Meter hohen, verkehrsfreien Wisenberg. Er ist der östlichste Juragipfel, der die Tausendermarke knackt, und zuoberst steht ein Aussichtsturm. Der Fussweg beginnt in Bad Ramsach oberhalb von Läufelfingen und bringt uns in gemächlicher Steigung via Hasmatt durch den Wald und über die Weite der Wisenbergmatte. Bereits nach einer Stunde haben wir die 260 Höhenmeter überwunden und erreichen den höchsten Punkt.

Zum Glück gibt es hier den 24,5 Meter hohen Aussichtsturm. Denn ohne ihn gäbe es keine Aussicht. Die Bäume schirmen alles ab. Oben auf der Plattform öffnen sich aber spektakuläre Weitsichten in alle Richtungen. Kein Wunder, diente der Turm im Zweiten Weltkrieg als Fliegerbeobachtungsposten. Der Sichtkontakt reicht bis nach Deutschland und ins Elsass. Wir bleiben lange oben. Dank den Tafeln mit den Topografiekarten entdecken wir in der Ferne Berggipfel, von denen wir noch nie gehört haben. Etwa den 1288 Meter hohen

▲ Die Hupp Lodge bietet eine willkommene Pause auf der Wanderung zum Aussichtsturm Wisenberg.

Le Wurzelstein in den Hochvogesen in Frankreich.

Vom Aussichtsturm geht die Rundwanderung weiter zum Weiler Untere Hupp – oberhalb des Dorfs Wisen. Dort wartet die modern-rustikale Hupp Lodge mit Terrasse und atemberaubender Aussicht. «Eine Atmosphäre der Ruhe und Inspiration» lesen wir auf einem Prospekt – und können vorbehaltlos zustimmen. Im gemütlichen Selbstbedienungscafé gibt es frisch gebackenen Kuchen mit regionalen Früchten, Suppe und weitere Leckereien. Wir trinken in der Frühlingssonne einen Kaffee und essen einen Brownie. Gestärkt nehmen wir die letzte Etappe unter die Füsse, folgen den Wegweisern zurück nach Bad Ramsach und treffen unterwegs noch auf eine Herde Lamas.

START & ZIEL Bad Ramsach (740 m ü. M.) – Hasmatt (875 m ü. M.) – Wisenberg (1001 m ü. M.) – Untere Hupp (799 m ü. M.) – Bad Ramsach.

DISTANZ & GEHZEIT 5 Kilometer, 2 Stunden (Rundtour).

HÖHENMETER 270 aufwärts, 270 abwärts.

EINKEHR Quellhotel Bad Ramsach, Hupp Lodge beim Weiler Untere Hupp.

BASEL-LANDSCHAFT

Frisch gestärkt von der Bergwirtschaft Waldweide (Bild unten) geht es dem höchsten Punkt des Kantons Baselland entgegen.

03
Chellenchöpfli und Hinteri Egg

Das Chellenchöpfli (1157 m ü. M.) ist ein beliebter Aussichtsberg und der einzige im Kanton Basel-Landschaft, der mit einer Seilbahn erschlossen ist. Die Talstation befindet sich in Reigoldswil BL im Reigoldswiltal, das im Volksmund Fünflibertal heisst. Diesen Namen trägt es – gemäss Überlieferung –, weil die Bauern einst dem Papiergeld der Basel-Städter nicht trauten und sich darum mit Fünflibern auszahlen liessen.

Mit der Gondel fahren wir hinauf nach Wasserfallen (920 m ü. M.) – mit dem Ziel, auf die Hinteri Egg zu wandern, den höchsten Gipfel im Kanton. Es ist Sonntag und wir sind bei Weitem nicht die Einzigen. Doch es gibt am Chellenchöpfli so viele Wanderwege und Einkehrmöglichkeiten, dass es nirgends zu einem Gedränge kommt. Zu seinem Namen kam das Chellenchöpfli übrigens, weil es in der Felsrippe eine kellenförmige Einbuchtung gibt und diese aus der Distanz wie der Kopf eines Schöpflöffels aussieht.

Von der Bergstation Wasserfallen starten wir unsere Rundwanderung Richtung Waldweid. Der einfach zu begehende Weg führt durchs Grüne, beinhaltet nur eine geringe Steigung und bietet eine wunderbare Panoramasicht. Nach einer halben Stunde gelangen wir zum Bergrestaurant Waldweide (1015 m ü. M.). Es verlockt uns mit seinen gemütlichen Holztischen und Bänken im Garten zu einem kurzen Kaffeehalt. Man könnte problemlos den ganzen Tag hier verbringen.

Doch uns zieht es weiter – den Wald hinauf zur Hinteri Egg (1160 m ü. M.). Verfehlen kann man den Ort nicht, obschon er sich verborgen im Wald befindet. Er ist gut ausgeschildert und wird von einem Stein mit roter Tafel markiert. Aussicht gibt es hier keine. Aber nur einen Steinwurf entfernt befindet sich bereits der Gipfel des Chellenchöpfli, der zur Hälfte dem Nachbarkanton Solothurn gehört. Hier ist die Aussicht spektakulär, sie reicht bis Eiger, Mönch und Jungfrau im Berner Oberland. Wir setzen uns auf einen Fels und kommen nicht aus dem Staunen heraus.

Zurück nach Wasserfallen gelangen wir von hier über einen kurzen Zickzack-Naturpfad im Wald, der Trittsicherheit erfordert, bevor es dann wieder gemütlicher über Bergwiesen geht. Am Ende wartet das Berggasthaus Hintere Wasserfallen. In der Gartenwirtschaft lassen wir unsere drei erlebnisreichen Wandertage im Baselbiet ausklingen. Bestellen ein Holzfällerplättli mit Landjäger, Speck und Käse. Nach Hause fahren wir als neue Fans vom Baselbiet. Nur eines haben wir vergessen: im Land der Kirschen einen Kirschbrand zu degustieren. Nächstes Mal!

START & ZIEL Von Reigoldswil BL (541 m ü. M.) mit der Gondelbahn bis Wasserfallen (920 m ü. M.). Weiter zu Fuss: Waldweid (1015 m ü. M.) – Hinteri Egg (1168 m ü. M.) – Chellenchöpfli (1157 m ü. M.) – Hintere Wasserfallen (955 m ü. M.) – Wasserfallen.

DISTANZ & GEHZEIT 5 Kilometer, 2 Stunden (Rundtour).

HÖHENMETER 270.

EINKEHR Vier Bergrestaurants entlang der Rundwanderung.

Einfach mal in Ruhe den Horizont erweitern: Autorin Natascha Knecht auf dem Chellenchöpfli.

Ischlag - Waldweid
Waldenburg
Oberdorf
Hinteri Egg
1160 m
Chellenchöpfli
Passwang
Wasserfallen
Höchster Punkt des
Kantons Basel-Landschaft
...175...BL

Bergwirtschaft
Waldweide

Krokusse küssen

NIEDERHORN UND JUSTISTAL BE

Wir stehen mitten in einem schier endlosen Meer von weissen und violetten Krokussen. Sind wir in einem Film? Ist das nur ein Traum? Nein. Das ist der Frühling auf dem Niederhorn, einem der schönsten Aussichtsberge im Berner Oberland. Im Frühling während der Krokusblüte definitiv «the place to be» – der Ort, wo man hinmuss. Herrlicher wandern, spazieren und geniessen geht zu dieser Jahreszeit gar nicht!

Das Niederhorn (1963 m ü. M.) ist der Hausberg von Beatenberg. Vom Dorf (1121 m ü. M.) fahren wir mit der Seilbahn hinauf zum Gipfel und staunen schon in der Gondel ob dieser kontrastreichen Landschaft. In den tiefen Lagen hat die Vegetation vor Wochen zu blühen und spriessen begonnen. Hier oben schmilzt dagegen gerade der letzte Schnee. Erst wenn die Sonne wärmer scheint, der Föhn ein paarmal

Ein Meer von wilden Krokussen und freie Sicht auf Eiger, Mönch und Jungfrau: Das Niederhorn oberhalb des Thunersees ist im Frühling ein Sehnsuchtsort und dank den Bergbahnen und Beizli auch für Geniesser zugänglich.

über die Berge gefegt ist und die Kälte vertrieben hat, beginnt das Frühlingswunder auf dem Niederhorn.

Berühmt ist das Niederhorn nebst seiner Aussicht und dem Krokusfest auch für seine Steinwildpopulation, die wahren Einheimischen der Bergwelt: Gämse, Steinböcke, Murmeltiere und der König der Lüfte – der Steinadler. Sie sind vor allem am Abend und in den frühen Morgenstunden aus nächster Nähe zu beobachten. Dieses Erlebnis wollen wir uns nicht entgehen lassen, deshalb werden wir hier oben übernachten.

Das sanft renovierte Berghaus Niederhorn (1950 m ü. M.) befindet sich gleich neben der Bergstation. Es bietet herrlich ruhige Zimmer und eine moderne Küche, aber auch eine Terrasse mit uneingeschränkter Panoramasicht auf die gesamte Kette der prominenten Berner Oberländer Viertausender. Nebst

▲ Kaum schmilzt der Schnee auf dem Niederhorn BE, strecken die Krokusse ihre Köpfe den ersten warmen Sonnenstrahlen entgegen. Im Hintergrund die Berner Alpen.

◀ Geboren, um zu klettern: Steinbockkitze am Niederhorn.

dem berühmten Dreigestirn Eiger, Mönch und Jungfrau sehen wir von hier auch zu Schreck- und Finsteraarhorn. Die hochalpinen Schneegipfel scheinen zum Greifen nah. Ebenso die markanten Dreitausender wie etwa das Wetterhorn oder das Blüemlisalpmassiv – und auch die Zweitausender sind nicht zu übersehen, etwa der frei stehende, pyramidenförmige Niesen und das Stockhorn, das mit seiner steilen Nordwand hoch über dem Thunersee auffällig hervorsticht.

Ins Tourenbuch eines jeden Wanderers gehört auch das Justistal, das sich am westlichen Fuss des Niederhorns erstreckt – zwischen Güggisgrat und Sigriswilergrat. Das beschauliche Justistal bietet pure Berner Oberländer Alpenidylle. Bekannt ist es für seine Chästeilet, die seit über 270 Jahren jeweils im September stattfindet und viele Besucher anlockt. Im Frühling bleibt es aber ein ruhiges Bergtal mit nahezu unberührter Fauna und Flora. Mit etwas Glück sieht man Steinböcke und Gämsen.

04
Wo die Krokusse blühen

Der Anblick haut uns schier aus den Wandersocken! Die blühenden Krokusse auf dem Niederhorn – man muss sie einmal im Leben erlebt haben. Sobald im Frühling der Schnee schmilzt, strecken sie zu Tausenden ihre Köpfe gegen den Himmel und verwandeln die Grasnarben der Alpweiden in einen weiss-violetten Blumenteppich. Freudig öffnen sie ihre Blütenkelche, zeigen ihre gelben Staubbeutel und leuchten um die Wette.

Dank der Niederhornbahn ist das Naturschauspiel auch wenig berggängigen Gästen zugänglich. Von der Bergstation steht man schon nach einem kurzen Spaziergang bei den ersten Blüten. Der grosse Teppich wächst jedoch etwas weiter unten – auf den Alpweiden zwischen Ober- und

Auf der Wanderung nach Oberburgfeld geniesst Autorin Natascha Knecht die Frühlingssonne und die Aussicht auf Eiger, Mönch und Jungfrau.

Unterburgfeld. Empfehlenswert ist gutes Schuhwerk, da der Naturpfad noch nass sein kann.

Die Wanderung ist gut ausgeschildert und beginnt bei der Bergstation (1933 m ü. M.). Das erste Stück führt unterhalb des Güggisgrats ostwärts. Noch liegt weicher Sulzschnee auf dem Weg, es ist Ende April, doch der Pfad ist einfach zu begehen, es geht fast ebenwegs – und es ist so frühlingshaft warm, dass wir die Jacken ausziehen und im Rucksack verstauen. Nach zwanzig Minuten erreichen wir auf der aussichtsreichen Hochebene die Abzweigung Hohseil (1920 m ü. M.), wo ein lustiger alter Sessel des Skilifts zum Verweilen einlädt. Von hier leitet der Wegweiser bergab zu den Alphütten von Oberburgfeld (1836 m ü. M.).

Bald haben wir die letzten Schneefelder hinter uns und befinden uns nun inmitten des weiss-violetten Krokusteppichs. Wir

Wann blühen die Krokusse?

Die Krokushochblüte auf dem Niederhorn ist ein exklusives Naturereignis, weil sie nur kurz dauert – etwa zwei, drei Wochen. Denn wilde Frühlingskrokusse sind kurzlebige Pflänzlein, dafür äusserst wetterfest. Sie ertragen Temperaturen bis minus sieben Grad und können zum Schutz vor Regen und Schneefall ihre Kronblätter schliessen. Sind ihre Blumenbecher einmal verwelkt, verbleiben ihre schlanken, grünen Blätter und Stängel noch eine Weile. Dann ziehen sich die «Schneegugger», wie Krokusse im Volksmund auch genannt werden, wieder zurück in den Boden, wo sie geduldig auf das neue Erwachen warten, das im nächsten Frühling kommen wird.

Wann genau das Niederhorn in der Krokusblüte steht, hängt von verschiedenen Faktoren ab: etwa von der Länge und Intensität des Winters, von Wind und Wetter im Frühling und von den Temperaturen. Zumeist findet das Schauspiel jedoch zwischen Mitte April und Mitte Mai statt – die Blüte folgt den schmelzenden Schneefeldern von Tag zu Tag aufwärts. Am besten beobachtet man die Situation via Livecam-Bilder im Internet (www.niederhorn.ch). Sobald es so weit ist, heisst es dann aber: Nicht lange warten!

Die Niederhornbahn nimmt jeweils nach der Skisaison Revisionsarbeiten vor. In den Wochen von Ende März bis Mitte April ist der Betrieb eingestellt. Fahrplan prüfen unter: www.niederhorn.ch.

◀ So schön die Krokusblüte ist, so schnell ist sie auch wieder vorbei. Wer sie verpasst, muss bis zum nächsten Frühling warten.

▲ Das Bergrestaurant Vorsass verwöhnt uns mit einheimischen Spezialitäten.

kommen nicht aus dem Staunen heraus. Noch sind wir oberhalb der Baumgrenze. Nebst der Blütenpracht geniessen wir auch die freie Sicht hinüber zu Eiger, Mönch und Jungfrau. Kein Wunder, ist dies die beliebteste Wanderung am Niederhorn. Die Krokusse feiern ihr grosses Fest bis hinab zur Alp Unterburgfeld (1652 m ü. M.), wo der Weg Richtung Alp Flösch (1676 m ü. M.) und zum Vorsass (1581 m ü. M.) abbiegt. Wir folgen den Wegweisern, gehen nun wieder westwärts, jetzt durch lichten Wald.

Im Vorsass befindet sich die Mittelstation der Niederhornbahn, welche die Möglichkeit bietet, mit der Gondel hinab nach Beatenberg zu fahren. Gleich neben der Station lockt das heimelig-urchige Bärgrestaurant Vorsass mit Sonnenterrasse und grandioser Aussicht. Die Speisekarte ist vielfältig, unter anderem gäbe es höchst gluschtiges «Härzbluet für üse FC Thun». Das ist ein hausgemachtes Hacksteak, überbacken mit Tomaten und Zwiebeln, dazu Pommes und Salat. Wir entscheiden uns jedoch für ein simples, aber feines Plättli: Beatenberger Trockenfleisch und Käse.

Gestärkt wandern wir via Bodenalp und Riedboden hinab nach Beatenberg (1121 m ü. M.), das übrigens als «längstes Dorf Europas» gilt. Oben bei den ersten Häusern gelangen wir auf den Erich-von-Däniken-Weg, der uns direkt zur Talstation der Niederhornbahn führt. Von hier startet der «EvD-Spazierweg». Er endet beim Parkplatz Wydi, dauert rund eine Stunde und vermittelt Biografisches über den weltberühmten Bestsellerautor und Prä-Astronautiker, der sich vor Jahren hier in Beatenberg niedergelassen hat. Der Weg wäre in seiner ganzen Länge ein Ausflug für sich.

START & ZIEL Von Beatenbucht (572 m ü. M.) oder Beatenberg (1121 m ü. M.) mit der Bahn aufs Niederhorn (1934 m ü. M.). Wanderung via Hohseil (1920 m ü. M.) – Oberburgfeld (1836 m ü. M.) – Unterburgfeld (1652 m ü. M.) – Alp Flösch (1676 m ü. M.) zum Vorsass (1581 m ü. M.). Von hier mit der Bahn zurück nach Beatenberg – oder zu Fuss via Bodenalp (1365 m ü. M.).

DISTANZ & GEHZEIT 7 Kilometer bis Vorsass plus 3 Kilometer bis Beatenberg, 2,5 Stunden bis Vorsass.

HÖHENMETER 150 aufwärts, 500 abwärts.

TIPP 1 Wer nur spazieren will, erreicht die üppigen Krokusfelder bei der Alp Oberburgfeld in ca. 30 Minuten ab Bergstation Niederhorn.

TIPP 2 Wann die Krokusse blühen, hängt von der Schneeschmelze ab. Meistens ist es zwischen Ende April und Mitte Mai so weit. Infos via Webcam: www.niederhorn.ch.

TIPP 3 Wegen Revisionsarbeiten stellt die Niederhornbahn jeweils ab Ende März drei Wochen den Betrieb ein. Fahrplan unter: www.niederhorn.ch.

EINKEHR Berghaus Niederhorn, Bärgrestaurant Vorsass in Beatenberg.

Krokusse, so weit das Auge reicht, und das Berner Dreigestirn Eiger, Mönch und Jungfrau (links der Bildmitte) als Kulisse. Bei Oberburgfeld. ▼

NIEDERHORN UND JUSTISTAL BE

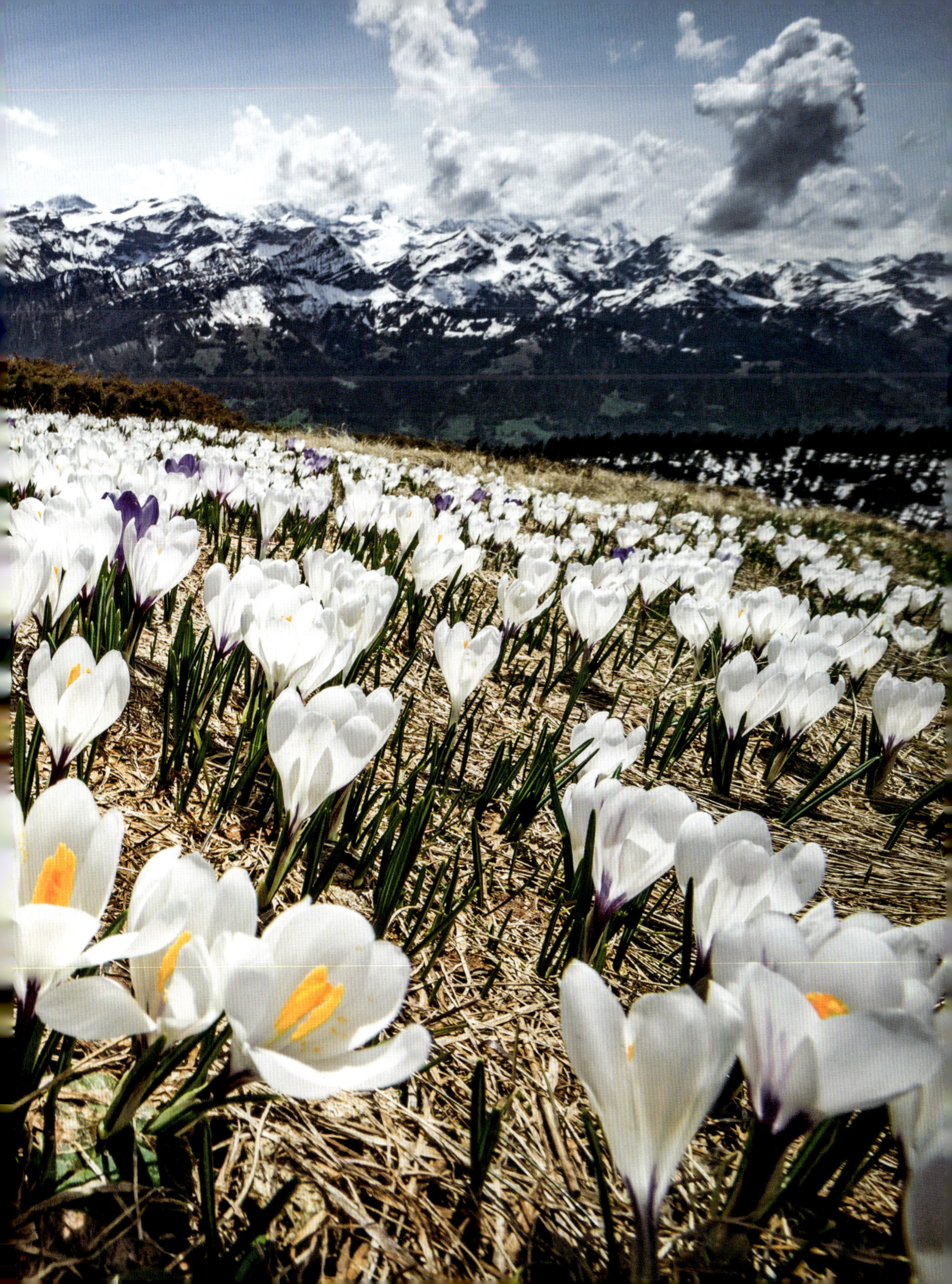

05
Märchenwald des Steinwildes

🥾🥾🥾 ❤️❤️🤍

Am Niederhorn ist die Krokuswanderung zweifellos die berühmteste, aber bei Weitem nicht die einzige. Über die Südwestflanke führt ein bäumiger Bergweg durch einen knorrigen Märchenwald – direkt durch das «Wohnzimmer» des Steinwildes. Es duftet nach Moos und Nadelholz; stolze Kiefern, Fichten und Tannen säumen den Trampelpfad. An den lichten Stellen reicht der Blick hinüber zum Niesen, auf den Thunersee und über die Gemschiflue hinab ins idyllische Justistal.

Diese gut ausgeschilderte Wanderung beginnt bei der Mittelstation Vorsass. West-

◀ Hoch über dem Justistal führt uns der Weg durch einen knorrigen Wald zum Niederhorn.

START & ZIEL Von Beatenberg (1121 m ü. M.) mit der Bahn oder zu Fuss zur Mittelstation Vorsass (1581 m ü. M.). Von hier westwärts und durch den Wald via Uf Vorsess (1760 m ü. M.) aufs Niederhorn (1934 m ü. M.). Retour mit der Bahn.

DISTANZ & GEHZEIT 2 Kilometer, 1, 5 Stunden.

HÖHENMETER 400.

EINKEHR Bärgrestaurant Vorsass, Berghaus Niederhorn, in Beatenberg.

wärts geht es erst über die Alpwiesen Richtung Gemschiflue in den knorrigen Nadelwald und von da hinauf zum Berghaus Niederhorn. Der Naturpfad wird zeitweilig steil und verlangt Trittsicherheit, das Ambiente entschädigt jedoch für die Anstrengung.

Zudem lernen wir ein fast vergessenes Kapitel der Zeitgeschichte kennen: In der Gegend wurde von Ende des 18. bis Mitte des 19. Jahrhunderts unter grosser Entbehrung Kohle abgebaut. Davon zeugt unter anderem der Jägerstollen, den wir bei der Flur Uf Vorsess (1760 m ü. M.) sehen. Das geschichtsträchtige Loch wurde zwar für Besucher zugänglich gemacht, befindet sich aber an exponierter Stelle. Wir verzichten auf eine Besichtigung und lassen uns stattdessen vom Tiefblick über die senkrecht abfallende Gemschiflue ins idyllische Justistal entzücken.

Nach einer guten Stunde bergauf endet der Wald und wir erreichen den Vorsass-Spitz (1930 m ü. M.), einen aussichtsreichen Vorgipfel des Niederhorns. Die Rundsicht hier ist atemberaubend. Gegen Nordosten recht der Weitblick über das Emmental bis zu den Sieben Hengsten. Gegen Nordwesten zur Jurakette, gegen Süden über die Berner und Walliser Viertausender. Selbst der König der Alpen, der Mont Blanc, winkt aus Frankreich.

Bis zum Berggasthaus ist es nur noch ein Katzensprung. In den frühen Abend- und Morgenstunden treffen sich hier Dutzende von Steingeissen mit ihren Kitzen.

Die letzten Schneereste verbleiben an den Hängen, während im Tal längst der Frühling Einzug gehalten hat. Unter dem Gipfel des Niederhorns, im Hintergrund der Niesen und das Stockhorn. ▼

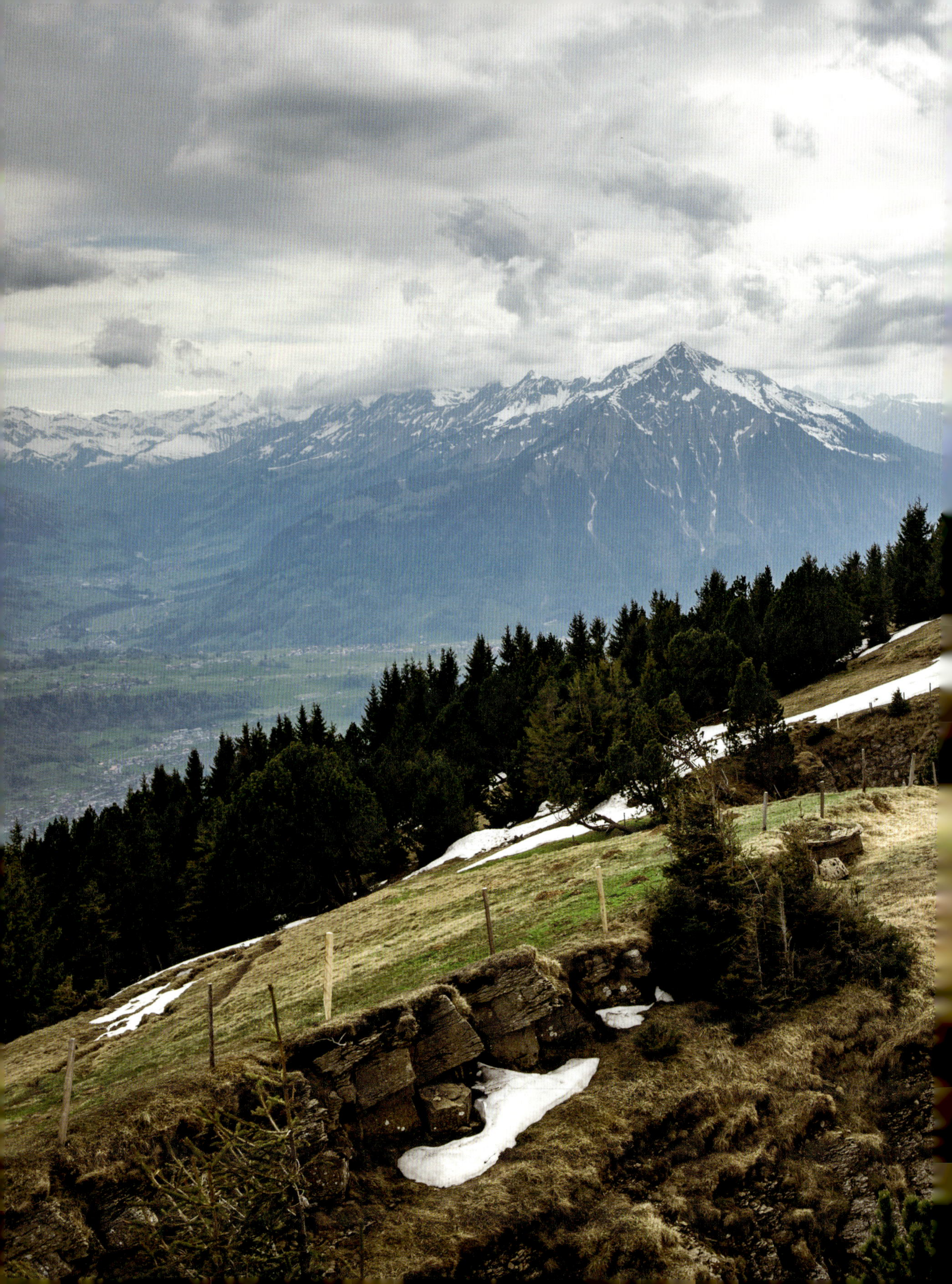

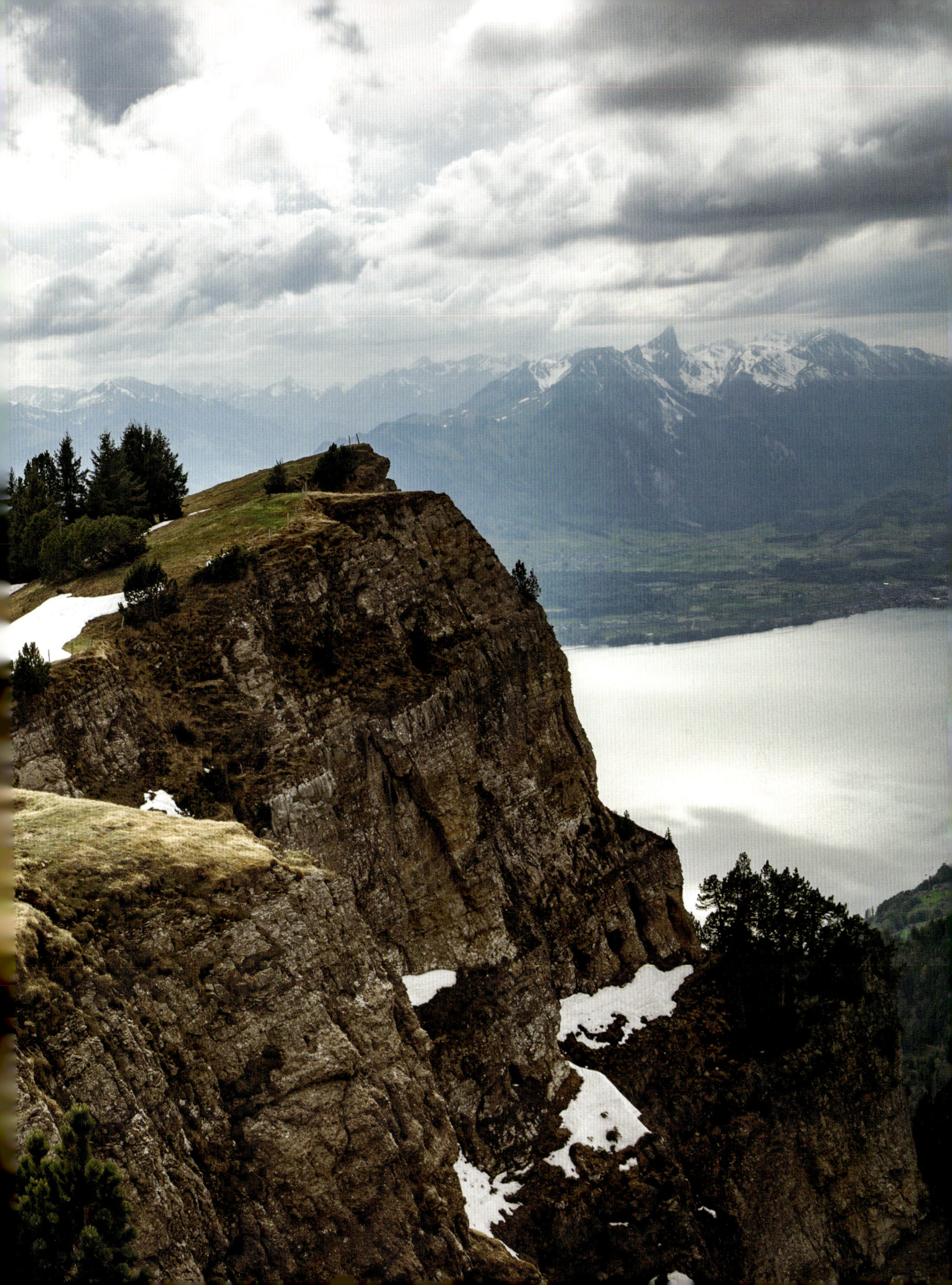

06
Justistal und Sichle

Berner Oberländer Bergidylle wie aus dem Bilderbuch – das verkörpert das Justistal. Es liegt oberhalb von Merligen am Thunersee und erstreckt sich westlich des Niederhorns zwischen Güggisgrat und Sigriswilergrat. In diesem Bergtal werden bäuerliche Traditionen noch immer aktiv gelebt und die Natur ist überwältigend. Kein Wunder, kommen besonders im Sommer und Herbst viele Besucher. Der Wanderweg über den Talboden ist einfach zu begehen und eignet sich für die ganze Familie. Wer es ruhiger mag, kommt im Frühling.

Die Wanderung beginnt bei der Grönhütte (1125 m ü. M.), die unübersehbar beim Taleingang steht. Von hier schlängelt sich ein asphaltiertes Strässchen über den 4,5 Kilometer langen Talboden. Das erste

Stück ist steil, dann wird es eben. Das Strässchen darf nur mit Bewilligung befahren werden – und dient als Wanderweg. Auf der ganzen Strecke überholt uns an diesem Tag nur ein Subaru.

Links und rechts des beschaulichen Justistals schrecken imposante Felsen empor. Tapfer wachsen in den steilen Hängen Tannen und Kiefern. Auf den Alpweiden liegen mächtige, von Moos und Flechten bewachsene Steinblöcke. Über den Talboden plätschert der Grönbach. Fauna und Flora sind nahezu unberührt. Die ersten Frühlingsblümlein verpassen dem Grün hie und da gelbe und rosa Farbtupfer. Ganz am Ende des Tals, hoch oben, sehen wir die berühmte Sichle (1679 m ü. M.). Sie bildet den Übergang, der auf der anderen Seite hinab nach Innereriz und ins Emmental führt. Die Sichle heisst so, weil der rund geformte Pass von Weitem tatsächlich aussieht wie eine Sichel.

▲

Hier schön zu erkennen: die Sichle – ganz zuhinterst im Justistal. Auf den feuchten Frühlingswiesen spriessen die ersten Schlüsselblumen.

NIEDERHORN UND JUSTISTAL BE 41

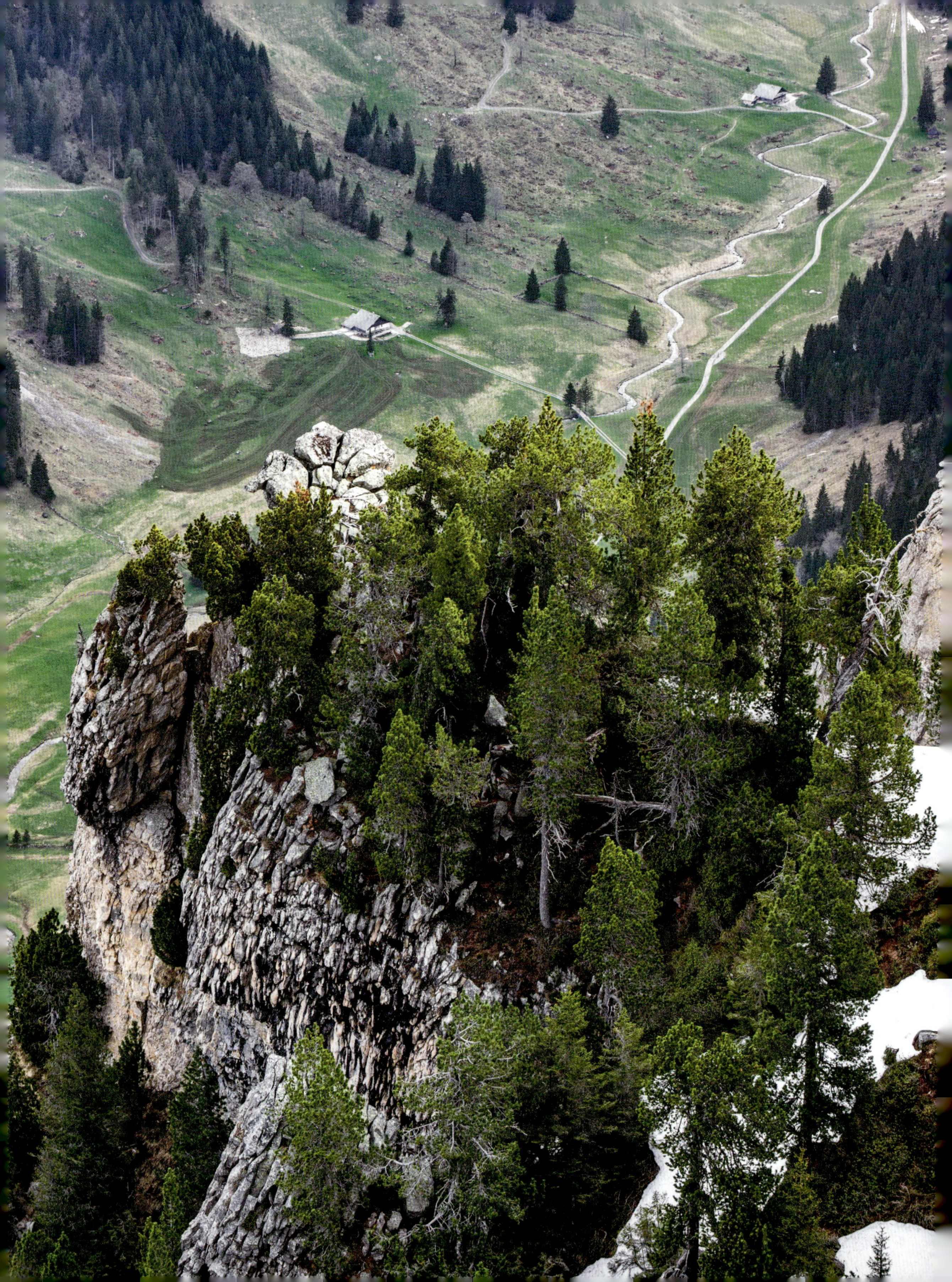

◀ Das schöne Justistal: Im Sommer und Herbst ist es von Wanderern überlaufen, im Frühling dagegen ruhig.

Wichtig zu wissen

Ausgangspunkt für die Wanderung ins Justistal ist die Grönhütte (1125 m ü. M.). Sie steht an der Autostrasse zwischen Sigriswil und Beatenberg – und ist nicht mit den öffentlichen Verkehrsmitteln erreichbar. Nur mit dem Privatauto oder zu Fuss.

Zu Fuss ab Beatenberg: Ca. 5 Kilometer, ca. 60 Höhenmeter aufwärts und 60 abwärts, 1 Stunde.

Zu Fuss ab Thunersee, Haltestelle Merligen Beatus: 4 Kilometer, 560 Höhenmeter, 2 Stunden.

Bei den Alphütten von Gross Mittelberg (1309 m ü. M.) kommen wir bei Lilis Beizli vorbei, entschliessen uns aber, erst auf dem Rückweg einzukehren. Erst ganz hinten im Tal, in Oberhofner (1451 m ü. M.), herrscht etwas Betrieb: Wir beobachten einen Bauern, der mit Traktor und angehängtem Gülletank das Land «bschüttet» und die Luft landwirtschaftlich parfümiert. Er grüsst freundlich aus dem «Cockpit». Und ein paar kräftige Männer bauen eine Alphütte um.

Hier bei den Alphütten von Oberhofner endet nun der asphaltierte Wanderweg. Weiter geht es auf dem steinigen Bergweg hinauf zur Sichle. Faszinierend, wie abrupt sich die Landschaft ändert. Nach den grünen Alpwiesen wandern wir jetzt durch alpines Geröll. Der Naturpfad ist nicht zu verfehlen, setzt aber Trittsicherheit voraus.

Oben auf der Sichle weht uns ein kühler Wind entgegen. Zum Glück haben wir warme Kleidung dabei und können eine unbeschwerte Rast einlegen. Auf einem Stein sitzend verpflegen wir uns aus dem Rucksack, geniessen die prächtige Sicht über das Justistal – und wandern schliesslich auf gleichem Weg zurück.

▲ Berner Schnitzkunst zuhinterst im Tal.

START & ZIEL Von Grön (1125 m ü. M.) bis Oberhofner (1451 m ü. M.). Retour auf gleichem Weg oder weiter über die Sichle (1679 m ü. M.) nach Innereriz (1040 m ü. M.).

GEHZEIT Grön bis Oberhofner: 2 Stunden (pro Weg). Sichle plus 1 Stunde (pro Weg). Innereriz plus 1,5 Stunden.

DISTANZ Grön bis Oberhofner: 4,5 Kilometer. Sichle plus 1,5 Kilometer. Innereriz plus 5 Kilometer.

HÖHENMETER Grön bis Oberhofner: 300. Sichle: plus 260.

EINKEHR Lilis Beizli bei der Alp Gross Mittelberg im Justistal, in Beatenberg, in Merligen.

— ONSERNONETAL TI —

Auf den Spuren der Dichter

Wilde Natur, historisches Heilbad, betörende Weitblicke, authentische Bergdörfer: Das Valle Onsernone gilt zu Recht als «schönste Sackgasse der Schweiz». Und die feine Tessiner Küche belohnt jede Wanderung.

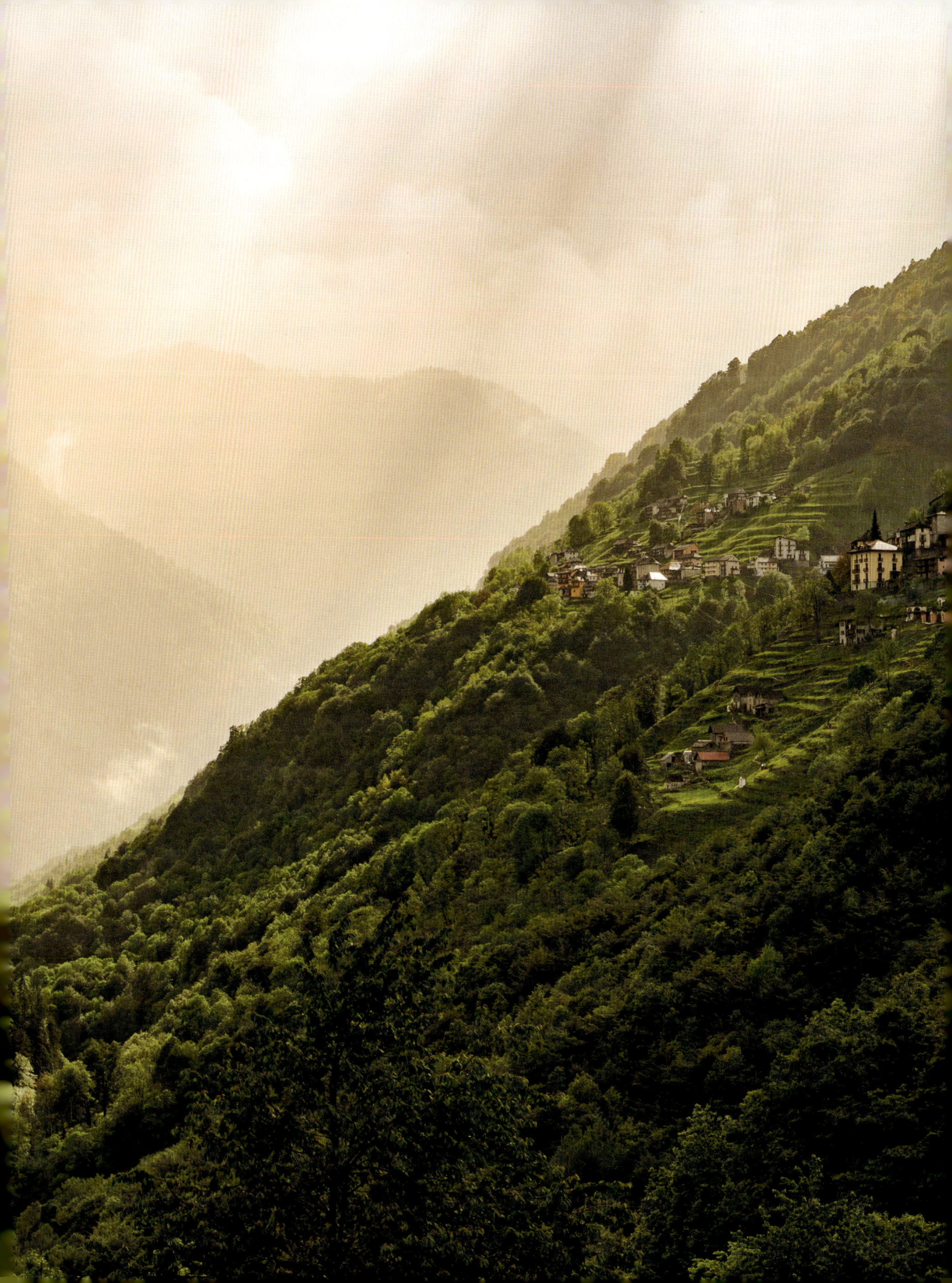

Autorin Natascha Knecht auf ausgesetzten Pfaden im Waldreservat dell'Arena, im Valle di Vergeletto, einem Seitental des Valle Onsernone TI.

Grün! Wo wir hinblicken, sehen wir grün! Wie ein dickes Polster überwuchern Wälder die Berge und Hügel bis auf die Gipfel. Üppig, wild und wunderschön! Wir sind im Valle Onsernone. Es liegt abgelegen und einsam am Westrand des Tessins, an der Grenze zu Italien, zwischen Centovalli, Bedretto- und Maggiatal.

«Ein Ort ausserhalb von allem», schrieb der Schriftsteller Max Frisch, der sich viele Jahre hier niedergelassen hatte. «Ein Ort ausserhalb von allem» ist das Valle Onsernone bis heute geblieben. Zufällig «verirrt» sich wohl selten einer hierher. Denn die Anreise ist abenteuerlich: Das Tal beginnt bei Intragna im Centovalli. Von hier führt eine enge Fahrstrasse mit 300 Kurven 22 Kilometer bergauf bis Spruga ganz zuhinterst im Tal. Damit zwei Autos kreuzen können, sind an vielen Stellen geschickte Manöver nötig. Manchmal blockieren Ziegenherden die Strasse. Weit unten schlängelt sich der Fluss Isorno durch die Schlucht, doch man sieht ihn kaum, weil die struppige Natur den Grund versteckt.

Das Valle Onsernone gilt als «Tal der Extreme», es ist steil, zerklüftet und ohne horizontale Flächen. Seine Dörfer und Siedlungen liegen ungefähr auf halber Höhe der ringsum aufragenden Berge. Ist man aber einmal da (die Anreise geht auch unbeschwert mit dem Postauto!), kann man dem Reiseführer nur zustimmen: Das Onsernonetal ist die schönste Sackgasse der Schweiz. Hier will man verweilen, zumindest ein paar Tage – manche bleiben auch ein paar Jahre oder gar für immer.

Seit den 1930er-Jahren zieht das Onsernonetal Menschen an, die alternative Lebensformen mögen. Erst kamen die Intellektuellen. So war etwa Schriftsteller Kurt Tucholsky da, Künstlerin Meret Oppenheim oder Architekt Max Bill. Max Frisch lebte ab 1964 für mehrere Jahre im Dorf Berzona. Unter anderem schrieb

▲ Liebevoll und kreativ sind die Rustici in Pian Secco dekoriert.

Die Strasse in Comologno wird häufiger von Ziegen genutzt als von Autos. Zu abgelegen ist das Dorf ganz hinten im Onsernonetal. Aber es ist zum Glück auch mit dem Postbus zu erreichen.

er hier seinen Bestseller «Der Mensch erscheint im Holozän», der ihn auch in Amerika berühmt machte. Später kamen die Hippies. Heute sind es Künstler und Therapeuten, die eine begleitete Auszeit oder einen alternativen Kuraufenthalt anbieten.

Wir treffen kurz vor Mittag in Comologno ein; es ist das zweitletzte Dorf im Tal und liegt auf 1085 Metern über Meer, die Luft ist bergfrisch und gleichzeitig mediterran mild. Um die eng aneinander gebauten Steinhäuser wachsen Palmen.

Als Erstes beziehen wir die Unterkunft – im Palazzo Gamboni, dem einzigen Hotel im Valle Onsernone. Das Haus wurde 1750 erbaut und vor wenigen Jahren originalgetreu restauriert. Fast ein bisschen Ballenberg-Flair empfängt uns drinnen – mit dem Unterschied, dass die Gäste nicht nur schauen, sondern auch nächtigen dürfen.

Die Geschichte des Palazzo Gamboni erzählt die Geschichte des Tals: Wegen Armut waren einst viele Männer gezwungen, in der Fremde Arbeit zu suchen.

Manche erlangten Reichtum, kehrten zurück und bauten die herrschaftlichen Palazzi, welche bis jetzt den Dorfcharakter von Comologno bilden. Heute ist das Onsernonetal wie viele andere Bergtäler von der Überalterung und Abwanderung betroffen.

Am liebsten würden wir sogleich loswandern. Doch es regnet – und zwar so, wie es nur im Tessin regnen kann: wie aus Eimern. Das Wetter ist deutlich schlechter als prognostiziert. Was jetzt? Etwas ratlos kehren wir in der Osteria Al Palazign ein.

Drinnen sitzen einige Einheimische und grüssen freundlich. Zum Zmittag gibt es – wie in der Region üblich – einen Dreigänger: angefangen mit einem Salat, gefolgt von Teigwaren oder Risotto und zum Schluss Fleisch mit Gemüse. Gekocht wird im «Al Palazign» hervorragend.

Nach dem Zmittag reissen draussen die schwarzen Wolken plötzlich auf. Blauer Himmel blinzelt durch. Sofort schnüren wir die Wanderschuhe und machen uns auf, diese üppig grüne Landschaft zu Fuss zu erkunden.

▲ Das Waldreservat dell'Arena mutet an wie ein Dschungel.

Vom Maiensäss Pian Secco lässt sich das gesamte Valle Onsernone überblicken.

07
Pian Secco

Kein Wunder, gilt das Maiensäss Pian Secco als Kraftort. Es besteht aus einer Handvoll Rustici, liegt einsam auf 1440 Metern – und bietet einen prächtigen Weitblick über das Tal. Zu erreichen ist es nur zu Fuss. Gut so. Denn die Wanderung in dieser ruhigen Natur wirkt wie ein zauberhaftes Entschleunigungsmittel.

Mehrere Wege führen nach Pian Secco. Wir starten im Dorf Comologno. Der ausgeschilderte Naturpfad führt über saftig grüne Wiesen bergauf und mit jedem Höhenmeter sehen wir weiter über das prachtvolle Tal. Nach einer halben Stunde erreichen wir den Weiler Ligünc. Eine kleine Siedlung von Steinhäusern steht dort. Weiter folgen wir dem alten Schmugglerweg Richtung Westen und gelangen in leichter Steigung zum Maiensäss Pian Secco.

Menschen treffen wir hier an diesem Tag keine. Dafür Schafe und zwei Esel, die uns genauso interessiert begrüssen wie wir sie. Weiter geht es nun hinab ins Dörfchen Spruga. Immer wieder kommen wir an Kunstwerken vorbei. Etwa einem Kamel aus Metall, auf dem geschrieben steht, in welcher Richtung es nach Paris

START & ZIEL Comologno (1085 m ü. M.) – Ligünc (1343 m ü. M.) – Pian Secco (1440 m ü. M.) – Spruga (1113 m ü. M.). Retour mit dem Postauto.

DISTANZ & GEHZEIT 4 Kilometer, 2,5 Stunden.

HÖHENMETER 400 aufwärts, 370 abwärts.

TIPP Auf Pian Secco gibt es Rustico-Ferienhäuser zu mieten (www.piansecco.ch).

EINKEHR In Comologno und Spruga.

oder Istanbul geht. Weiter unten warten in einer Wiese zwei angemalte Metallstühle. Daneben ein Schild mit der Einladung: «Setz dich hin. Ruh dich aus. Meditiere.» Schliesslich gelangen wir nach Spruga. Es ist das hinterste Dorf im Onsernonetal – und Endstation für den Verkehr. Die Häuser stehen im Berghang, es gibt ein Restaurant, eine Bar und einen kleinen Lebensmittelladen. Zurück nach Comologno gelangen wir mit dem Postauto.

▲
Zuhinterst im Valle Onsernone gibt es kaum einen Quadratmeter ebener Fläche, dafür Natur, so weit das Auge reicht.

08
Bäder von Craveggia
👢👢👢 ♥♡♡

Heilbäder kennt man in der Schweiz vielerorts. Aber keines ist wie die Minitherme Bagni di Craveggia (980 m ü. M.). Das historische Bad wartet vierzig gemütliche Fussminuten vom Dorf Spruga entfernt – und ist sozusagen ein Grenzgang, denn es liegt bereits auf italienischem Boden. Der Spaziergang führt über das asphaltierte, aber verkehrsfreie Strässchen durch einen üppigen Wald hinab zum Isorno, der die Landesgrenze markiert.

Eine Brücke führt auf die andere Seite des Flusses, gefolgt von einem kurzen, ruppigen Naturpfad, der uns direkt zu den sanft restaurierten Ruinen der Therme bringt. Was für ein magischer Ort! Aus der Quelle fliessen pro Minute zehn Liter 28 Grad warmes Thermalwasser. Seine heilende Wirkung war schon im Mittelalter bekannt. Im 19. Jahrhundert kamen Adelige aus aller Welt, um sich gesund zu baden. Sie liessen sich von den einheimischen Bergbauern auf Tragestühlen herbringen.

Zur Verfügung stehen heute zwei neue Granitwannen, eine lässt sich mit dem warmen Thermalwasser füllen, die andere mit dem kalten Wasser aus dem Fluss. Sie sind für jedermann frei zugänglich. Es gibt eine Grillstelle, im Fluss kann man ebenfalls baden. Am Ufer stehen zahlreiche Steinmannli – Kunstwerke der Besucher.

Die Bäder von Craveggia sind ein ideales Ausflugsziel mit Kindern. In manchen Beschreibungen steht, sie seien auch mit Rollstuhl erreichbar. Durch das Flussbett gibt es einen gepflasterten Weg. Doch bei unserem Besuch fliesst das Wasser kniehoch darüber. Wir müssen Schuhe und Socken ausziehen und die Hosen weit nach oben rollen, um durchzukommen – oder wir hätten wieder denselben Waldweg zur Brücke hinab nehmen können, über den wir gekommen sind. Zurück nach Spruga geht es wieder über das Strässchen.

START & ZIEL Spruga (1113 m ü. M.) – Bäder von Craveggia (980 m ü. M.). Retour auf gleichem Weg.

DISTANZ & GEHZEIT 3 Kilometer, 45 Minuten pro Weg.

HÖHENMETER 150 aufwärts, 150 abwärts.

TIPP Badehosen und Proviant mitnehmen.

EINKEHR In Spruga.

Neue Badewannen aus Granit inmitten der alten Gemäuer der Therme Bagni di Craveggia laden zum Baden ein.

▶ Der Weg durch das kraftstrotzende Waldreservat dell'Arena ist nicht einfach zu begehen, dafür ist er wild und einsam.

09
Waldreservat dell'Arena
🥾🥾🥾 ♥♥♥

Das Valle di Vergeletto ist ein Seitental des Valle Onsernone – und Heimat des Riserva forestale dell'Arena. 1992 wurde es als erstes Waldreservat des Kantons Tessin ausgeschieden. Durch das Gebiet ist ein schöner und gut ausgeschilderter, aber streckenweise anspruchsvoller Bergwanderweg angelegt. Die Idee des Reservates ist, die Bäume ihrem natürlichen Urwuchs zu überlassen, ohne Einfluss des Menschen. Es besteht vor allem aus mächtigen Weisstannen und Fichten; aber auch Bergulmen, Bergahorn oder Alpenerlen gedeihen.

Ausgangspunkt für die Rundwanderung ist der Piano delle Cascine (1110 m ü. M.), eine Ebene ganz hinten im Vergelettotal. Von hier leitet der Wegweiser über eine Holzbrücke auf die andere Seite des Flusses Ribo – und direkt ins dichte Unterholz des kraftstrotzenden Bergwaldes. Auf dem Naturpfad wandern wir weiter taleinwärts. Zuerst ist es weder steil noch besonders anspruchsvoll. Dann folgen gut 200 Höhenmeter Anstieg. Auf der anderen Seite sehen wir einen Steinbruch und der Weg macht eine scharfe Rechtskurve. Ab jetzt wandern wir talauswärts und mehr oder weniger ebenwegs den Hang entlang.

Im Wald ist es warm und in der feuchten Luft leuchten die Bäume, Büsche, Gräser, Flechten und das Moos so kräftig in allen Grüntönen, dass uns das Ambiente schier unwirklich vorkommt. Die Steine und Wurzeln entlang des Wegs verlangen Trittsicherheit, es gibt mehrere Bachbette zu queren. Sie sind zwar nur zwei, drei Meter breit und in trockenen Zeiten fliesst wahrscheinlich kaum Wasser. Aber bei unserem Besuch im frühen Juni stürzen beachtliche Fluten von oben herab. Wir balancieren über die Steinblöcke, die aus dem Wasser herausragen. Sie wackeln, und wir stehen beide Male bis zur Wade im Nass. Wasserdichtes Schuhwerk nützt da nichts mehr. Hilfreich wären dagegen Stöcke – leider haben wir keine dabei.

Nach einem weiteren kurzen Anstieg verschmilzt der Weg bergab mit dem alten Säumerpfad und öffnet zwischendurch den Blick über das Tal. Bei den Hütten von Gèria (1017 m ü. M.) gelangen wir wieder auf den Talboden, queren den Ribo über eine Steinbrücke, beobachten einen einsamen Fischer und wandern auf dem nun breiten Spazierweg entlang des Flussbettes hinauf zu unserem Ausgangspunkt Piano delle Cascine.

Dort wartet das Ristorante Fondovalle, wo wir hungrig einkehren. In der gemütlichen Gaststube knistert ein warmes Chemineefeuer und wir verköstigen uns mit einer leckeren hausgemachten Lasagne. Auf der Rückfahrt erkunden wir das schmucke Dorf Gresso (994 m ü. M.), das hoch in einen Hang des Vergelettotals gebaut wurde und einen betörenden Weitblick bietet. U nd wir machen einen Abstecher ins Dorf Russo (801 m ü. M.), wo wir die Pfarrkirche Santa Maria Assunta aus dem 17. Jahrhundert besichtigen, auf einer Wiese zwischen den Steinhäusern eine frei laufende, zutrauliche Stute mit ihrem Fohlen antreffen und schliesslich im Ristorante della Posta ein Gazosa Ticinese, eine süsse Tessiner Limonade, trinken.

START & ZIEL Piano delle Cascine (1110 m ü. M.) im Valle Vergeletto. Via Bosco dello Scheggione (1440 m ü. M.) und Gèria (1017 m ü. M.) zurück nach Piano delle Cascine.

DISTANZ & GEHZEIT 8 Kilometer, 4 Stunden.

HÖHENMETER 550 aufwärts, 550 abwärts.

EINKEHR In Piano delle Cascine.

Sich selbst überlassen, erobert sich die Natur Stück für Stück ihr Territorium zurück. Steinbrücke auf dem Weg im Waldreservat dell'Arena.

▼

ONSERNONETAL TI 55

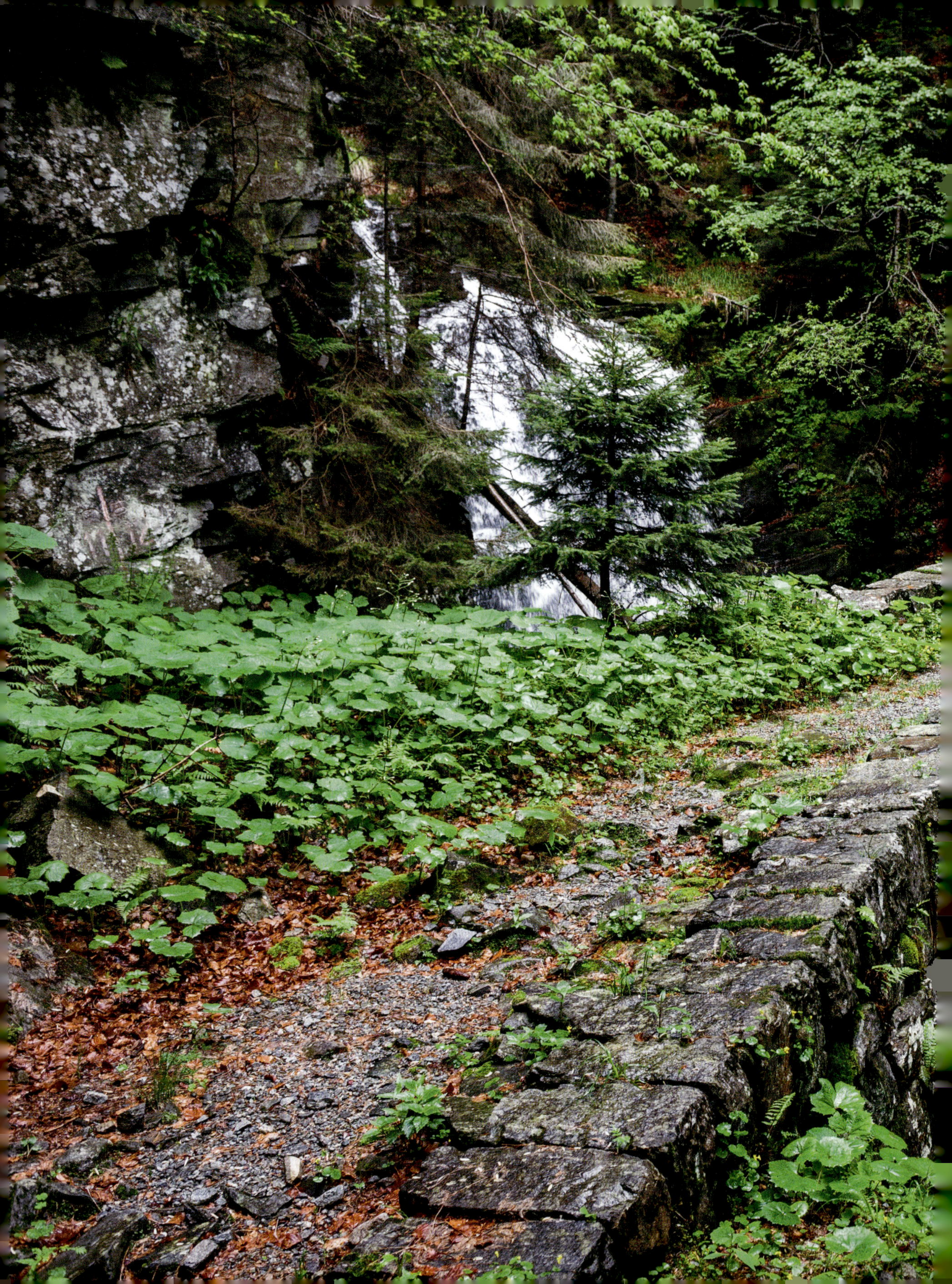

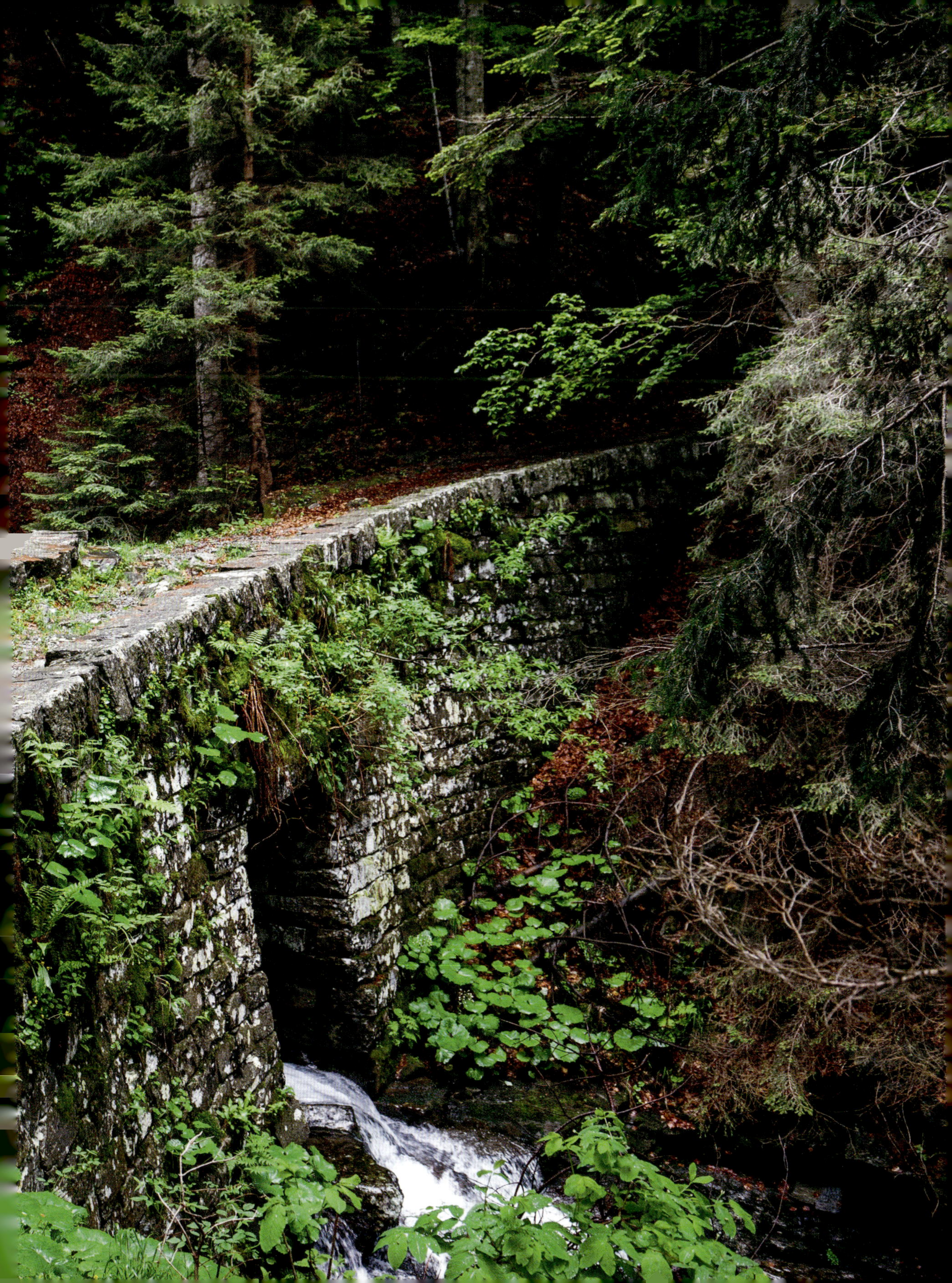

Spiegelglatt präsentiert ▶
sich uns der Lago di Saléi.

▲
Durch lichten
Lärchenwald
führt der
Weg zum Lago
di Saléi auf
1923 m ü. M.

Ab Gresso
fühlt man
sich wie im
Dschungel.
Blick zum
Dorf Crana.
▼

10
Lago di Saléi

Der Bergsee Saléi trägt den Beinamen «Perle der Alpenwelt». Er liegt auf 1923 Metern – oberhalb der gleichnamigen Alp zwischen dem Onsernone- und Vergelettotal. Von seinem Ufer aus öffnet sich ein sagenhaftes Panorama über die Hügelwelt bis hinab zum Lago Maggiore. Die einfache Wanderung dauert nur eine knappe Stunde pro Weg. Trotzdem sollte man sich am besten den ganzen Tag reservieren. Denn die Natur lädt zum Verweilen ein – ebenso das Beizli entlang des Wegs.

Am einfachsten erreicht man den Lago di Saléi ab Zott (975 m ü. M.) im Vergelettotal. Von hier fährt eine kleine Seilbahn bis auf die Alpe di Saléi (1777 m ü. M.). Oben angekommen, geht es nur noch zu Fuss weiter. In zehn Minuten über den Wanderweg gelangen wir zur Berghütte Saléi. Einst diente das Natursteinhaus als Molkerei. Heute werden hier die Gäste von einem jungen, aufgestellten Team mit feinen hausgemachten Tessiner Spezialitäten bewirtet. Übernachten kann man auch.

Die Einkehr auf der gemütlichen Terrasse sparen wir uns für den Rückweg auf. Erst wollen wir hinauf zum See. Über offene Alpweiden geht es gemächlich aufwärts. Nach vierzig Minuten stehen wir bereits den See der «Perle der Alpenwelt». Rund um das Ufer bieten sich überall Gelegenheiten, um zu verweilen. Eine Familie mit Kindern hat es sich bei einer Feuerstelle gemütlich gemacht. Auch wir setzen uns und geniessen ausgiebig die atemberaubende Weitsicht.

Retour geht es auf demselben Weg. Bei der Berghütte Saléi setzen wir uns in die Frühlingssonne. Das Küchenteam hat gerade ein Risotto zubereitet und serviert uns zur Begrüssung gleich eine ganze Portion. Delizioso! Dazu bestellen wir noch ein Plättli mit heimischer Trockenwurst und Käse. Und zum Trinken Gazosa Ticinese. So macht Wandern Freude!

START & ZIEL Von Zott (975 m ü. M.) im Valle di Vergeletto mit der Seilbahn auf die Alpe di Saléi (1777 m ü. M.). Weiter zu Fuss zum Lago di Saléi (1923 m ü. M.). Retour auf demselben Weg.

DISTANZ & GEHZEIT 1,5 Kilometer und 45 Minuten pro Weg.

HÖHENMETER 150.

EINKEHR Auf der Alpe di Saléi, in Vergeletto-Zott.

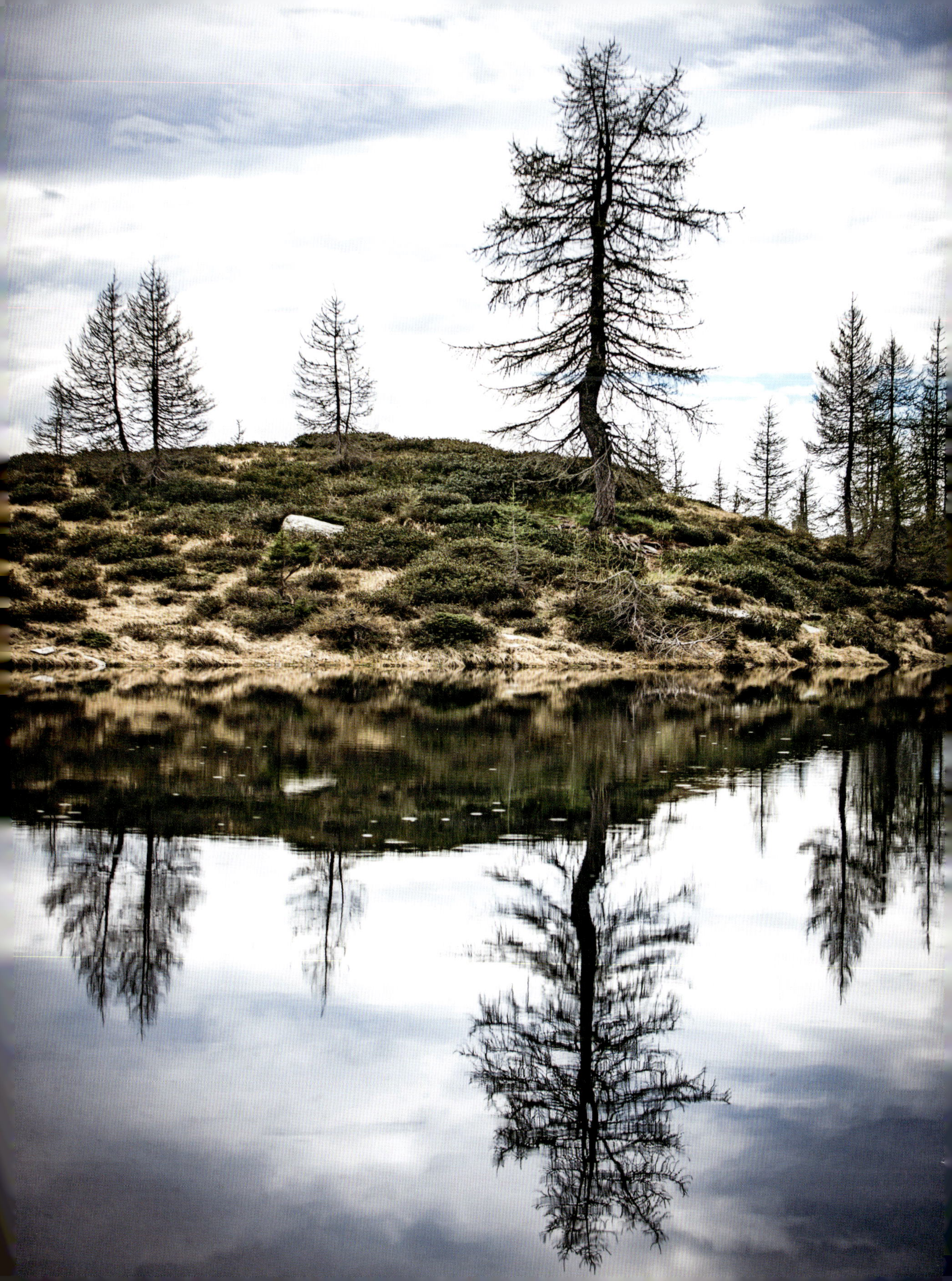

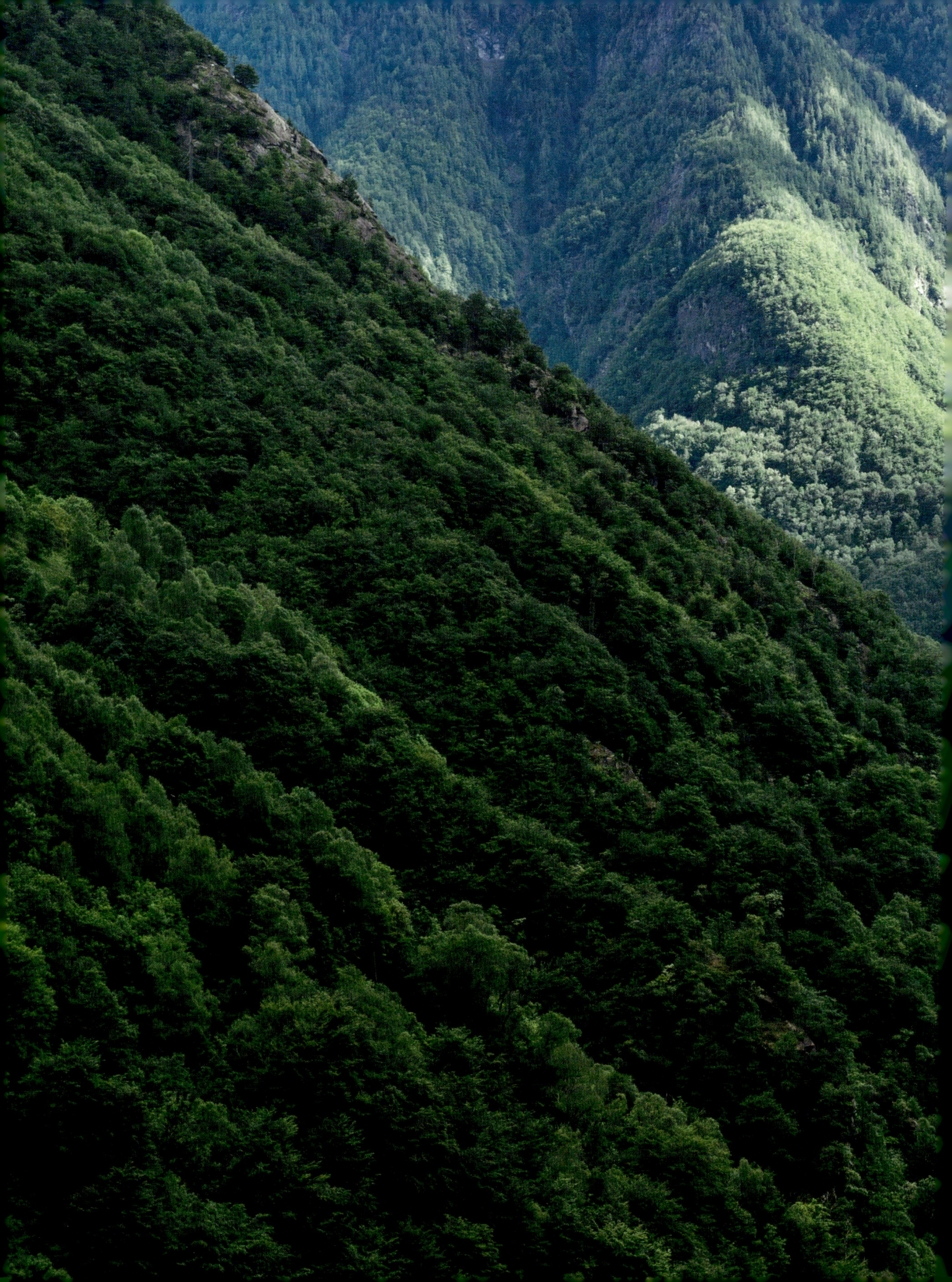

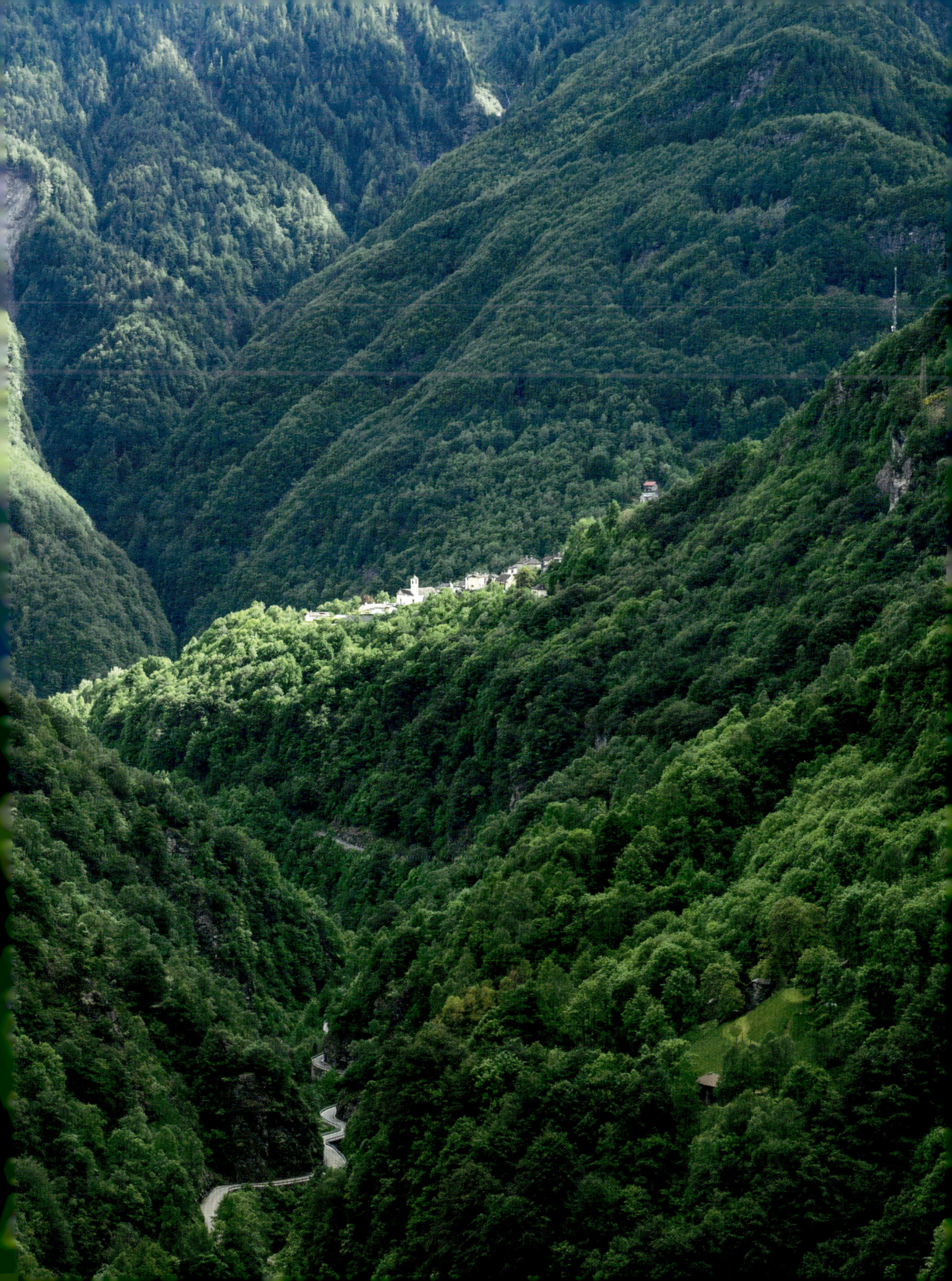

— ZÜRCHER OBERLAND —

«Natürli» in den Tobeln

Hörnli, Schnebelhorn, Bachtel, Pfäffikersee:
Das bäuerliche Zürcher Oberland ist
eine landschaftliche Offenbarung – urige Wälder,
steile Tobel und grüne Gipfel.

◀ Auf gepflegten Wegen geht die Wanderung von Sternenberg zum Hörnli.

Wiesen, Wälder und ein Landleben wie aus dem Bilderbuch – schon bei der Anreise stellen wir begeistert fest: Das Zürcher Oberland ist hügeliger, grüner und noch schöner, als wir es uns vorgestellt haben. Von der hektischen Stadt Zürich und ihrer grauen Agglomeration unterscheidet sich diese voralpine Berggegend stark. Die Dörfer im Oberland sind bäuerlich und beschaulich. Es gibt Käsereien, Schinkenräuchereien, Metzgereien, Bäckereien. Auf den Anhöhen stehen stattliche Bauernhöfe. Viele haben ein Hoflädeli und bieten an, was der Betrieb hergibt: Obst, Gemüse, Kartoffeln, Eier, Milch, Fleisch, Sirup, Süssmost, Honig, Konfitüre. Im Zürcher Oberland ist tatsächlich noch sehr vieles «natürli» – wie sich die Region vermarktet. Und «natürli» ist das Zürioberland ein Wanderparadies.

Die Region beheimatet einige aussergewöhnlich wilde Ecken – wie etwa die Reservate Bär- und Nideltobel nahe Bauma im Tösstal. Sie sind Schutzgebiete von nationaler Bedeutung und Teil des «Hörnli-Berglandes», das im «Bundesinventar der Landschaften und Naturdenkmäler von nationaler Bedeutung» Aufnahme fand. 1981 hat Pro Natura Zürich das Bär- und Nideltobel erworben. Über die Nagelfluhfelsen «giessen» Wasserfälle herab. Bäume und Büsche wuchern, wie es ihnen gefällt, das Unterholz ist dichtes Gestrüpp, der Boden von Moos gepolstert. Umgekippte Stämme liegen kreuz und quer über dem Bachbett und werden mit der Zeit von Insekten, Pilzen und Schwämmen abgebaut. Auf den Terrassen im Nideltobel wachsen Heuwiesen, die mit ihrem Reichtum an Gräsern und Blumen einzigartig sind. Oberhalb des Nideltobels erstreckt sich das noch wildere Bärtobel. Seit mindestens fünfzig Jahren wurde dieser Wald nicht mehr von Menschenhand bewirtschaftet, darum wird es auch «Urwaldreservat» genannt. Die Natur reguliert sich selber, es gibt keinen kultivierten Wanderweg. Gemäss Überlieferung hat das Bärtobel seinen Namen daher, weil hier 1532 einer der letzten Bären im Kanton Zürich erlegt wurde. Dank einem Artikel in der «Neuen Zürcher Zeitung» lernen wir: Der Bär wollte die Kuh eines armen Bauern fressen. Drei Männer aus der Umgebung jagten das Tier. Der Bär verwundete die ersten beiden, erst der dritte konnte ihn überwältigen: Er hat ihn «in das mul mit sinem spieß gestochen» und ihn mithilfe der Hunde getötet. Sein Kumpan konnte nicht einmal mehr das Jagdhorn blasen, denn «im gieng der athem uß, also hat inn de bär geletzt» (verletzt).

Unsere Unterkunft haben wir im historischen Gasthof Gyrenbad oberhalb des Dorfs Turbenthal gebucht. Die Geschichte des Hauses und des Heilbads reicht bis ins 13. Jahrhundert zurück. Heute gilt es – zu Recht – als einer der schönsten Landgasthöfe der Schweiz. Ein Schmuckstück inmitten der Natur! Wir fühlen uns wie die Adligen, die hier während der Belle Époque zur Kur kamen. Zwar wurde der Badebetrieb 1968 eingestellt, weil die Quelle versickerte. Doch die altehrwürdigen Mauern und der parkähnliche Garten strahlen eine angenehme Ruhe aus. Es ist ein Ort zum «Dureschnuufe». In der sorgfältig renovierten Restaurantstube speisen wir vorzüglich. Die regionale Küche des «Gyrenbad» ist weitum bekannt, 2015 war sie Wochensieger in der SRF-Sendung «Mini Beiz, dini Beiz».

Statt Menschen begegnen wir in ▶
Sternenberg diesen Bewohnern:
Lamas bei Sternenberg-Gfell.

11
Hörnli

Zu den beliebtesten Wanderbergen im Zürcher Oberland gehört das Hörnli im oberen Tösstal. Um auf den 1133 Meter hohen Gipfel zu gelangen, bieten sich mehrere Wege an. Wir wählen die einfachste Variante und starten in Sternenberg, wo der gleichnamige Kinofilm gedreht wurde. Das 350-Seelen-Dorf heisse so, weil es «näher bei den Sternen» sei, sagen die Einheimischen. Bis es 2015 mit Bauma fusionierte, war es die höchstgelegene Gemeinde des Kantons Zürich.

Wenn über den Tobeln und Tälern eine Nebelsuppe hängt, hat Sternenberg meistens Sonne und blauen Himmel. Es gibt eine Sternwarte – und «natürli» heisst die Beiz im Dorf «Sternen». Ende 2016 Jahr ist das altehrwürdige Gasthaus allerdings abgebrannt, der Neubau befindet sich derzeit in den Endzügen und wird im Sommer 2020 fertiggestellt werden. Einkehren kann man bis dahin trotzdem: in der gemütlich hergerichteten Dépendance, wo es gutbürgerliche Küche gibt.

Bei der Postauto-Endstation Sternenberg-Gfell (903 m ü. M.) beginnt der Naturpfad zum Hörnli. Gleich bei der Abzweigung wartet ein Bio-Bauernhof mit Lamas und zufrieden gackernden Hühnern. Logisch, dass wir die Tiere erst bestaunen, bevor wir losmarschieren. Der Wanderweg ist gut ausgeschildert und einfach zu begehen. Er führt uns in knapp einer Stunde über das Chlihörnli (1073 m ü. M.) aufs Hörnli.

In der Luft hängt der Duft von Frühling, in den Wiesen blühen die ersten Blumen, zwischendurch geht es durch den Wald. Auf einem Aussichtsbänkli aus Holz ist der Spruch «Die Ferne in der Nähe finden» eingraviert. Wir setzen uns hin und geniessen die Ruhe und die Natur. Das letzte Stück zum Gipfel wird etwas steiler, doch die Anstrengung lohnt sich. Oben reicht das Panorama zum Säntis im Alpstein, zum Glärnisch, zur Rigi, zum Chasseral im Jura und gegen Norden bis ins Allgäu in Deutschland. Fantastisch! Zwei weitere Dinge sind auf dem Hörnli nicht zu übersehen: eine Antenne, die der Funkübertragung sowie MeteoSchweiz als Wetterstation dient. Und das einladende Bergbeizli Hörnli mit seiner Sonnenterrasse. Leider sind bei unserem

Besuch im Frühfrühling die grünen Fensterläden geschlossen. In der Zwischensaison gönnen sich die Wirte verdiente Betriebsferien.

Darum setzen wir uns in die Wiese auf dem grossen Plateau und verpflegen uns aus dem Rucksack. Das Hörnli ist ein Zwischenziel auf dem Jakobsweg. Pilger fallen uns jedoch keine auf. Ohnehin ist es zu dieser Jahreszeit sehr ruhig, an schönen Tagen im Sommer und im Winter herrscht auf diesem Ausflugsberg mehr Betrieb. Zurück nach Sternenberg wandern wir via Heiletsegg (909 m ü. M.).

START & ZIEL Rundwanderung: Postauto-Haltestelle Sternenberg-Gfell 903 m ü. M.) – Chlihörnli (1073 m ü. M.) – Hörnli (1133 m ü. M.) – Heiletsegg (909 m ü. M.) – Sternenberg-Gfell.

DISTANZ & GEHZEIT 5 Kilometer und 2,5 Stunden (Rundtour).

HÖHENMETER 300 aufwärts, 300 abwärts.

VARIANTE Abstieg nach Bauma oder Steg im Tösstal.

EINKEHR «Sternen» in Sternenberg, Berggasthaus Hörnli.

Auf dem Gipfel des Hörnli wartet eine prächtige Aussicht auf die Hügel und Tobel des Züri Oberlands. Am Horizont ist der Glärnisch erkennbar.

▼

ZÜRCHER OBERLAND

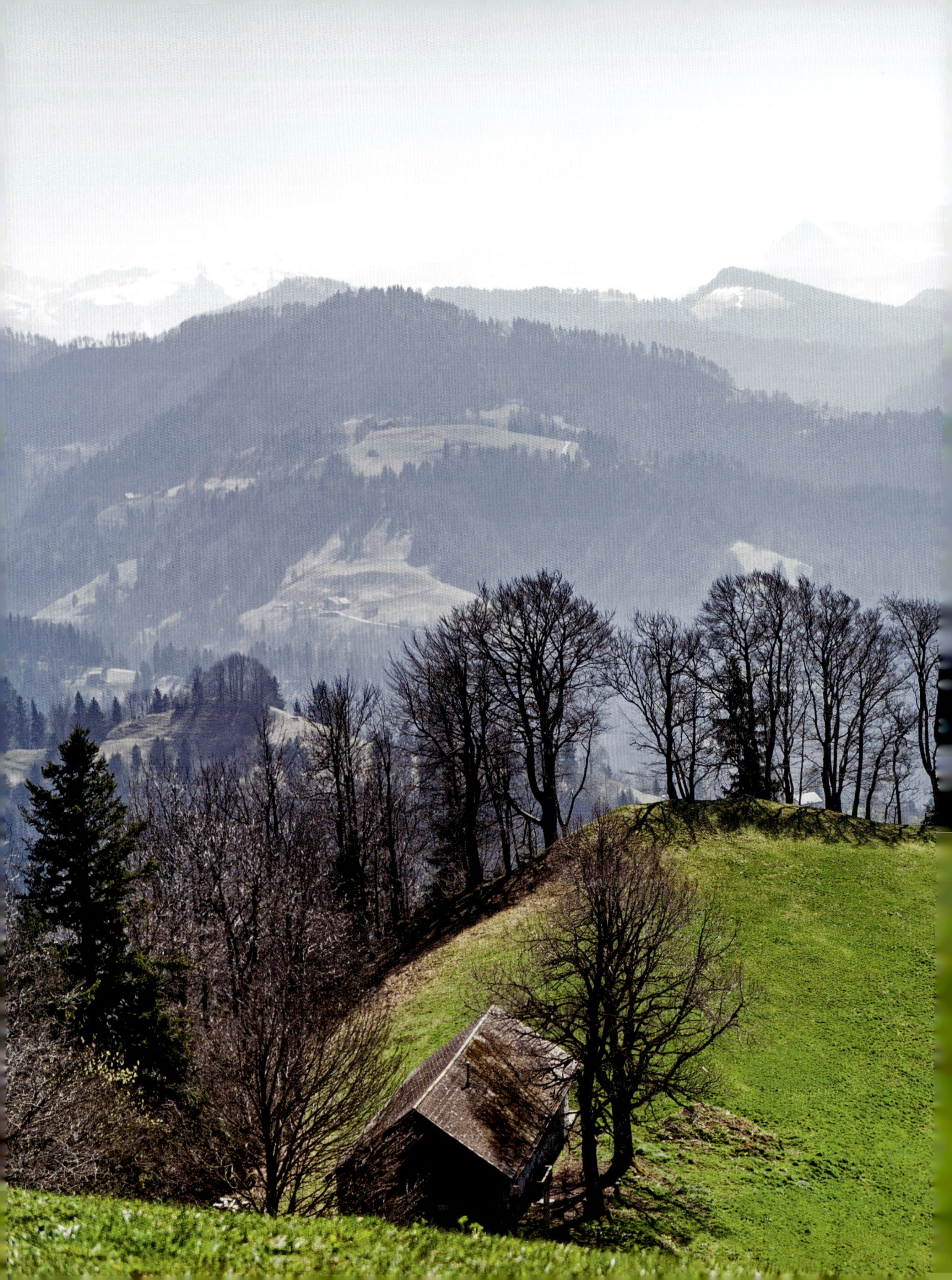

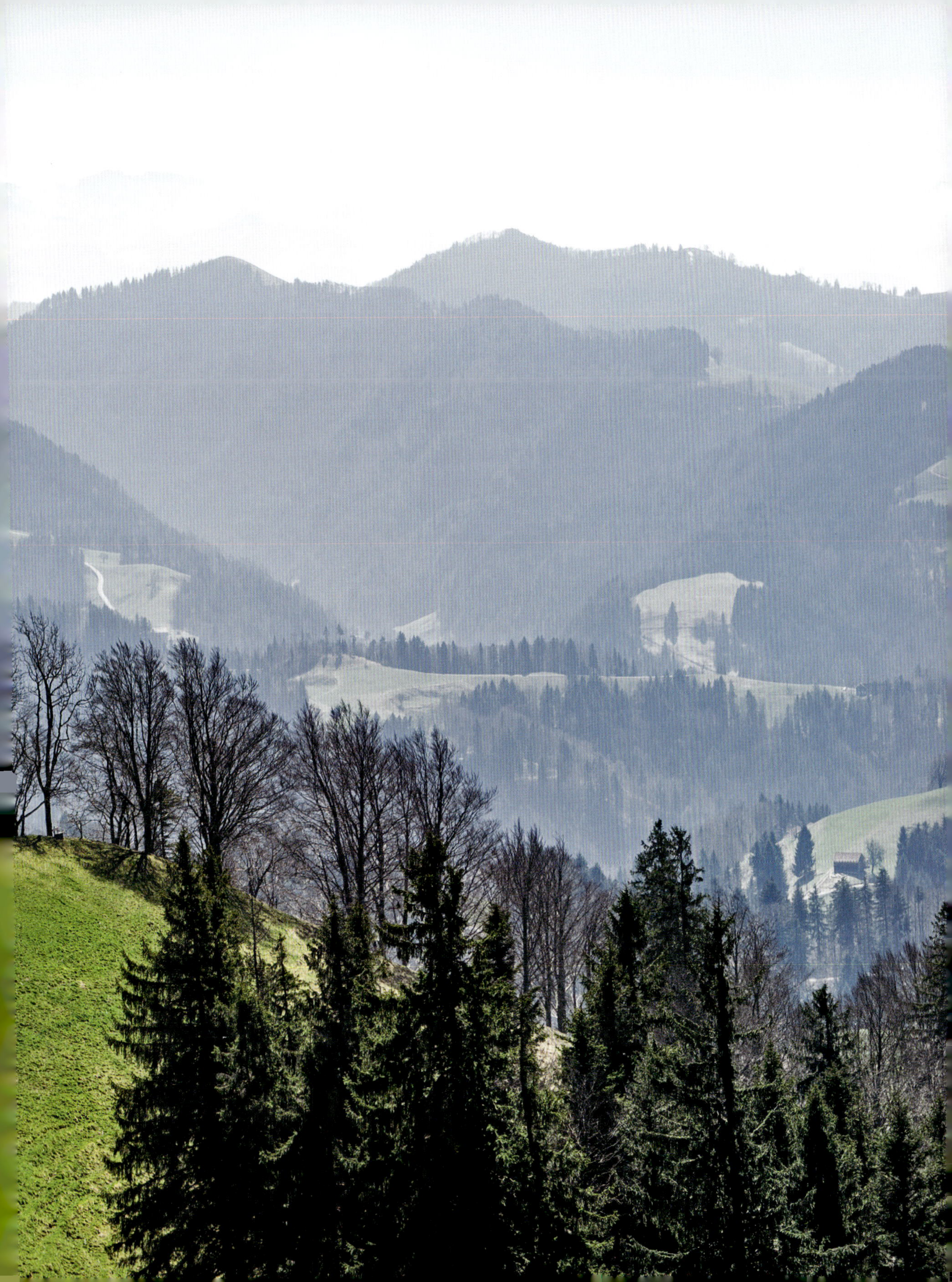

Vom Schnebelhorn zur Chrüzegg ▶ geht es stetig den Grat entlang.

12
Schnebelhorn

👢👢👢 💚💚💚

Der höchste Berg im Kanton Zürich ist das Schnebelhorn (1292 m ü. M.). Es liegt auf derselben Hügelkette wie das Hörnli – und auch auf das Schnebelhorn führen viele Wege. Wir entscheiden uns für den Ausgangspunkt Steg im Tösstal (695 m ü. M.). Von hier führt die Wanderung in wunderbar grüner Natur erst zehn Minuten nach Boden (705 m ü. M.), dann hinauf nach Vorderegg (853 m ü. M.), Rütiwis (946 m ü. M.), Roten (1094 m ü. M.) und Hirzegg (1050 m ü. M.), wo wir den Grat erreichen. Nun ist das Schnebelhorn nur noch einen Katzensprung entfernt. Nach zweieinhalb Stunden ab Steg stehen wir auf dem «höchsten Zürcher», der sich exakt auf der Kantonsgrenze zu St. Gallen befindet. Oben stehen ein Gipfelkreuz sowie ein Holztisch. Eine Herrengruppe sitzt schon da, wir kommen ins Gespräch. Sie sind vom Hörnli hergewandert und steigen nun ins Tösstal ab – via Tierhag und Bärloch nach Steg. Wir dagegen bleiben auf dem Grat und folgen dem gut ausgeschilderten Panoramaweg zur Chrüzegg.

Die Panoramawanderung ist Teil des Zürioberland-Höhenwegs – und ein Streifzug, der landschaftlich keine Wünsche offenlässt. Wir sehen zu den Alpen, in den Jura, ins Toggenburg, nach Deutschland. In stetigem Auf und Ab führt der Naturpfad unterhalb der Schindelberghöchi (1234 m ü. M.) vorbei und weiter zum Habrütispitz (1275 m ü. M.) und zur Chrüzegg (1264 m ü. M.). Das letzte Stück geht durch einen verwunschenen Märchenwald mit Nagelfluhfelsen. Oben blühen die ersten Krokusse in den Wiesen. Auf der Chrüzegg wartet ein romantisches Aussichtsbänkli, wo wir uns ausruhen und noch einmal ausgiebig die Höhe geniessen, bevor wir ins grüne und naturbelassene Goldingertal absteigen. Der Weg führt über die Alpen Oberchamm und Chamm (669 m ü. M.) nach Hintergoldingen SG (828 m ü. M.), am Schluss auf einem asphaltierten Strässchen. Mit dem Postauto gelangen wir nach Wald ZH – und stürmen dort als Erstes hungrig die Bäckerei.

START & ZIEL Steg im Tösstal (695 m ü. M.) – Boden (705 m ü. M.) – Vorderegg (853 m ü. M.) – Rütiwis (946 m ü. M.) – Roten (1094 m ü. M.) – Hirzegg (1050 m ü. M.) – Schnebelhorn (1292 m ü. M.) – Schindelberg (1234 m ü. M.) – Habrütispitz (1275 m ü. M.) – Chrüzegg (1264 m ü. M.) – Chamm (669 m ü. M.) – Hintergoldingen (828 m ü. M.).

DISTANZ & GEHZEIT Ca. 15 Kilometer, 7 Stunden.

HÖHENMETER 1000 aufwärts, 850 abwärts.

EINKEHR In Steg, Alpbeizli Schindelberg (ab Mai geöffnet), Berggasthaus Chrüzegg, in Hintergoldingen.

VARIANTEN Vom Hörnli zum Schnebelhorn wandern. Abstieg vom Schnebelhorn via Tierhag und Bärloch nach Steg im Tösstal.

◀ Das erste Grün spriesst in den Matten über dem Goldingertal. Aus der Ferne winken die verschneiten Gipfel der Innerschweiz.

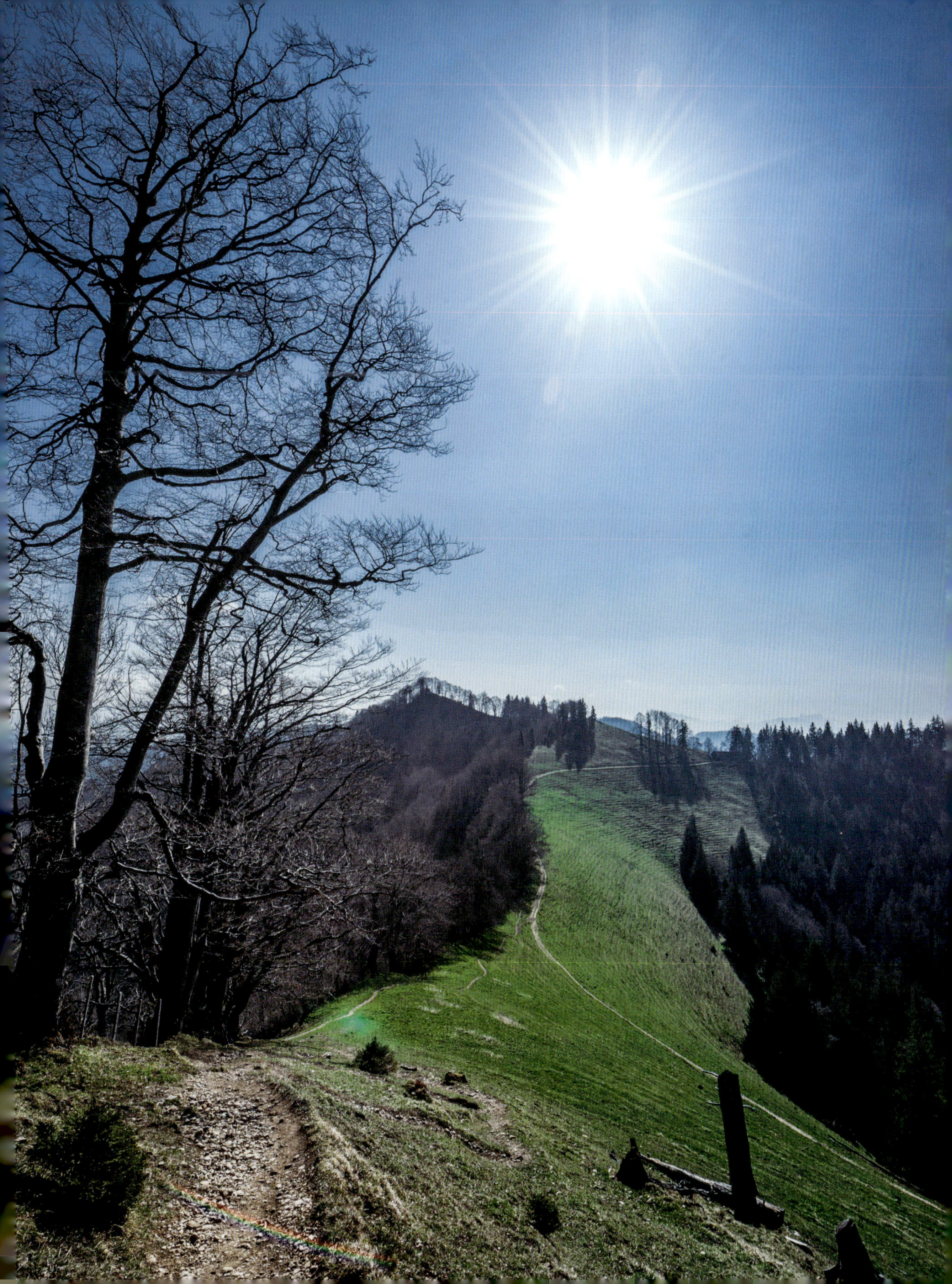

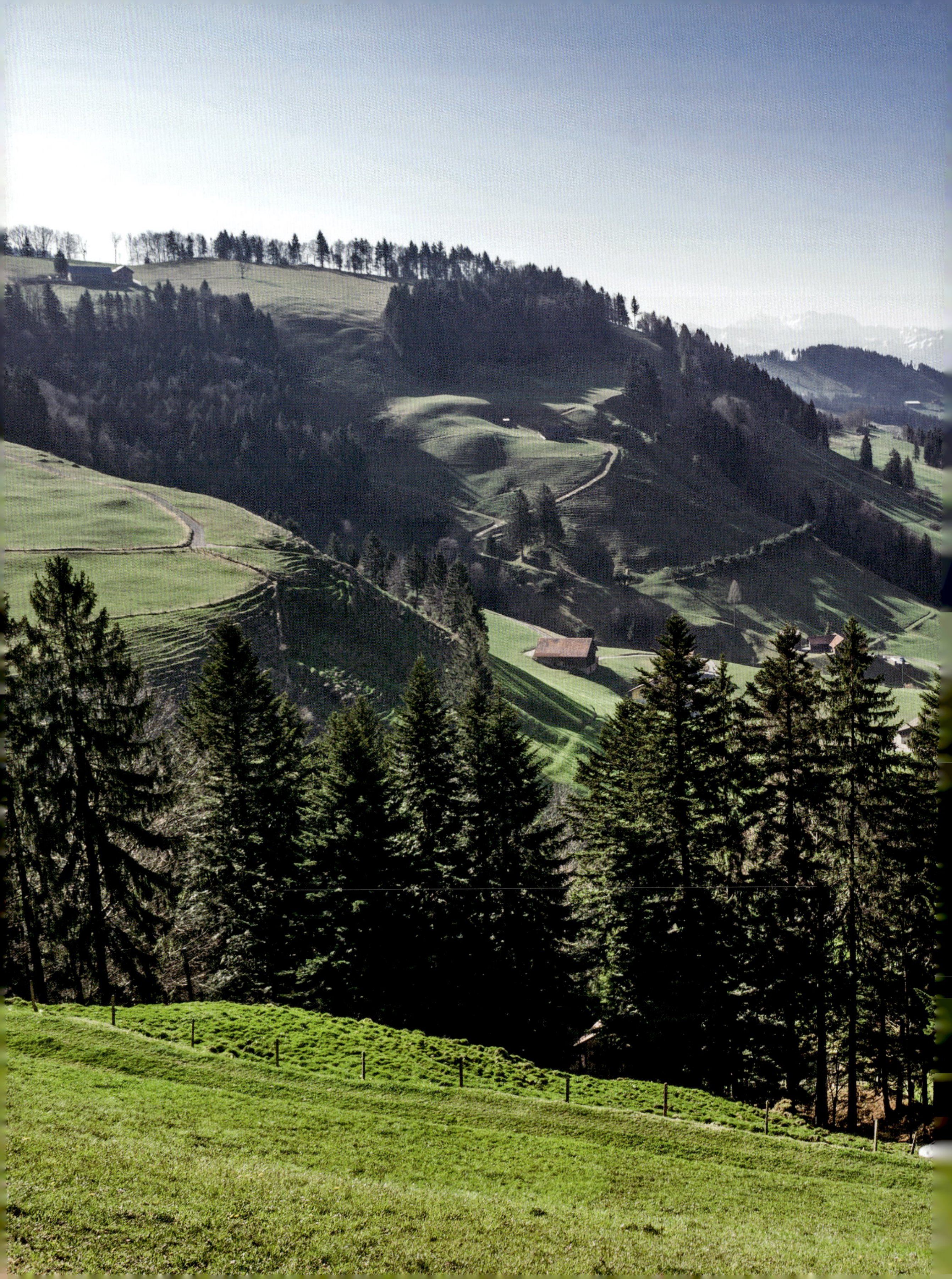

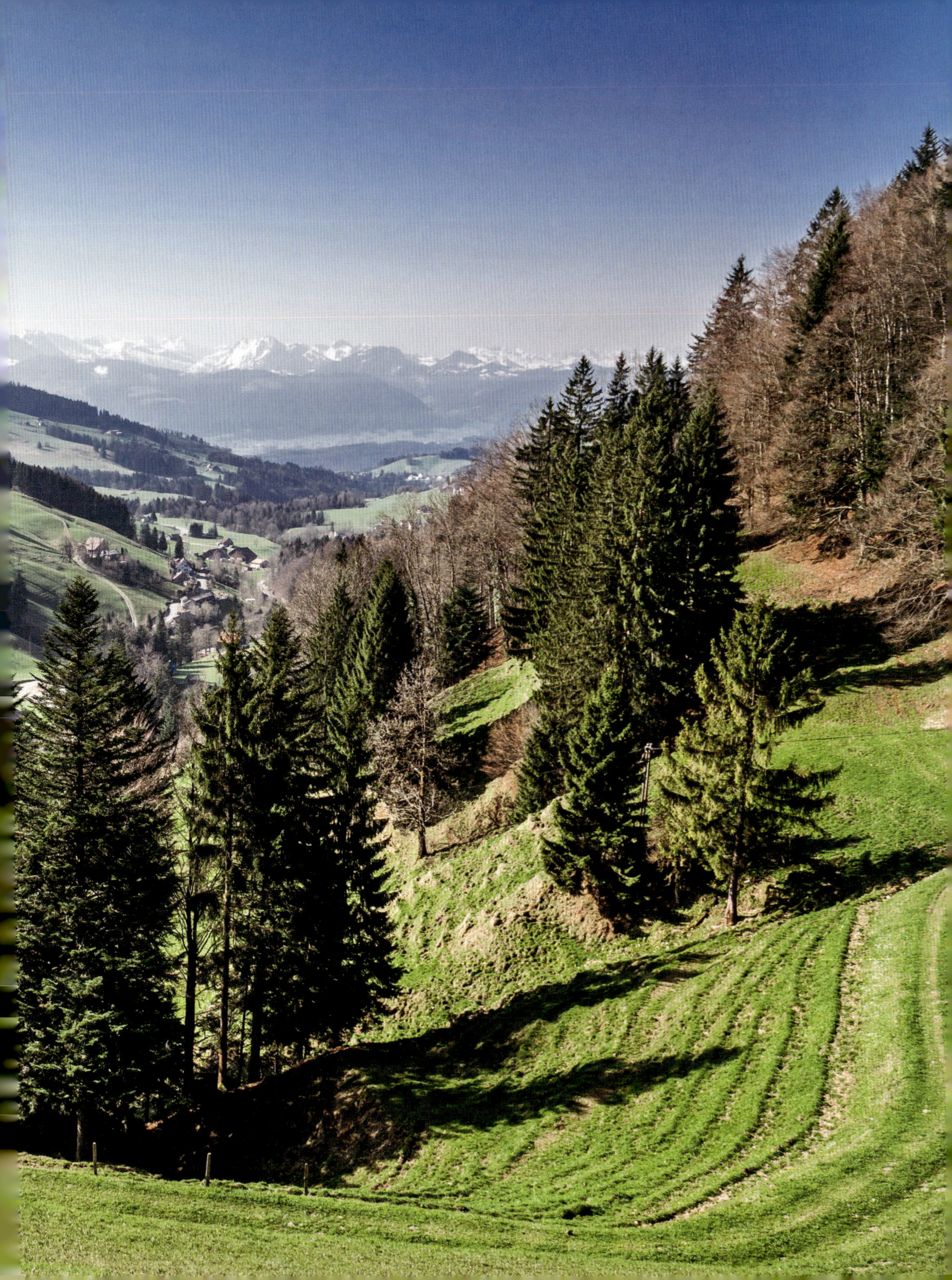

Bachtel

Der Hausberg der Zürcher Oberländer ist der 1115 Meter hohe Bachtel. Er gehört zu den beliebtesten Ausflugszielen in der Region – besonders weil man ausser an Sonn- und Feiertagen mit dem Auto bis ganz hinauf fahren kann. Es ist ein Ort für alle. Oben warten das Panoramarestaurant Bachtel-Kulm und ein 75 Meter hoher Sendeturm mit einer Aussichtsplattform in dreissig Metern Höhe. Der prächtige Weitblick reicht bis zum Säntis, zu den Glarner und Zentralschweizer Bergen bis hin zu den Berner Hochalpen. Unten spiegeln sich Zürichsee, Greifensee, Pfäffikersee und Lützelsee in der Sonne.

Woher kommt der Name Bachtel?

Ein Blick in die Geschichtsbücher zeigt: Auf der Gygerkarte aus dem Jahr 1664 hiess er noch Bachtalberg. Früher hiess das nördlich angrenzende Gebiet Bachtal. Mit der Zeit wurde aus dem Namen Bachtalberg einfach Bachtel.

Wandern
Selbstverständlich lässt sich der Bachtelgipfel auch bestens zu Fuss erreichen. Die Wege sind steil und teilweise anspruchsvoll, jedoch gut ausgeschildert. Ab Wald (Bleiche): 4,5 Kilometer, 500 Höhenmeter, 2,5 Stunden pro Weg. Ab Hinwil, Haltestelle Langmatt: 3 Kilometer, 350 Höhenmeter, 1,5 Stunden.

Wanderroute unter www.landliebe.ch/bachtel.

▲ Der abendliche Blick vom Bachtel gegen Westen wird mit einem atemberaubenden Sonnenuntergang belohnt.

ZÜRCHER OBERLAND

Ein Ort der Ruhe unweit des hektischen Alltags: am Westufer des Pfäffikersees.

13 Pfäffikersee

Feriengefühle kommen am romantischen Pfäffikersee auf. Er liegt zwischen Pfäffikon und Wetzikon und ist die Perle unter den Seen im Zürcher Oberland. Ein zehn Kilometer langer Spazier- und Wanderweg führt um den See und eignet sich für Familien, auch mit Kinderwagen (ca. 3 Stunden). Höhenmeter gibt es kaum zu überwinden. Stattdessen bleibt viel Zeit, um die Möwen, verschiedene Entenarten, Schwäne und Fische zu beobachten und wir wandern durch imposante Schilf- und Moorlandschaften. Sitzbänke und Feuerstellen laden zum Verweilen ein. Der grösste Teil des Ufers steht unter mehrfachem Naturschutz. Seit 2010 gehört es gar zum Netzwerk der europäischen Smaragd-Gebiete, das besonders wertvolle Lebensräume und Arten schützt.

Für Kinder ist der Juckerhof in Aathal-Seegräben am südlichen Seeufer ein Paradies: Strohhüpfburg, Geisslipark, Naturspielplatz, Brätelstelle und Wurst vom Hof. Je nach Saison dürfen sich die Kleinen «barfuss im Öpfelgarte verirre» oder Chriesi und Heidelbeeri selber pflücken. Am Ufer von Seegräben gibt es auch eine Badi. Ein weiteres Seebad wartet auf der Halbinsel in Auslikon bei Wetzikon. Und bei Irgenhausen-Pfäffikon befindet sich das historische Römerkastell. In der fast 2000 Jahre alten, inzwischen renovierten Ruine können sich die Kinder beim Klettern, Mauerhüpfen oder Versteckspielen austoben.

START & ZIEL Die Rundwanderung um den Pfäffikersee kann man grundsätzlich überall starten. Mit Anschluss an die S-Bahn eignet sich Pfäffikon als Ausgangspunkt.

DISTANZ & GEHZEIT 10 Kilometer, 3 Stunden.

HÖHENMETER Praktisch keine.

EINKEHR Pfäffikon, Seegräben Juckerhof, Seekiosk Auslikon.

Das Ufer des Pfäffikersees ist ein einmaliger Lebensraum für Vögel. Jetzt im Frühling lauschen wir dem vielfältigen Gezwitscher.

▼

ZÜRCHER OBERLAND

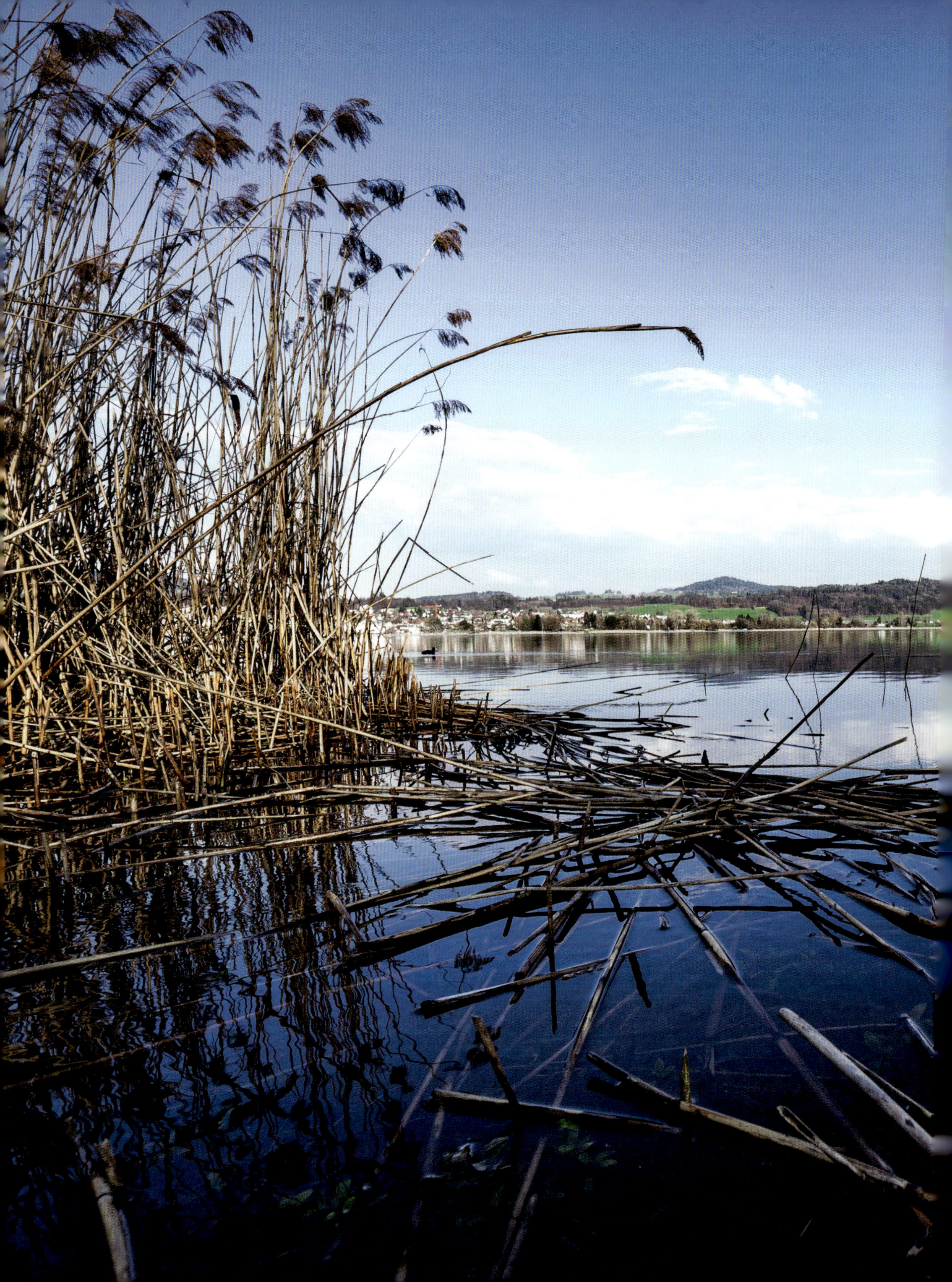

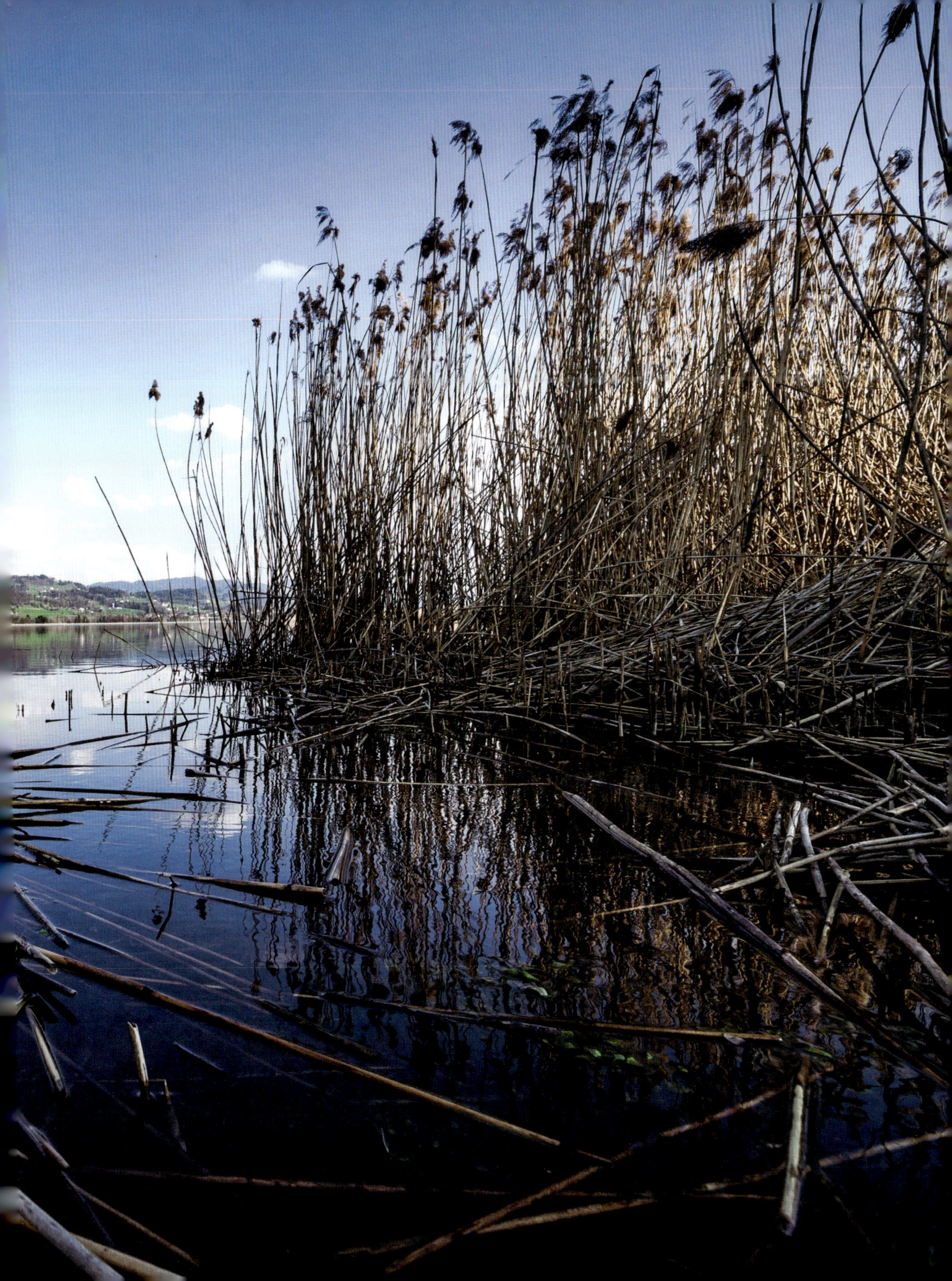

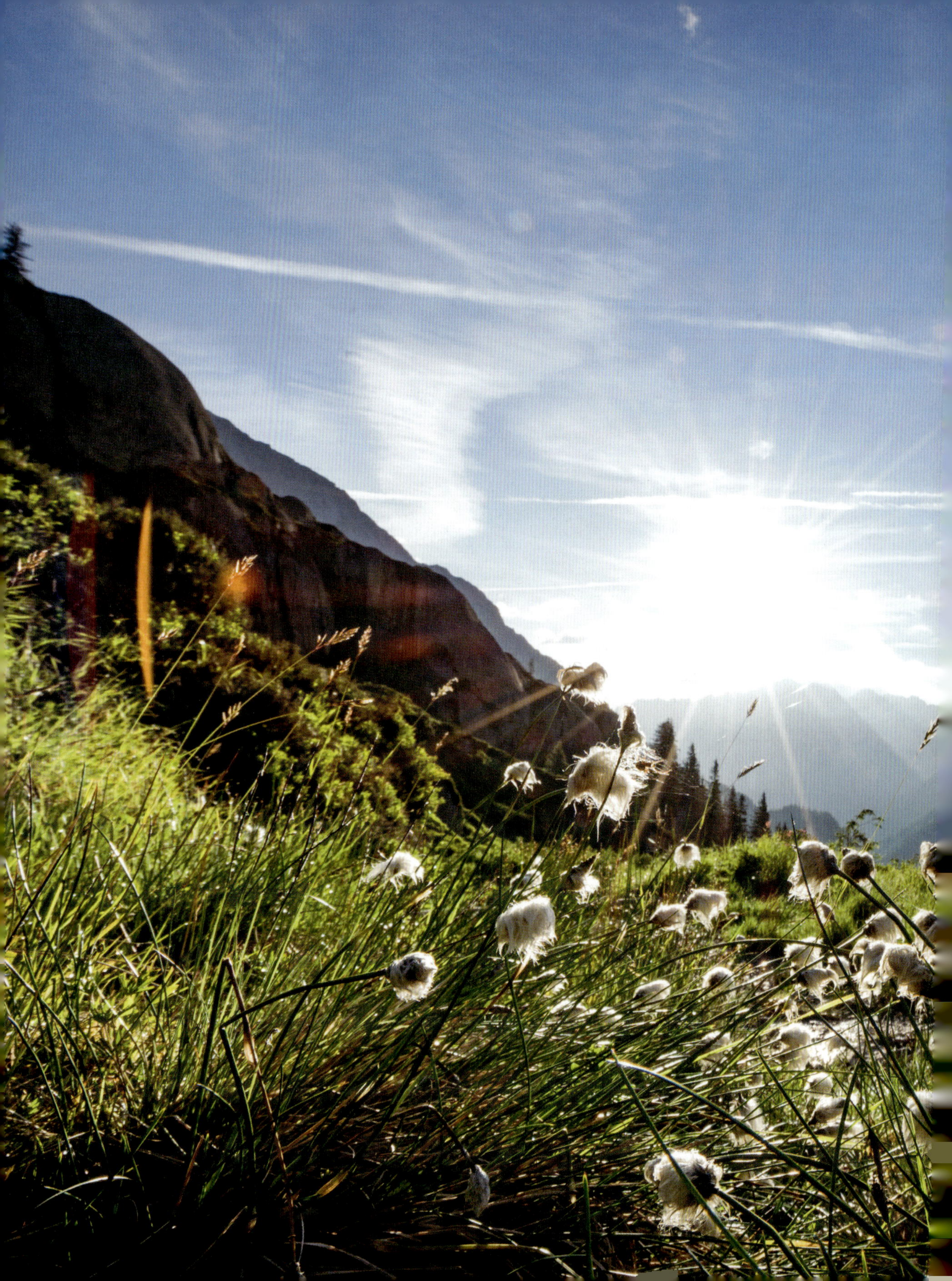

SOMMER

◀ Noch nass vom Morgentau streckt das Wollgras seine Köpfe der Sonne entgegen: auf dem Weg zur Bergseehütte im Göschenertal.

Wild, spektakulär – und vor allem weit: Der Sentiero Alpino Calanca ist einer der schönsten, aber auch anstrengendsten Höhenwege der Schweiz. Er schlängelt sich entlang der steil abfallenden Bergkette, die das Misoxtal und das Calancatal trennt. Von San Bernardino bis Santa Maria. 38 Kilometer Distanz. 3100 Höhenmeter aufwärts, 3700 Höhenmeter abwärts. In seiner ganzen Länge bedeutet das mindestens 22 Wanderstunden, die Pausen nicht eingerechnet. Entlang des Wegs stehen vier Hütten zur Verfügung, von denen jedoch nur eine bewartet ist. Sie gehören dem Verein Associazione Sentieri Alpini Calanca (ASAC).

Oder anders gesagt: Der Sentiero Alpino Calanca ist mehr als eine Bergwanderung. Er ist ein anspruchsvolles Abenteuer, das eine gewissenhafte

— CALANCATAL GR —

Weit wandern

Der Sentiero Alpino Calanca im Bündner Südtal gehört zu den spektakulärsten und schönsten Höhenwanderwegen der Schweiz. Für die 38 Kilometer von San Bernardino bis Santa Maria sind mindestens drei Tagesetappen nötig – und viel Ausdauer. Dafür wartet entlang des Wegs der berühmte Herzsee.

Vorbereitung voraussetzt. Dazu gehört auch die Fitness. Zwar ist der weissrot markierte Weg gut unterhalten, aber er führt über Stock und Stein. Das ermüdet zusätzlich und erhöht die Gefahr von Fehltritten. Zudem geht es kontinuierlich auf und ab, was auf die Dauer anstrengender ist, als wenn man dieselbe Höhendifferenz an einem Stück bewältigt. Manche Stellen sind exponiert, was absolute Trittsicherheit und Schwindelfreiheit voraussetzt.

Wir haben den Sentiero Mitte Juni begangen, in einem Jahr als der Sommer schon sehr früh ins Land gezogen ist. Da der Höhenwanderweg fast durchgehend oberhalb der Baumgrenze liegt, brannte uns die Sonne zeitweilig sehr heiss auf die Köpfe. Trotzdem sind wir auf einzelne Altschneefelder gestossen. Eine

▲
Auf der zweiten Etappe des Sentiero Calanca. Mehr als 1000 Meter unter uns schlängelt sich die Calancasca durch das Bündner Südtal. Der Blick reicht bis zum Piz de Groven.

kurze, stark exponierte Passage erlebten wir deshalb als grenzwertig und wir waren froh, die Pickel dabei zu haben.

Bei der Planung stellt sich zudem die Frage, in wie vielen Tagesetappen man den Sentiero absolvieren will. Mindestens drei sind nötig. Möglich sind auch vier oder fünf. Da jedoch nur die Capanna Buffalora bewartet ist, die sich etwa in der Mitte der Wanderstrecke befindet, muss man für die anderen Übernachtungen die Verpflegung selber mitbringen – das heisst, Nachtessen und Tagesproviant. Das geht ins Gewicht. Konkret bedeutet das: Je mehr Etappen man einlegt, desto schwerer muss man schleppen. Ein weiterer Faktor ist die Wetterlage. Sie muss zwingend stabil sein. Im Falle eines Gewitters gibt es in diesem Gelände kaum Unterschlupf.

Zu guter Letzt bleibt auch die Entscheidung, in welcher Richtung man den Sentiero machen will. Ab San Bernardino sind es 650 Höhenmeter Aufstieg weniger als in umgekehrter Richtung, dafür ist der Abstieg anspruchsvoller, etwa in der Auriglia-Schlucht, wo eine Metallleiter zu überwinden ist. Sie ist der Grund, weshalb viele lieber in Santa Maria starten.

Doch sind alle Voraussetzungen erfüllt und alle Fragen geklärt, steht dem Abenteuer Sentiero Alpino Calanca nichts mehr im Weg. Er führt durch eine einsame, wunderschöne und weitgehend unberührte Landschaft. Das Calancatal ist ein Seitental des Misox – und wie das Bergell und das Puschlav ein italienischsprachiges Südtal des Kantons Graubünden.

▲
Am ersten Tag geht es an Alpenrosen vorbei und durch lichten Wald zum Rifugio Pian Grand. Die linke Bergkette bildet bereits die Grenze zu Italien.

CALANCATAL GR

Die Alp d'Ocola im Aufstieg zum Rifugio Pian Grand.

14
Sentiero Alpino Calanca

Tag 1:
Als wir in San Bernardino (1608 m ü. M.) aus dem Postauto steigen, kommt sogleich Ferienstimmung auf. Das kleine Bergdorf unterhalb des San-Bernardino-Passes verströmt mediterranes Flair, und trotz der Höhe ist das Klima mild an diesem sonnigen Vormittag Mitte Juni. Die Leute sprechen italienisch und die Restaurants preisen Gelati und Espressi an. Da jedoch eine weite Wanderung vor uns liegt, verzichten wir auf eine Einkehr und machen uns sogleich auf die Socken. Unser Ziel ist der Sentiero Alpino Calanca, ein 38 Kilometer langer Höhenweg, den wir in drei Tagen absolvieren möchten. Die erste Etappe bringt uns heute hinauf zum Rifugio Pian Grand (2398 m ü. M.). Da die Schutzhütte nicht bewartet ist, tragen wir das Nachtessen sowie das Frühstück und den Tagesproviant für morgen selber hoch. Zusammen mit der nötigen Wanderausrüstung, warmer Daunenjacke für die Nacht und der Zahnbürste wiegt der Rucksack entsprechend schwer.

Gespannt, was uns auf dem berühmten Sentiero erwartet, folgen wir vom Dorfplatz San Bernardino den Wegweisern über die Brücke, die auf die andere Seite der plätschernden Moësa führt. Dort beginnt der weiss-rot-weiss markierte Bergweg, es geht aufwärts. Wir wandern durch wunderbare Lärchenwälder und über Feuchtwiesen mit eindrücklicher Moorfauna. Auch Heidelbeersträucher und Alpenrosen gedeihen prächtig. Nach ungefähr einer Stunde machen wir das erste Mal Bekanntschaft mit neugierigen Ziegen, die hier in den Tälern den Sommer frei lebend verbringen. Eine Herde steht auf dem Waldpfad, meckert uns laut entgegen und lässt uns nur ungerne durch. Manche von ihnen haben stolze Hörner, ein langes Fell und bis tief in die Augen hängende Stirnfransen.

Mit zunehmender Höhe wird die Landschaft karger. Unterhalb der Alp d'Arbeola halten wir ein kleines Picknick, sitzen auf der Ruine eines Natursteingebäudes und geniessen die Aussicht über das herrlich grüne Misoxtal. Die Ruhe währt allerdings nur kurz: Eine neue Ziegenherde hat uns entdeckt und will frech an unsere Rucksäcke. Wir können sie kaum fernhalten, bleiben deshalb nicht lange sitzen. Das letzte Stück zum Rifugio Pian Grand ist steil. Doch nach viereinhalb Stunden ab San Bernardino haben wir es geschafft und sind nicht unglücklich, die Rucksäcke ablegen zu können.

Das Rifugio besteht aus zwei pyramidenförmigen Holzhütten. Sie werden als «Selbstversorgerbiwak mit rustikaler Einfachheit» angepriesen. Wer eine klassische SAC-«Biwakschachtel» erwartet, wird positiv überrascht: Das Rifugio (ASAC) ist neu, liebevoll gepflegt und wunderbar gemütlich. In den beiden Hütten stehen Schlafplätze für 18 Personen zur Verfügung, ebenso Gaskocher, Geschirr, Decken, Mat-

▲ Statt Menschen begegnen wir immer wieder Ziegen auf unserer Wanderung.

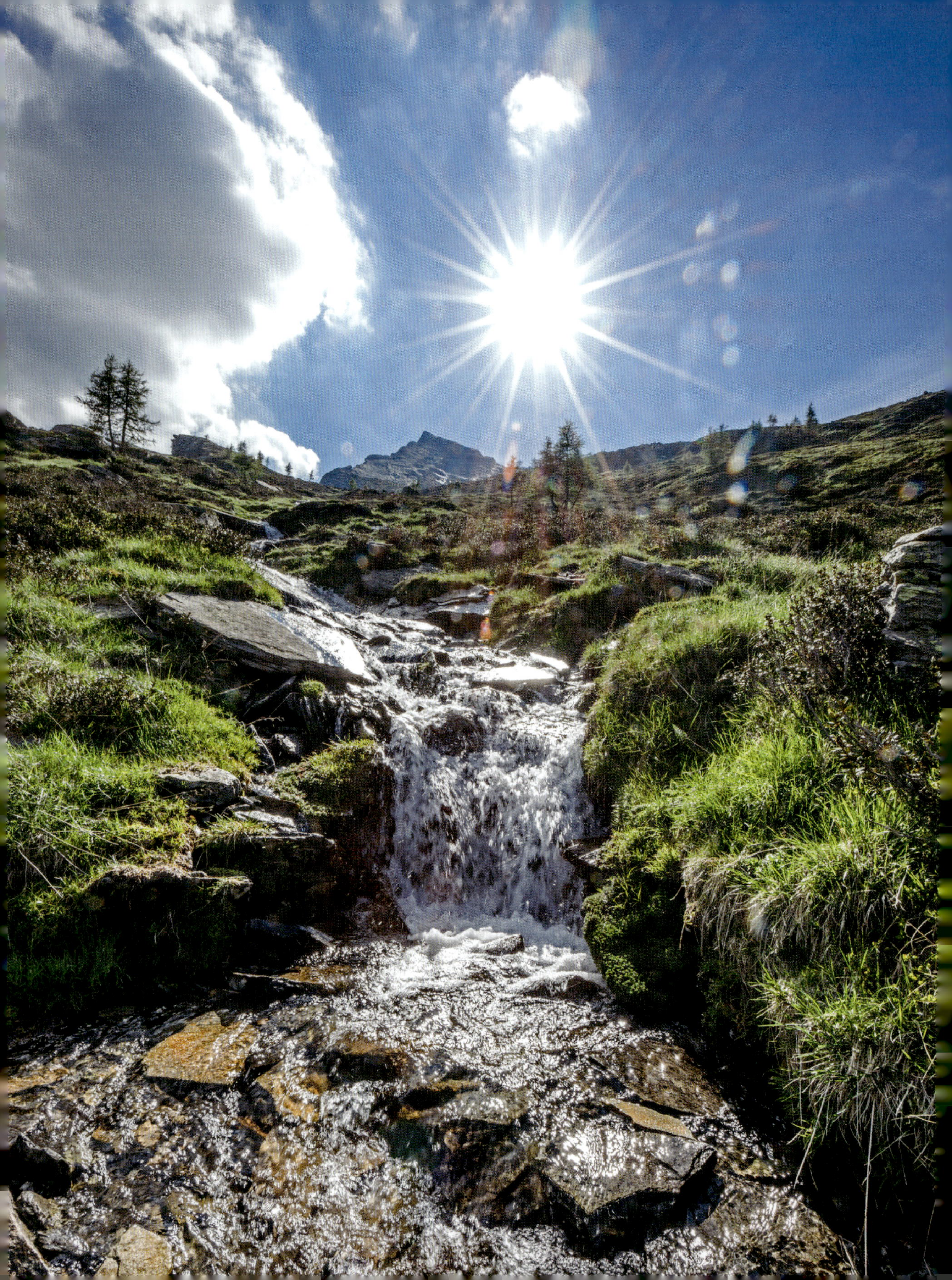

◀ Von der Alp d'Arbeola ist es nur noch ein kleines Stück bis zum Tagesziel auf Pian Grand.

▲ Unsere Unterkunft für die erste Nacht: die Hütten auf Pian Grand.

ratzen. Das Wasser holt man mit dem Kanister etwa hundert Meter westlich der Hütte aus dem Bach.

An diesem Abend sind wir die Einzigen, die hier übernachten – und wie wir dem Hüttenbuch entnehmen, die Ersten in dieser neuen Saison. Zum Znacht haben wir für einen Dreigänger eingekauft: Steinpilz-Päcklisuppe zur Vorspeise. Als Hauptgang Teigwaren, Tomatensauce im Tetrapak, Speckwürfel «zum Verfeinern» und Reibkäse. Zum Dessert eine Schachtel Petit Beurre. Bevor wir mit dem Kochen beginnen, gönnen wir uns in der Abendsonne hinter der Hütte einen alpinen Apéro, knabbern Salznüsse und trinken die Büchse Bier, die wir als «schweren Luxus» hochgebuckelt haben. Die Landschaft um uns herum ist sensationell. Das Rifugio steht direkt unter dem Bedoleta-Ostgrat. Auf diesen werden wir morgen als Erstes hochwandern, um auf der anderen Seite ins Calancatal zu gelangen. Der Übergang befindet sich auf 2540 Metern, es ist der höchstgelegene Punkt auf dem Sentiero Alpino Calanca. Da es im Rifugio keinen Strom gibt, ergo auch kein Licht, nur Kerzen, legen wir uns früh ins Bett und stehen früh auf.

Tag 2:
Heute wollen wir weiter zur Capanna Bufalora (2078 m ü. M.) hoch, sie ist die einzige bewartete Berghütte entlang des Sentiero Alpino Calanca. Wegweiser und Wanderführer geben 8,5 Stunden Fussmarsch an, Pausen nicht eingerechnet. Für das Frühstück haben wir gar Kaffee mitgebracht, haben eigentlich an alles gedacht und uns penibel für die ganze Tour vorbereitet. Nur eines ist uns entgangen: Teebeutel für den «Marschtee» einzupacken. Deshalb füllen wir einfach das Wasser aus dem

CALANCATAL GR   87

▲
Noch liegen letzte Schneereste am Lagh de Trescolmen: auf der zweiten Etappe des Sentiero Alpino Calanca.

Bach in unsere Flaschen. Nachdem der Abwasch erledigt und die Hütte geputzt ist, brechen wir in der Morgendämmerung auf.

Um zum Übergang ins Calancatal zu gelangen, sind zwar nur 150 Höhenmeter Anstieg zu überwinden, aber das Gelände ist mühsam. Es geht weglos über grosse Felsblöcke – manche sind zur Orientierung weiss-rot-weiss angestrichen. Oben angelangt öffnet sich eine komplett neue Perspektive. Vor uns erstreckt sich das wilde Val Calanca. Es ist atemberaubend schön. Gleichzeitig erkennen wir auch, welche Distanz vor uns liegt. Sie scheint von hier fast unmöglich in einem Tag zu meistern und wir wissen jetzt, weshalb die Wanderung von Rifugio Pian Grand zur Capanna Buffalora als «Königsetappe» des Sentiero Alpino Calanca bezeichnet wird.

Vom Sattel führt der Pfad erst steile 500 Höhenmeter abwärts zur Alp de Trescolmen und zum gleichnamigen Karsee (2025 m ü. M.). Manche Stellen sind ausgesetzt und anspruchsvoll, zwischendurch versperren Steinblöcke den Weg, der Winter hat sie dahin befördert. Beim See nehmen wir das zweite Zmorge: ein Biberli. Ab hier beginnt die eigentliche Höhenwanderung. Der alpine Bergweg zieht sich oberhalb der Baumgrenze den Hang entlang, die Aussicht ist gewaltig und die Alpenflora ein Traum. Zwar geht es in stetigem Auf und Ab vorwärts, grosse An- und Abstiege sind jedoch nicht mehr zu bewältigen. Wir bewegen uns für den Rest des Tages in einer Höhe zwischen 2100 und 2400 Metern über Meer. Mancherorts wird der Pfad schmal, an exponierten Stellen sind Ketten fixiert, an denen man sich halten kann. Immer wieder blickt man in die jähe Tiefe des Tals. Das Wort «calanca» stammt aus dem Ligurischen und bedeutet «abschüssig» oder «steil» – was den Charakter des Tals treffend umschreibt. Auf dieser Wanderung sollte man zwingend trittsicher, schwindelfrei, bergerfahren und fit sein.

Je näher der Mittag rückt, desto wärmer scheint die Sonne. Die Wasserflaschen sind fast ausgetrunken und noch liegt ein sehr weiter Weg vor uns. Doch zum Glück plätschert bei der Alp de Ganan ein fröhlicher Bergbach vom Grat herab. Sein Wasser schmeckt herrlich, wir trinken, trinken, trinken und füllen die Flaschen wieder auf. Hier haben wir erst gut die Hälfte unserer Tagesetappe hinter uns und hier steht auch das winzige Rifugio Ganan, eine weitere gepflegte Selbstversorger-Biwakhütte (ASAC), in der sieben Personen übernachten und die Weitsicht bis in die Walliser Alpen geniessen können.

Wir gehen weiter Richtung Capanna Buffalora und queren die Nordflanke des Gagnon de Ganan, teilweise über Altschneefelder. In einer sehr steil abfallenden Felsrinne liegt an diesem Tag noch so viel Schnee, dass es Mut braucht, darüberzustapfen. Rutscht man hier aus, liegt man einige Hundert Meter weiter unten im Tal. Aber weil wir mit Schneefeldern rechnen mussten – es ist Mitte Juni –, tragen wir Hochgebirgsschuhe und haben den Eispickel dabei. Gerade im Frühsommer sollte man sich auf dem Sentiero Alpino Calanca auf alle mögli-

▲
Unterwegs an den steilen Hängen über dem Val Calanca mit Blick auf die Cima Rossa.

▲

Die Ziegen des Val Calanca bewegen sich deutlich geschickter als wir zwischen den Steinen an der Bocchetta del Büscenel.

chen witterungsbedingten Herausforderungen vorbereiten.

Als Herausforderung der speziellen Art empfinden wir die Ziegenherden, denen wir wieder begegnen. Sie sind aufdringlich, kommen sehr nah, wollen am Rucksack schlecken, wahrscheinlich riechen sie unseren salzigen Proviant. Manche verfolgen uns hartnäckig über weite Strecken.

Der «herzigste» Anblick der Tour bietet sich beim Abstieg vom Piz de Ganan (2412 m ü. M. ü. M.) hinab zum Lagh de Calvaresc. Der kristallklare See hat die Form eines Herzens. Liebe auf den ersten Blick! Zeit für ein Picknick und ein erfrischendes Bad! Beim Bachlauf füllen wir die Wasserflaschen erneut und sehen in der Ferne unser Ziel, die Buffalora-Hütte (2078 m ü. M.). Im weiten Bogen geht der Weg jetzt durch etwas sanfteres Gelände, wir kommen wieder in die Region der Alpenrosen und Lärchen. Dann ist die Tagesetappe geschafft: Nach 8 Stunden reiner Marschzeit erreichen wir die Capanna Buffalora und werden vom Hüttenpaar mit einem Krug kühlem Tee herzlich empfangen.

Die Hütte (ASAC) ist recht neu und modern, der Abend behaglich. Zum Znacht gibt es Ragout, Kartoffelstock und Gemüse. Wir sind die einzigen Gäste und – wie schon gestern im Rifugio Pian Grand – die ersten in dieser Saison. Bis vor zwei Tagen war die Hütte noch geschlossen. Sie steht inmitten eines Lärchenwalds, die Weitsicht über das Tal wirkt wie Balsam auf die Seele, etwas unterhalb glitzert der Laghet dal Guald in der Abendsonne. Mehr Bergromantik geht kaum.

Tag 3:
Am Morgen stellt sich die Frage, ob wir dem Sentiero Alpino Calanca bis Santa Maria folgen sollen – weitere 7,5 Stunden Höhenwanderung. Das Wetter ist erneut stabil, doch der Weg beinhaltet einige heikle Stellen, etwa die Metalltreppe beim Übergang des Fil de Nomnom, und in der Auriglia-Schlucht geht es über eine Leiter am Fels abwärts. Nachdem wir dem Hüttenwart von den nach wie vor vorhandenen Altschneefeldern auf der gestrigen Etappe erzählt haben, rät er uns davon ab. Darum beschliessen wir schliesslich, von der Capanna Buffalora direkt ins Tal abzusteigen, nach Rossa (1069 m ü. M. ü. M.). Auch gut. So bekommen wir Gelegenheit, die Dörfer und die Kultur im Calancatal kennenzulernen. Die 1000 Höhenmeter bergab gestalten sich kurzweilig, der Weg geht durch Nadelwald und über Wiesen. Nach drei Stunden sind wir im Dörfchen Rossa. Wie steil und eng das Val Calanca ist, sehen wir von unten fast besser als von oben. Wirklich eindrücklich! Das «Valbello» ist das einzige geöffnete Ristorante, das wir in Rossa finden. Und das einzige Mittagsmenü ist das, was wir zum Znacht hatten: Ragout, hier nach alter Tessiner Art, mit grünen Erbsen. Danach fahren wir mit dem Postauto talauswärts bis zum Dörfchen Cauco. Von hier wandern wir auf dem Talboden entlang der Calancasca nach Selma. Es ist ein familienfreundlicher Weg. Im Bach kühlen wir die heissen Füsse. In Selma nehmen wir dann erneut das Postauto und reisen bis Grono. Von dort geht es via Bellinzona und Gotthard zurück nach Hause. Schön war es im Calancatal – wild, weit und wie Ferien. Aktivferien.

▲ Der herzigste Anblick der Tour: der Lagh da Calvaresc auf 2215 m ü. M. – auch «Herzsee» genannt.

▲ Wir geniessen die Abendsonne vor der Capanna Buffalora.

ERSTE ETAPPE

START & ZIEL San Bernardino Dorf (1608 m ü. M.) – Alp d'Arbeola (2080 m ü. M.) – Rifugio Pian Grand (2398 m ü. M.)

DISTANZ & GEHZEIT 8 Kilometer, 4,5 Stunden.

HÖHENMETER 1000 aufwärts, 200 abwärts.

ZWEITE UND DRITTE ETAPPE

START & ZIEL Rifugio Pian Grand (2398 m ü. M.) – Passo dell'Alta Burasca (2514 m ü. M.) – Alp de Trescolmen (2015 m ü. M.) – Bocchetta del Büscenel (2157 m ü. M.) – Rifugio Ganan (2375 m ü. M., Übernachtungsmöglichkeit im Selbstversorgerbiwak) – Piz de Ganan (2412 m ü. M.) – Herzsee Lagh de Calvaresc (2214 m ü. M.) – Capanna Buffalora (2078 m ü. M.; bewartete Berghütte).

DISTANZ & GEHZEIT 15 Kilometer (bis Capanna Buffalora), 8 Stunden.

HÖHENMETER 1200 aufwärts, 1500 abwärts.

VIERTE UND FÜNFTE ETAPPE

START & ZIEL Capanna Buffalora (2078 m ü. M.) – Fil de Nomnom (2426 m ü. M.) – Rifugio Alp di Fora (1844 m ü. M.; Übernachtungsmöglichkeit im Selbstversorgerbiwak) – Pian di Renten (1914 m ü. M.) – Santa Maria (955 m ü. M.).

DISTANZ & GEHZEIT 15 Kilometer, 7,5 Stunden.

HÖHENMETER 900 aufwärts, 2000 abwärts.

WICHTIG Alle Übernachtungen in den Hütten und Biwaks müssen bei der Associazione Sentieri Alpini Calanca (ASAC) reserviert werden – über die Capanna Buffalora: Telefon 091 828 14 67 oder 079 772 45 13 (keine SMS). Oder online auf der Homepage: www.sentiero-calanca.ch.

BESTE ZEIT Juli bis September. Im Frühsommer und im Herbst ist mit Schnee oder Eis an abschüssigen Stellen zu rechnen, die Steigeisen und Pickel erfordern. Bei Schnee, Regen und Nebel kann die Wanderung gefährlich werden. Auskunft über den aktuellen Wegzustand gibt der Hüttenwart in der Capanna Buffalora (Tel. 091 828 14 67 oder 079 772 45 13).

WEITERFÜHRENDE LITERATUR «Val Calanca – 21 Wanderungen in einem ursprünglichen Südalpental» von Ueli Hintermeister und Silvia Fantacci (Rotpunktverlag).

▲ Wunderschön leuchten Alpenrosen, Heidelbeeren und Lärchen in der Abendsonne.

CALANCATAL GR

In den Gassen von Rossa. ▶

▲ Auf einem Vorsprung thront die Kapelle Calvario Rossa über dem Dorf Rossa im Val Calanca.

15
Calanca-Talebene

Wie steil und wild das stark bewaldete Val Calanca ist, sieht man auch vom Talboden aus sehr eindrücklich. Zwischen Cauco und Selma führt ein familientauglicher Kultur-Wanderweg durch die einzige Ebene des Talbodens – entlang der Calancasca. An einigen Stellen kann man die Füsse im Wasser kühlen und die Sonne geniessen.

START & ZIEL Cauco (981 m ü. M.) – Selma (977 m ü. M.).

DISTANZ & GEHZEIT 3 Kilometer, 1 Stunde.

HÖHENMETER 50.

EINKEHR In den Dörfern.

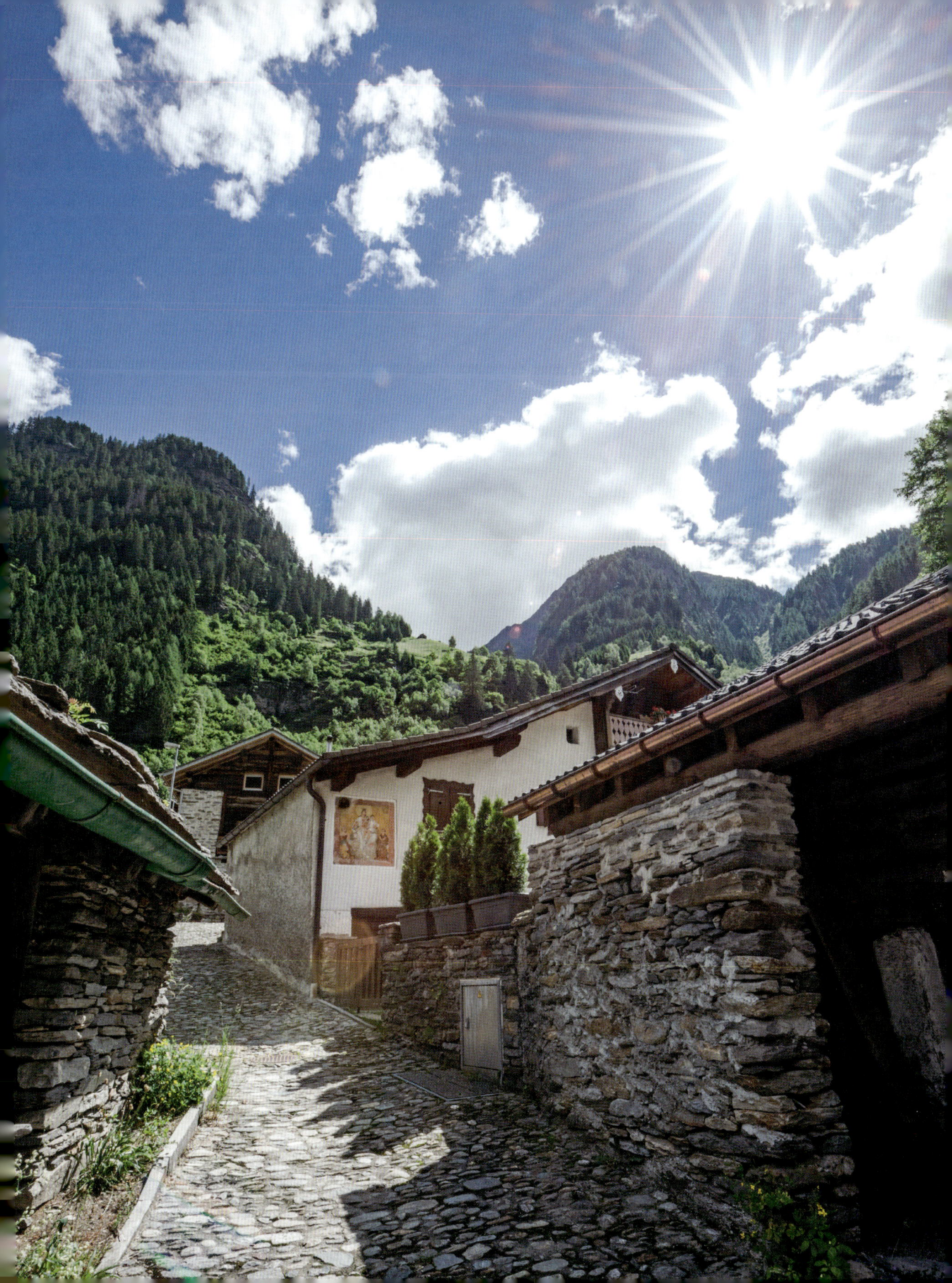

— GÖSCHENERALPTAL UR —

Sanftes Grün, harter Granit

Grösster Kristallfund der Welt, mächtigste Fichte der Schweiz, Alpenrosen und Bergsee: Die Göscheneralp ist ein Tal der Superlative. Kulinarisch locken Burger vom heimischen Yak.

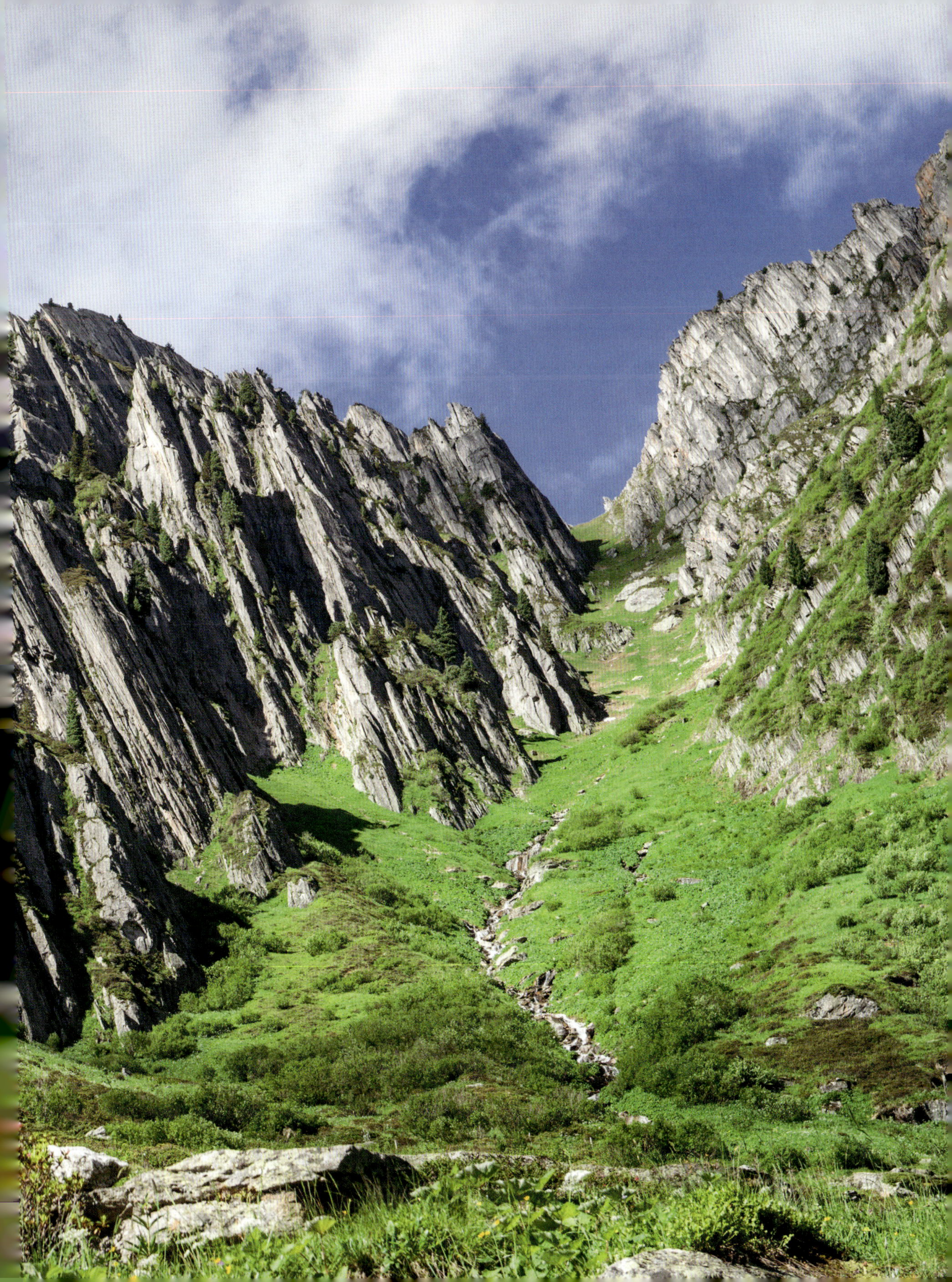

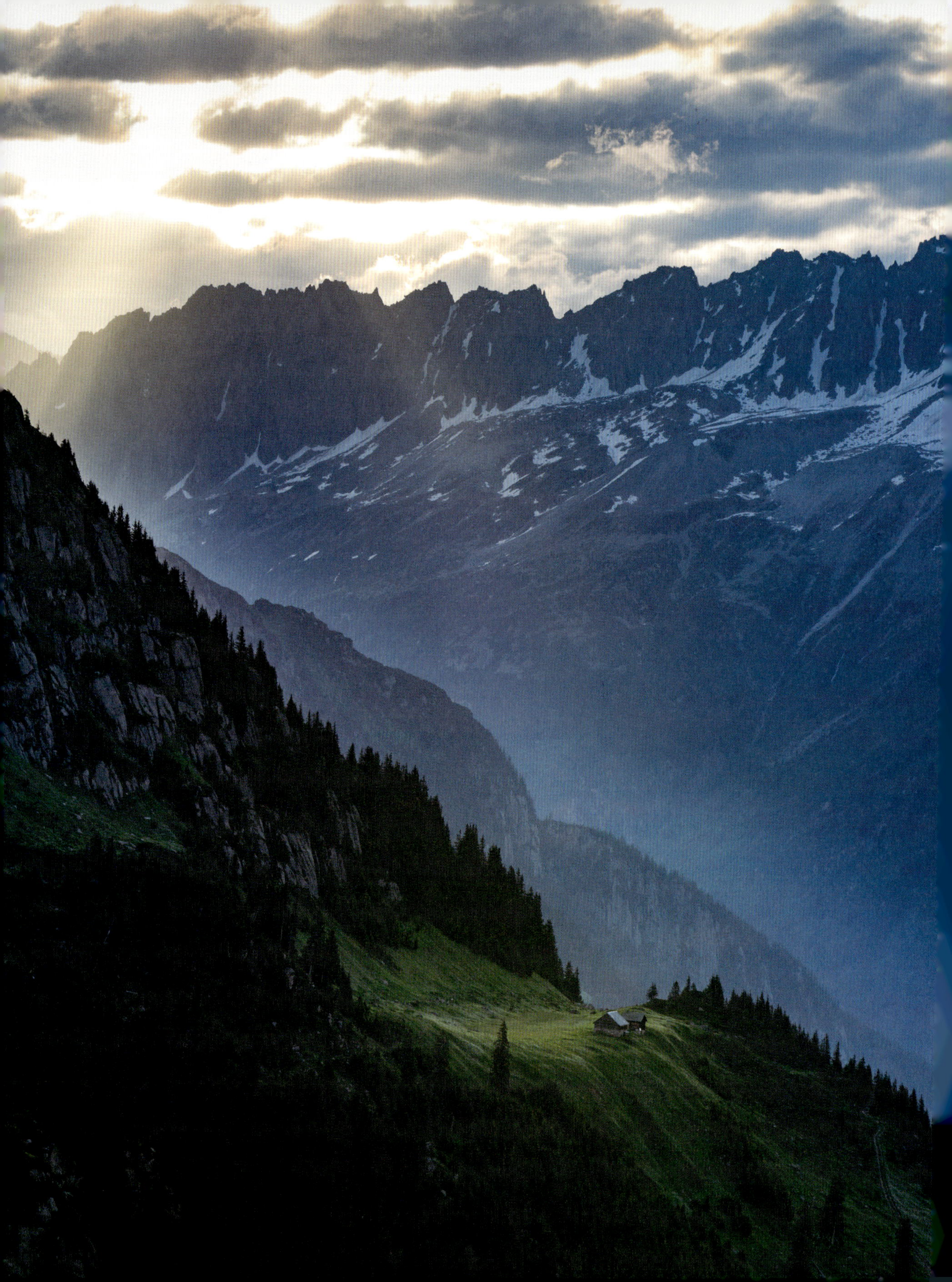

◀ Die ersten Sonnenstrahlen beleuchten die Hütten auf dem Börtli über Gwüest im Göschenenrtal.

▲ Auf dem Weg zur Voralphütte ragen die Granitnadeln wie eine Krone in den Himmel.

Kaum im urtümlichen Göscheneralptal angekommen und die Wanderschuhe geschnürt, treffen wir auf eine Prominente. Sie ist gross, dick und eine waschechte Einheimische. Die Rede ist von der mächtigsten Fichte der Schweiz, der «Rekord-Fichte». Mit ihrer Körperfülle kann keine andere konkurrieren. Ihr Stamm bringt es auf einen sagenhaften Umfang von 5,88 Metern, der Durchmesser auf Brusthöhe beträgt 1,87 Meter, ihre Höhe 41,5 Meter und ihr Gesamtvolumen 29 Kubikmeter. Alter: ungefähr 350 Jahre. Sie wächst still und versteckt am Rande eines Nadelwaldes mitten im Tal.

Nationale Berühmtheit erlangte die «trutzige Urner Fichte», als das Schweizer Fernsehen über sie berichtete. Selbstverständlich rief ihre Publizität auch Eifersucht auf den Plan. Bis dahin galt nämlich eine Fichte im St. Galler Calfeisental als die dickste – weltweit! Nach dem Fernsehbeitrag gingen bei der Eidgenössischen Forschungsanstalt für Wald, Schnee und Landschaft Meldungen über angeblich noch grössere Fichten ein, sogar aus dem Ausland. Doch die Nachmessungen ergaben: Die Göscheneralp-Fichte ist die Königin aller Fichten. Zwar soll westlich von Moskau noch eine mächtigere stehen, amtlich nachgewiesen ist das aber bis heute nicht.

Auf die Urner Rekord-Fichte treffen wir zufällig. Denn ehrlich gesagt: Trotz ihrer Berühmtheit hatten wir vor unserem langen Wanderwochenende im Göscheneralptal noch nie von ihr gehört – so wie wohl die wenigsten Leute ausserhalb des Kantons. Dem Gros des heutigen Touristenverkehrs ist Göschenen UR wegen des Staus vor dem Gotthard ein Begriff. Kaum einer ahnt, dass sich nur wenig oberhalb der Autoschlange eines der schönsten Bergtäler der Alpen befindet.

Vom Dorf Göschenen (1102 m ü. M.) fahren wir auf dem Alpsträsschen hinauf Richtung Göscheneralpsee (1747 m ü. M.). Wir sehen Kühe grasen. Über den Talboden plätschert die Göschenerreuss, die weiter oben dem Chelengletscher entspringt. In die reine Bergluft mischt sich der Duft von Nadelwald und Alpenflora. Links und rechts ragen Granitberge in den Himmel, die höchsten tragen eine weisse Schneekappe.

Nebst fünf SAC-Hütten gibt es im Göscheneralptal einen Zeltplatz und zwei Gasthäuser: Das Bergrestaurant Dammagletscher befindet sich direkt beim Stausee (1771 m ü. M.). Wir logieren ein paar Kurven weiter unten im gemütlichen Gasthaus Göscheneralp (1590 m ü. M.). Die Zimmer sind einfach, die Duschen auf der Etage. Speziell ist die Speisekarte: Es gibt Yak in diversen Varianten, von Burger bis Entrecôte. Das dunkelrote und saftige Fleisch dieser asiatischen Rinderart stammt von heimischen Bauern in Göschenen und Andermatt. Es schmeckt intensiver als Wild.

Am Morgen treffen wir vor dem Gasthaus zwei Kristallsucher, die gerade ihre Ausrüstung packen. Sie erzählen, dass sie den ganzen Sommer in der verwunschenen Granitlandschaft verbringen, um nach Quarz und anderen Mineralsteinen zu «strahlen». Das Göscheneralptal ist berühmt für seine glasklaren Kristalle. Am Planggenstock gab es 2005 einen Sensationsfund: Fast fünfzig aussergewöhnlich perfekt geformte Bergkristalle und Kristallgruppen konnten zutage gefördert werden. Dieser Schatz ist jetzt im Naturhistorischen Museum in Bern zu bewundern.

GÖSCHENERALPTAL UR

▲
Als wollte es uns die Dimensionen verdeutlichen, stellt sich ein Lamm neben die mächtigste Fichte der Schweiz.

16
Voralphütte & Rekord-Fichte

👟👟👟 ♥♥♥

Das wunderbar grüne Göscheneralptal ist neun Kilometer lang. Etwa in der Mitte, bei der Postauto-Haltestelle Abzweigung Voralp (1402 m ü. M.), startet der markierte Wanderweg hinauf ins wildromantische Voralptal. Es ist nur zu Fuss erreichbar. Und eben: Kaum zehn Meter von der Haltestelle entfernt gelangen wir bereits zur gut sichtbar aufgestellten Infotafel, die uns auf die «bis heute mächtigste Fichte der Schweiz» hinweist (siehe Text auf Seite 99). Ein grün-weiss markierter Zickzackpfad führt in 15 Minuten zu ihr hinauf. Neben dem gigantischen Stamm machen wir ein Selfie. Unter den langen Ästen hat sich eine Schafherde mit Lämmern in den Schatten gelegt. Der Anblick ist allerliebst.

Nach dem Abstecher zur Fichte steigen wir nun hinauf ins Voralptal. Das erste Stück führt uns neben der Schlucht der Voralpreuss den Wald hoch. Nach etwa zwanzig Minuten erreichen wir die Ebene des traumhaften Hochtals. Alpenrosen und Enziane blühen entlang des Wegs, der nur noch sanft ansteigt. Vom Ende des Tals winkt uns das vergletscherte Sustenhorn (3502 m ü. M.) entgegen. Manchmal pfeift ein Murmeltier und gelegentlich begegnen wir Wanderern.

Imposant ist der mächtige Salbitschijen (2986 m ü. M.), der weit über uns thront. Er ist ein Koloss, ein Urner Urgestein aus Granit. Von unten sehen wir in seinen steilen Türmen die neunzig Meter lange Hängebrücke, die über den Abgrund gespannt wurde. Sie ist Teil eines anspruchsvollen und schwindelerregenden Wanderwegs. Im Tal bewegen wir uns dagegen auf einem familienfreundlichen Pfad. Ausser den wenigen Alphütten ist das Voralptal von menschlichen Eingriffen verschont geblieben. Eine Einkehrmöglichkeit gibt es dennoch: Ganz hinten auf 2126 Metern über Meer steht die Voralphütte (SAC). Sie befindet sich in einem sonnigen Hang, fast unsichtbar in die felsige Landschaft eingebettet. Die Hüttencrew heisst uns herzlich willkommen.

Wir essen hausgemachten Nusskuchen, trinken Rivella und geniessen auf der Terrasse die fantastische Aussicht. Die Hütte befindet sich sozusagen an der Schnittstelle, wo Wandern aufhört und Alpinismus beginnt. Gegen Nordwesten blicken wir in die spaltenreiche Gletscherlandschaft des Sustenhorns, gegen Südosten über das liebliche Voralptal. Zurück wandern wir auf derselben Route.

START & ZIEL Voralpkurve im Göscheneralptal (Postauto-Haltestelle, Parkplatz, 1402 m ü. M.) – Voralphütte (2126 m ü. M.). Retour auf gleicher Route.

DISTANZ & GEHZEIT 12 Kilometer, 5 Stunden (hin und zurück).

HÖHENMETER 800 aufwärts, 800 abwärts.

EINKEHR Voralphütte.

Im Voralptal ist man von gewaltigen Granittürmen umgeben.

Auf einem kleinen Vorsprung duckt sich die Voralphütte (SAC) vor den Gletschern des Sustenhorns an den Fels.

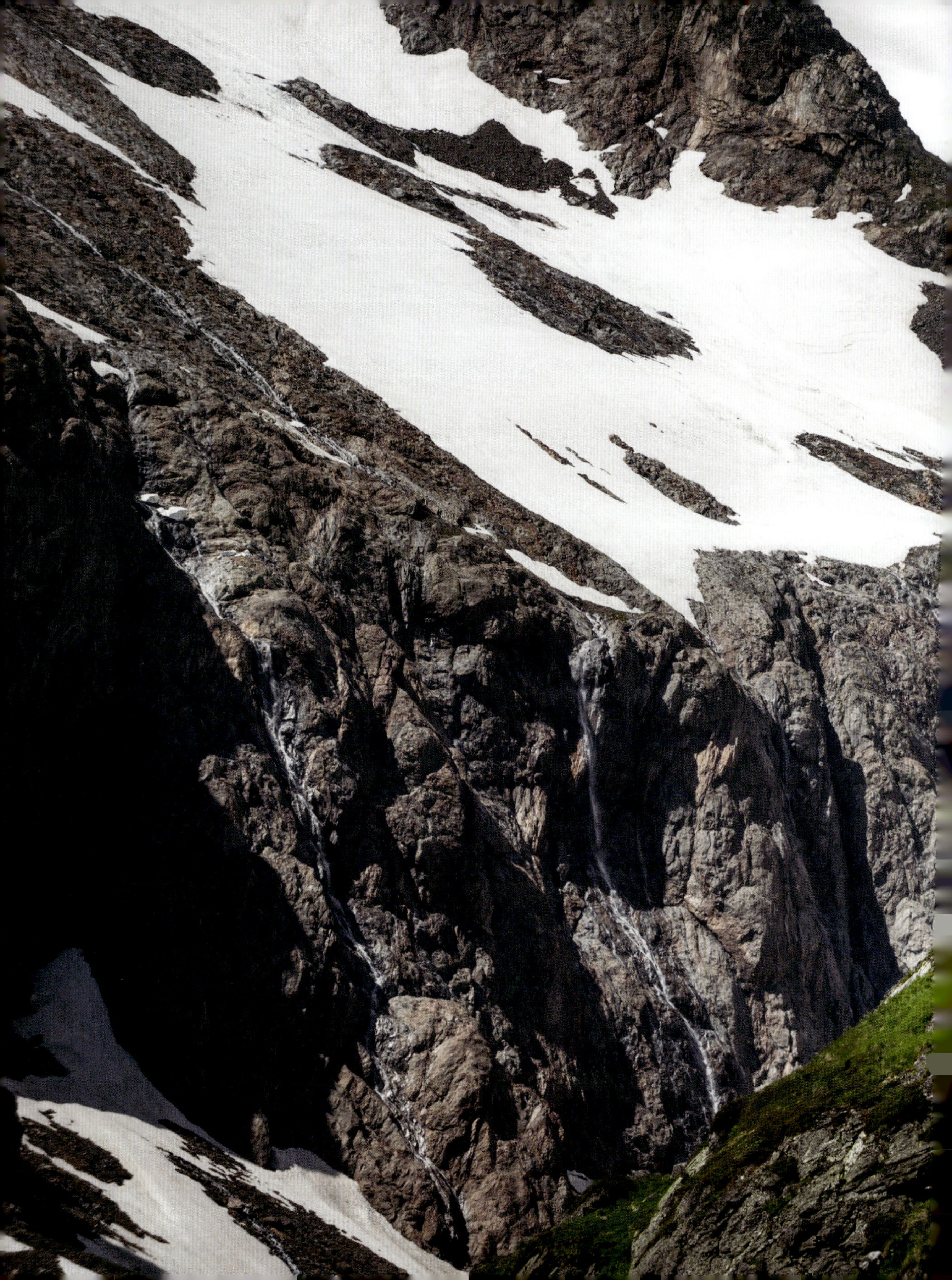

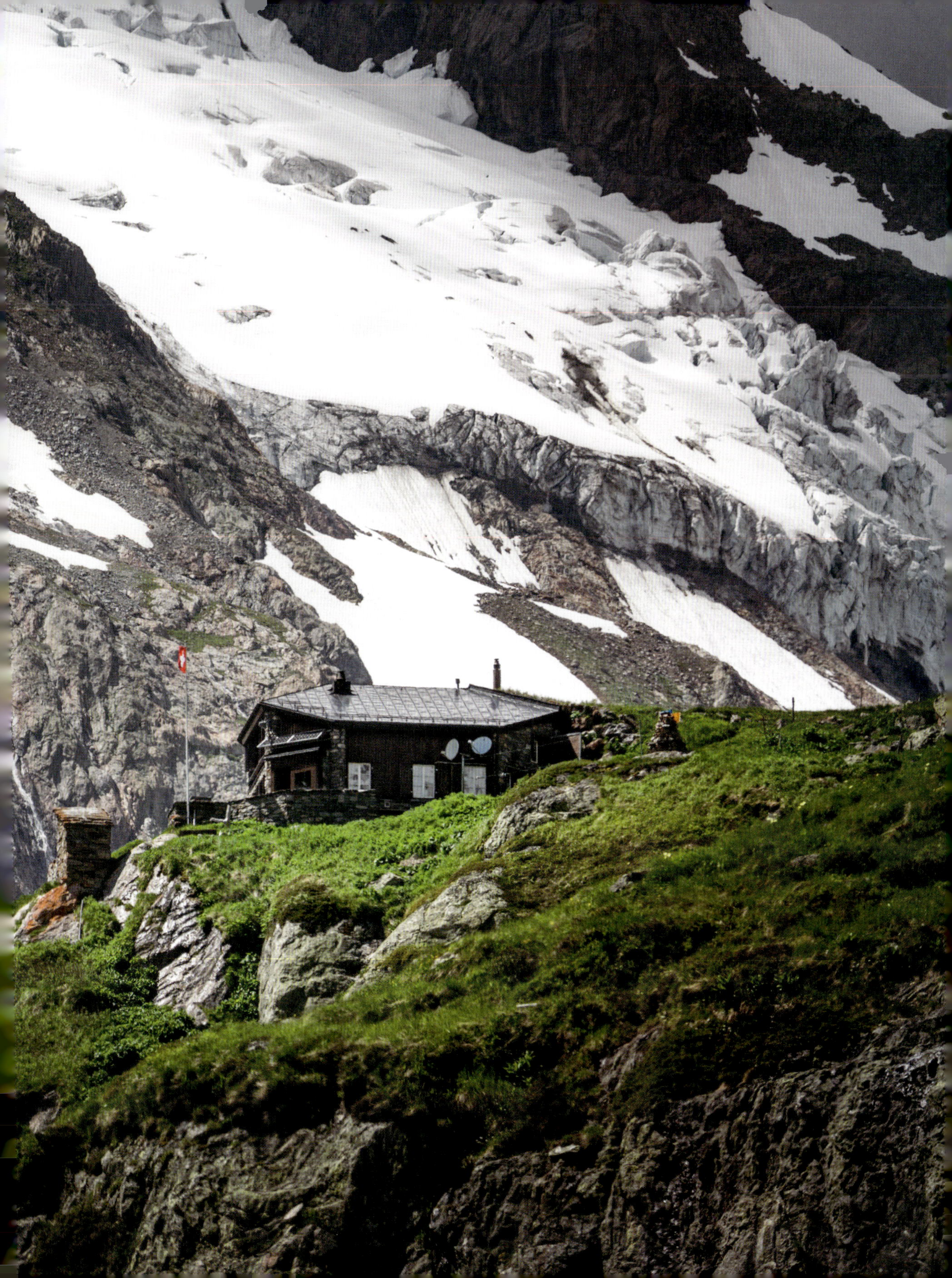

▶ Der Bergsee mit der gleichnamigen Hütte vor der Kette des Winterbergs.

17
Bergsee & Bergseehütte

👢👢👢 ♥♥♥

Der Bergsee im Göscheneralptal liegt auf 2340 Metern. Er heisst nicht nur ganz simpel Bergsee – er entspricht auch der Vorstellung des perfekten Bergsees. Gleich daneben wartet die Bergseehütte (SAC) mit einer sonnigen Aussichtsterrasse. Weiter oben thront der Gipfel des Bergseeschijen (2819 m ü. M.).

Hinauf zum Bergsee führt eine prächtige Wanderung. Sie beginnt beim Göscheneralp-Stausee (1771 m ü. M.) ganz hinten im Tal. Da, wo heute das türkisfarbene Gletscherwasser des Stausees schimmert, befand sich früher die Ortschaft Hinteralp. Vierzig Menschen lebten ganzjährig hier, es gab ein Schulhaus und eine Kirche. 1962 wurden die Bewohner wegen der Staumauer umgesiedelt, die meisten nach Gwüest weiter unten im Göscheneralptal.

START & ZIEL Göscheneralp-Stausee (Postauto-Haltestelle, Parkplatz, 1771 m ü. M.) – Bergseehütte (2370 m ü. M.). Retour auf gleicher Route.

DISTANZ & GEHZEIT 6 Kilometer, 3,5 Stunden (hin und zurück).

HÖHENMETER 600 aufwärts, 600 abwärts.

EINKEHR Gasthaus Dammagletscher beim Staudamm, Bergseehütte.

An das überflutete Dörfchen erinnert eine Glocke der alten Kirche. Sie hängt in einem Holzkonstrukt zwischen dem Stausee und dem grossen Parkplatz (Postauto-Endstation).

104   GÖSCHENERALPTAL UR

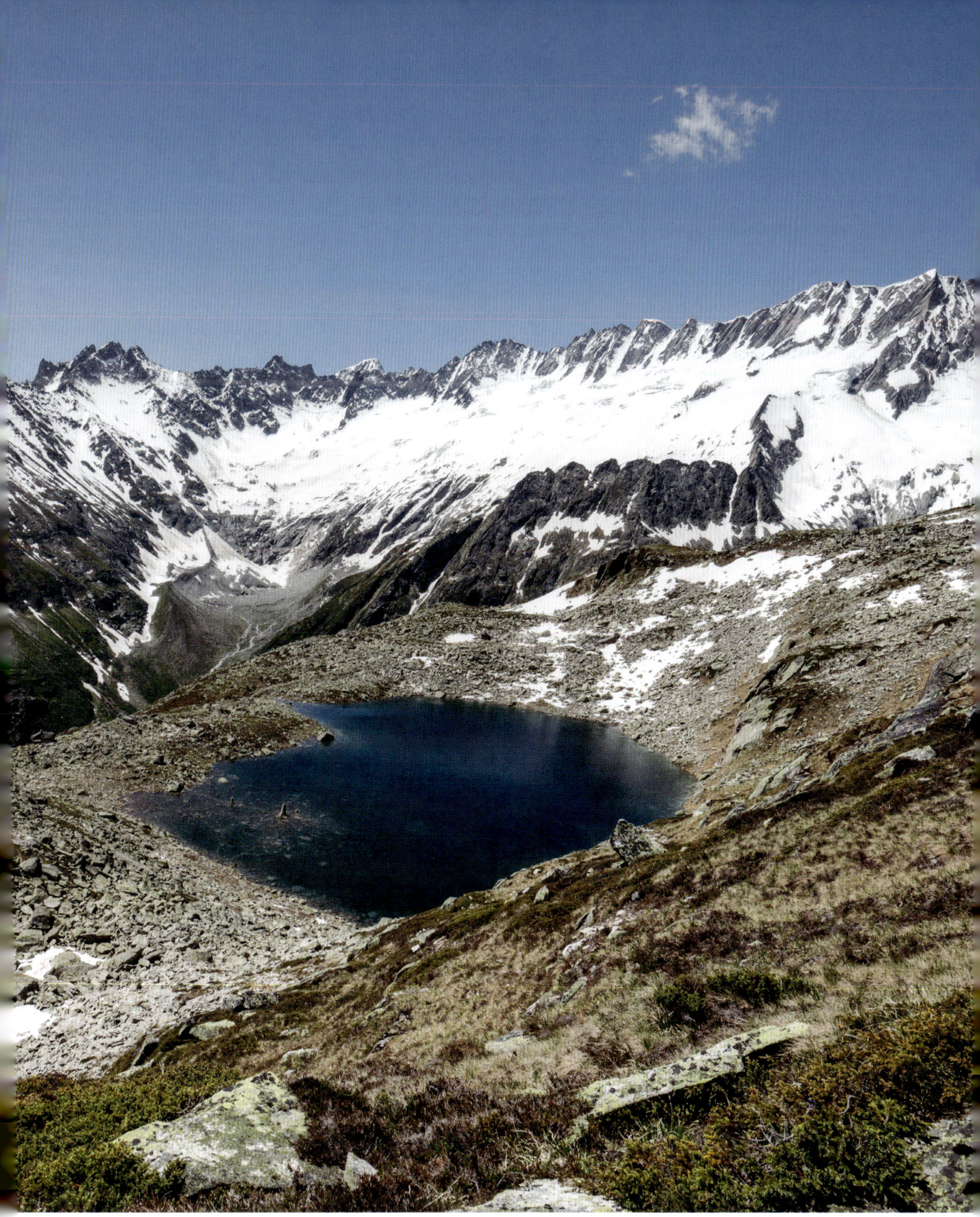

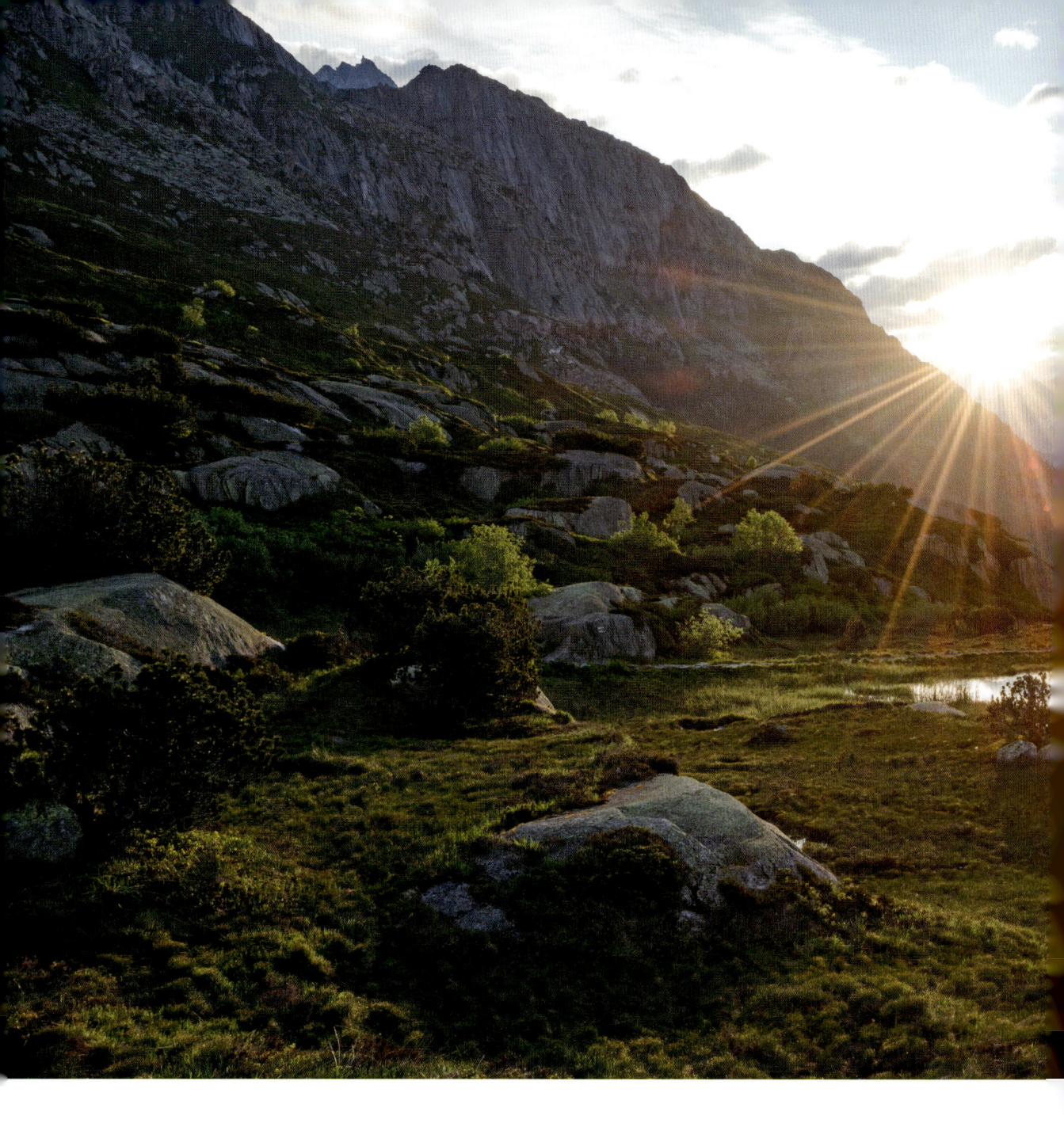

Exakt bei dieser alten Kirchenglocke zeigt der Wegweiser hinauf zum Bergsee. Die ersten Hundert Höhenmeter ziehen sich zwischen haushohen Granitblöcken aufwärts, dann gelangen wir auf eine Ebene mit einer wundervollen Hochmoorlandschaft. Um sie erkunden zu können, wurden Holzstege verlegt. Etliche Familien sind da, es gibt idyllische Rastplätze. Ab hier wird der Weg zur Bergseehütte steil. Er schraubt sich in schweisstreibenden Serpentinen den Südhang hoch. Trotzdem sind nicht wenige Leute unterwegs. Die letzten Meter werden steinig, es braucht Trittsicherheit.

Oben angekommen, ist jede Anstrengung vergessen. Das kristallklare Wasser des Bergsees funkelt in der kargen Steinlandschaft. Wenige Schritte vom Ufer entfernt steht die Bergseehütte (SAC). Wir kehren ein und geniessen bei einem Trockenwurst- und Speck-Plättli die spektakuläre Aussicht. Sie reicht über das grüne Göscheneralptal hinab auf den Stausee und hinüber in die wilde Gletscherlandschaft von Dammastock (3630 m ü. M.), Rhonestock (3589 m ü. M.) und Galenstock (3586 m ü. M.). Retour wandern wir auf demselben Weg.

Auf dem Weg zur Bergseehütte kommt man an wunderschönen Moorseen vorbei.

▲
Auch Kühe lieben Ferien auf der Insel: vor der Staumauer im Jäntelboden.

18
Göscheneralp & Stausee

Um das idyllische Göscheneralptal zu erkunden, muss man nicht zwingend in die Höhe. Über den Talboden zieht sich ein schöner Wanderweg entlang der Göschenerreuss – vom Dorf Göschenen bis hinauf zum Stausee. Insgesamt beträgt die Distanz 9 Kilometer, aber man kann auch nur eine Etappe unter die Füsse nehmen und den Rest mit dem Postauto «abkürzen». Auch wir entscheiden uns für diese Variante und starten beim Zeltplatz (1536 m ü. M.) unterhalb des Weilers Gwüest. Es ist noch Morgen und ruhig im kleinen Zelt- und Wohnwagen-Dörfli. Zu mieten gibts auch ein Tipi.

Um den angrenzenden kleinen Gwüestsee liegen Kühe wie Badegäste in den Ferien. Was für ein Bild! Die Wanderung über den Talboden ist eher ein Spaziergang und eignet sich daher auch für kleine Kinder. Erst kurz vor der Staumauer wird es steil. Dort treffen wir auf eine beachtlich grosse Ziegenherde und sind bald umgeben von den meckernden Tieren. Offenbar mögen sie uns, denn sie wandern mit uns hinauf bis zum Stausee.

Oben kehren wir im Restaurant Dammagletscher ein – und gönnen uns einen

Coupe Dänemark. Auf der Fahrt zurück nach Göschenen kommen wir bei der Voralpkurve erneut bei der Rekord-Fichte vorbei. Sie konnte übrigens so mächtig werden, weil sie Glück hatte – und nie umgehauen wurde. Nicht einmal in der Zeit, als unten in Göschenen mit Hochdruck am Gotthard-Eisenbahntunnel gebaut wurde und grosser Holzbedarf herrschte. Geholfen hat ihr letztlich auch, dass im Winter das Göscheneralptal unzugänglich und die Strasse – auch für die sieben Familien hier – bis zu fünf Monate geschlossen ist. So bleibt uns nicht nur die prominente Fichte erhalten, sondern auch ein Bergtal wie aus dem Bilderbuch.

START & ZIEL Göschenen (1102 m ü. M.) – Göscheneralp, Staudamm (1771 m ü. M.). Retour mit dem Postauto.

DISTANZ & GEHZEIT 9 Kilometer, 4 Stunden.

HÖHENMETER 700.

TIPP Wem die Distanz zu weit ist, kann mit dem Postauto abkürzen: zum Beispiel bis zum Zeltplatz im Jäntelboden (1536 m ü. M.) fahren oder zum Weiler Gwüest (1582 m ü. M.).

EINKEHR In Göschenen, Gasthaus Göscheneralp in Gwüest, Berggasthaus Dammagletscher beim Staudamm.

▲ Eine Gruppe Streifengeissen begleitet unseren Aufstieg an der Staumauer des Göscheneralpsees.

Der Jäntelboden mit dem Weiler liegt am Fusse des Göscheneralpsees. ▼

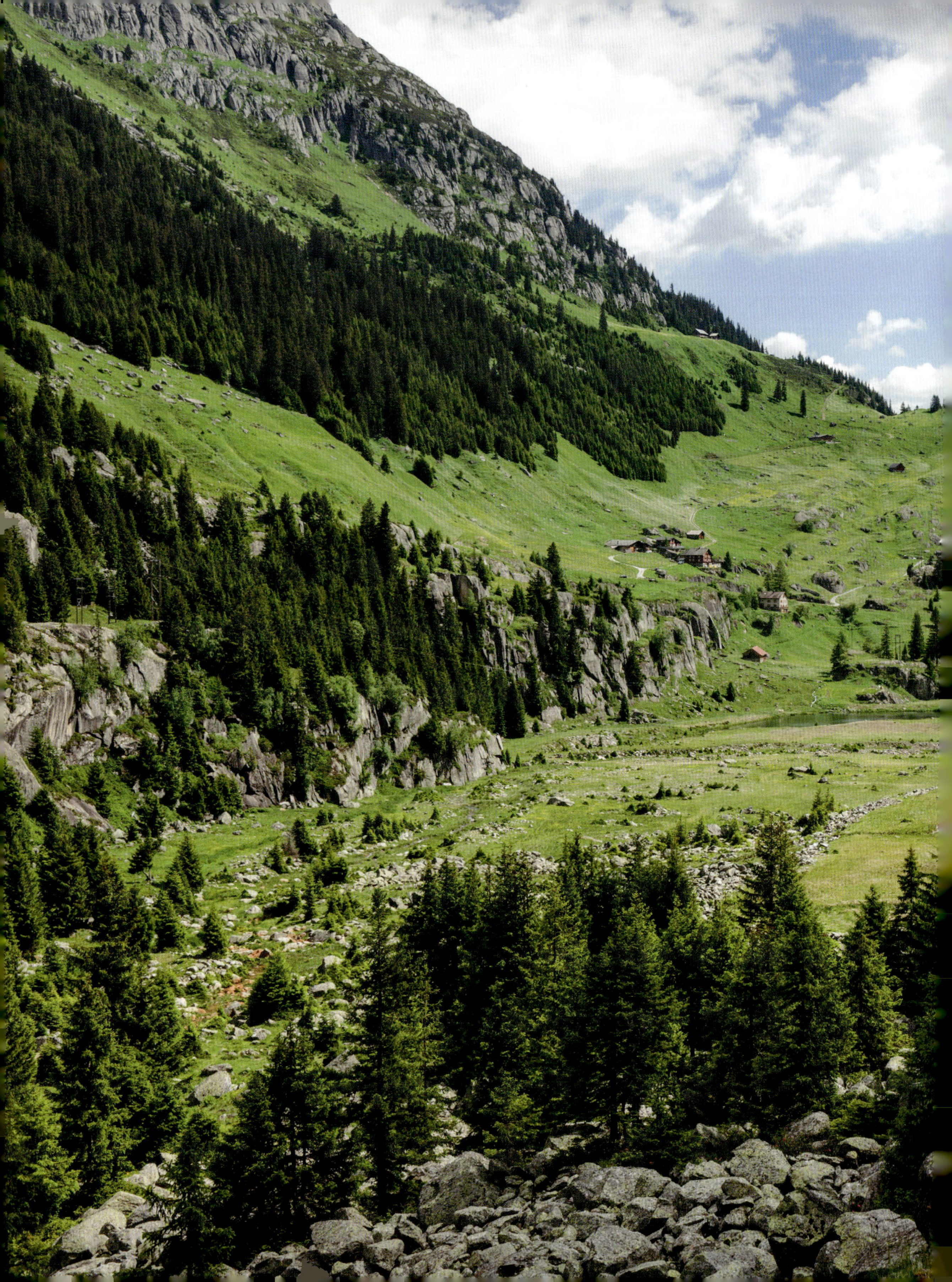

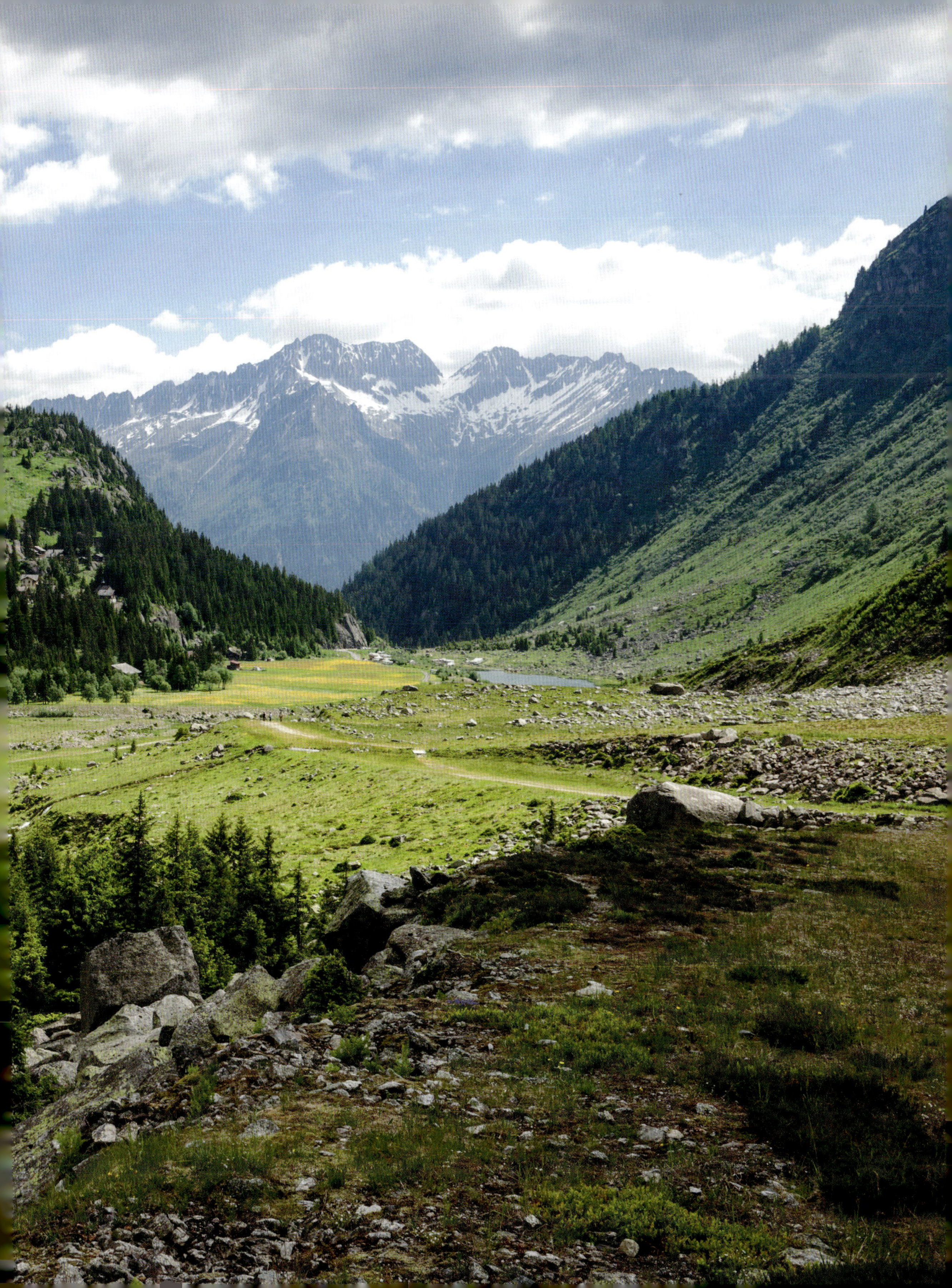

Umgeben von grünen und schroffen Berghängen liegt das Dorf Muotathal.

Dank den Muotathaler Wetterschmöckern gehört das Muotatal SZ zu den bekanntesten Tälern der Schweiz. Fast jedes Kind hierzulande weiss, dass da knorrige Wetterpropheten leben, die einen urchigen Dialekt sprechen und die Meinung vertreten, das Fondue müsse «chli stinke». Aber trotz der Berühmtheit hat sich das Muotatal nie zu einem überlaufenen, touristischen Hotspot entwickelt. Was eigentlich erstaunlich ist. Denn es liegt nicht abgelegen, sondern in der Zentralschweiz. Und es ist ein Voralpental der Superlative. Die Natur einzigartig. Für uns Wanderer ein Paradies.

Die Wildheit des Muotatals zeigt sich bereits bei der Anreise. Von Schwyz führt die breite, aber kurvenreiche Kantonsstrasse zuerst durch eine schattige, waldige Schlucht. Unten im tiefen Felsenbett fliesst die Muota. Wir fahren an der Stoosbahn vorbei, sie ist die neuste, steilste Standseilbahn der Welt. Dann öffnet sich das weite, lang gezogene Muotatal. Auf den Matten weiden Kühe. Von den steilen Seitenwänden stürzen tosende Wasserfälle. Auf der reissenden Muota sehen wir Kajakfahrer. Am Ende der Talebene liegt die Ortschaft Muotathal: ein hübsches Dorf mit Beizen, Metzgerei, Bäckerei – und dem Frauenkloster St. Josef, das im Jahr 1288 gegründet wurde und damit älter ist als die Eidgenossenschaft.

Aber wieso heisst es mal Muotathal und mal Muotatal? Ganz einfach: Das Dorf sowie die politische Gemeinde schreiben sich mit «th», das geografische Tal dagegen mit «t». Zusammen mit den Weilern Ried, Bisisthal und Hinterthal zählt Muotathal 3500 Einwohner. Flächenmässig ist es eine der zehn grössten Gemeinden der Schweiz. Allerdings

— MUOTATAL SZ —

Mystisch und wild

Glattalpsee, Bödmeren-Urwald, Karstlandschaft Silberen: Das Muotatal wartet mit einzigartigen und völlig naturbelassenen Ecken. Bähnli, Beizli und Büffel-Schüblig gibts auch.

besteht der grösste Teil des Talbodens aus brachem Fels.

Ein landschaftliches Highlight ist im Muotatal die subalpine Karsthochebene – die grösste Europas. Bizarr gefurchtes, löchriges Kalkgestein durchzieht das weite Gelände. Als hätte der Teufel höchstpersönlich die Karrfelder gepflügt, wie es in der Sage heisst.

Entstanden sind die Formationen durch Erosion. Wasser hat über Jahrtausende hinweg Löcher in den Boden gefressen – bis extrem tief hinein. Davon zeugt im Untergrund das berühmte Hölloch, eines der grössten Höhlensysteme der Welt. Nach aktuellem Forschungsstand ist das Höhlenlabyrinth 200 Kilometer lang. Hinein kommen Besucher nur mit professioneller Führung, zu gefährlich wäre eine Entdeckungsreise auf eigene Faust.

Unser «Basislager» im Muotatal schlagen wir im Dörfchen Ried bei der Familie Betschart auf, die ein kleines Bed & Breakfast führt. Oder wie sie sagen: Zimmer und Zmorge anbieten. Einfach, aber nett. Das Znacht essen wir im Gasthaus Post in Muotathal. Unser Hunger ist gross, und wir bestellen je eine Hausspezialität: Holzfällersteak und Cordon bleu Claudia, gefüllt mit Alpkäse und Urwaldrohschinken. Der Urwaldschinken ist nicht etwa von Übersee eingeflogen, sondern heimisch. Im Karstgebiet oberhalb des Dorfs wächst und wuchert der riesige Bödmeren-Urwald.

▲ Steil ragen die Südflanken des Firsts über den Bödmerwald.

19
Glattalpsee

Klar wie ein Kristall und eingebettet wie eine Perle: Der Bergsee auf der Glattalp (1851 m ü. M.) im Bisistal ist ein Schmuckstück der Natur und ein perfektes Ziel für die ganze Familie. Die Glattalp liegt zuhinterst im Bisistal, einem Seitental des Muotatals, und ist mit der Mini-Luftseilbahn Sahli–Glattalp erschlossen. Oben wartet eine Landschaft mit Wow-Effekt. Wir sind über der Baumgrenze, umgeben von Bergketten mit mächtigen Kalkwänden. Wie in einem riesigen Amphitheater. Trotz den blumenreichen Alpenwiesen wirkt die Natur garstig. Es sieht ein bisschen aus wie auf dem Mond. Verschiedene Wege würden hinauf auf die Gipfel führen. Wir bleiben aber unten und umrunden gemütlich den kristallklaren Glattalpsee.

Von der Bergstation liegt der See zehn Fussminuten entfernt. Wir erreichen ihn auf einem breiten, mühelosen Pfad, es geht lediglich vierzig Höhenmeter bergab. Entlang des Wegs wartet das Berggasthaus Glattalp. Als wir vorbeikommen, hat es allerdings Ruhetag. Aber als Alternative gibt es die Glattalp-Hütte des Schweizer Alpen-Clubs, wo wir auf dem Rückweg ein-

START & ZIEL Luftseilbahn Sahli–Glattalp im Bisistal. Ab Bergstation Glattalp (1877 m ü. M.) Rundwanderung um den Glattalpsee.

DISTANZ & GEHZEIT 7 Kilometer, 2 Stunden (Rundtour).

HÖHENMETER 150 aufwärts, 150 abwärts.

EINKEHR Berggasthaus Glattalp, Glattalp-Hütte (SAC).

TIPP An Schönwettertagen im Sommer kann es bei der Bahn zu Wartezeiten kommen. Als Alternative bietet sich der Wanderweg vom Sahli auf die Glattalp an (700 Höhenmeter, 2 Stunden aufwärts).

kehren können. Den See umwandern wir im Gegenuhrzeigersinn, am Südufer wird der einfache Wanderweg zu einem weiss-rot-weiss markierten Bergpfad.

Bei unserem Besuch dominieren Wolken den Himmel, die Sonne blinzelt nur gelegentlich durch. In dieser Stimmung wirkt die Landschaft dramatisch schön – und es wird nicht zu warm. Wobei es auf der Glattalp ohnehin nie zu warm wird. Im Winter gehört sie gar zu den kältesten Orten der Schweiz. Im Februar 1991 zeigte

▲ Die Chilchberge spiegeln sich im Glattalpsee.

▲ Schnitzkunst unweit der Glattalphütte.

das Thermometer sagenhafte minus 52,5 Grad Celsius an. Es heisst, das sei der tiefste Wert, der in der Schweiz je gemessen worden ist. Trotzdem anerkennt Meteo Schweiz diesen Kälterekord nicht: weil die Alp unbewohnt und die Messstation nicht staatlich betrieben ist. Offiziell bleibt das Dorf La Brévine im Jura der kälteste Punkt Helvetiens. Dort wurden im Januar 1987 minus 41,8 Grad gemessen.

Nachdem wir den Glattalpsee umwandert haben und zurück zur Bahnstation gelangt sind, sehen wir den Wegweiser, der zur SAC-Hütte (1896 m ü. M.) zeigt. Der Aufstieg dauert zehn Minuten – und lohnt sich alleine schon wegen des feinen, hausgemachten Aprikosenkuchens. Aber natürlich auch wegen der lauschigen Terrasse inmitten dieser unglaublichen Natur. An einem Hang sehen wir eine grosse, frei sömmernde Schafherde.

Mit der Seilbahn gelangen wir wieder hinab ins Bisistal – und wissen den Wolkenhimmel erneut zu schätzen. Denn an schönen Sommertagen kann es sowohl bei der Berg- wie auch der Talstation zu Wartezeiten kommen. Die kleine, rote Gondel befördert pro Fahrt maximal acht Personen. Bei einer Fahrzeit von acht Minuten reicht die Kapazität pro Stunde und Weg für gerade mal dreissig Personen. Dann heisst es: Der Schnellere ist der Geschwindere.

▲
Ein lohnender Abstecher auf der Rundwanderung ist die Glattalphütte (SAC).

MUOTATAL SZ

Wild und urchig präsentiert sich uns der Urwald von Bödmeren.

20
Urwaldspur Bödmeren

Urwald? Ja, auch den gibt es im Muotatal. Der Bödmerenwald am Pragelpass ist Heimat von Moorbirken, Bergföhren, Weisstannen und so vielen uralten Fichten, wie es das sonst nirgends in Westeuropa gibt. Mehr als 300 Pflanzenarten gedeihen in diesem Dickicht, den Boden polstern über 250 Moosarten. Als Urwald überdauerte der Bödmerenwald, weil er wirtschaftlich nicht genutzt werden kann – zu unwirtlich ist das Gelände, zu hoch der Aufwand, um gefällte Bäume über diesen löchrigen und durchfurchten Grund zu transportieren. Stattdessen ziehen hier Gämsen ihre Jungen auf, Birkhühner finden im Unterholz Nahrung. Es ist das wahr gewordene Märchen – und damit dies so bleibt, steht die Gegend unter mehrfachem Schutz.

Uns Wanderern erschliesst sich der Bödmerenwald auf zwei Rundtouren. Der zehn Kilometer lange «Urwaldweg» beginnt beim Parkplatz Eigeliswald (1357 m ü. M.) an der Pragelpassstrasse. Die kürzere Runde heisst «Urwaldspur» und startet etwas weiter oben beim Urwaldpavillon – vis-à-vis der Alpwirtschaft Unterroggenloch (1525 m ü. M.). Es ist ein Themenweg und wir nehmen ihn gespannt unter die Füsse. Die Natur duftet herrlich, die Alpenflora leuchtet in allen Farben.

Die gut ausgeschilderte, weiss-rot-weiss markierte «Urwaldspur» leitet uns um das Roggenstöckli durch ein urtümliches Mosaik aus Wald, Weide und Kalkstein. Bei den neun Themenstationen halten wir an und lesen einander die dazugehörigen Informationen aus der Broschüre vor, die wir im Urwaldpavillon beim Ausgangspunkt (gratis) geholt haben. Bei der Alp Ober Roggenloch machen wir einen Abstecher zum herzigen Alpbeizli, das allerdings an diesem Vormittag geschlossen hat. Aber am Ende der Rundwanderung gelangen wir wieder zur urigen Alpwirtschaft Unter Roggenloch. Es ist jetzt Mittag und wir lassen uns mit Beinschinken, Büffelschübli und hausgemachtem Kartoffelsalat verköstigen. Das Büffelfleisch stammt von der Wasserbüffelfarm in Rickenbach bei Schwyz. So macht Wandern Freude!

START & ZIEL Urwaldpavillon vis-à-vis der Alpwirtschaft Unter Roggenloch (1525 m ü. M.) an der Pragelpassstrasse. Rundwanderung ums Roggenstöckli.

DISTANZ & GEHZEIT 3,5 Kilometer, 1,5 Stunde (Rundtour).

HÖHENMETER 200 aufwärts, 200 abwärts.

EINKEHR Alpwirtschaft Unter Roggenloch, Alpbeizli Ober Roggenloch.

INFO Ab Muotathal kein ÖV bis zum Urwaldpavillon. Möglichkeit: Taxi Pragel Garage, Muotathal.

▲ Auf der Wanderung auf der «Urwaldspur» kommen wir an der Alp Oberroggenloch vorbei.

Der Bödmeren ist ein Wald wie aus dem Bilderbuch. Im Hintergrund der Fronalpstock. ▼

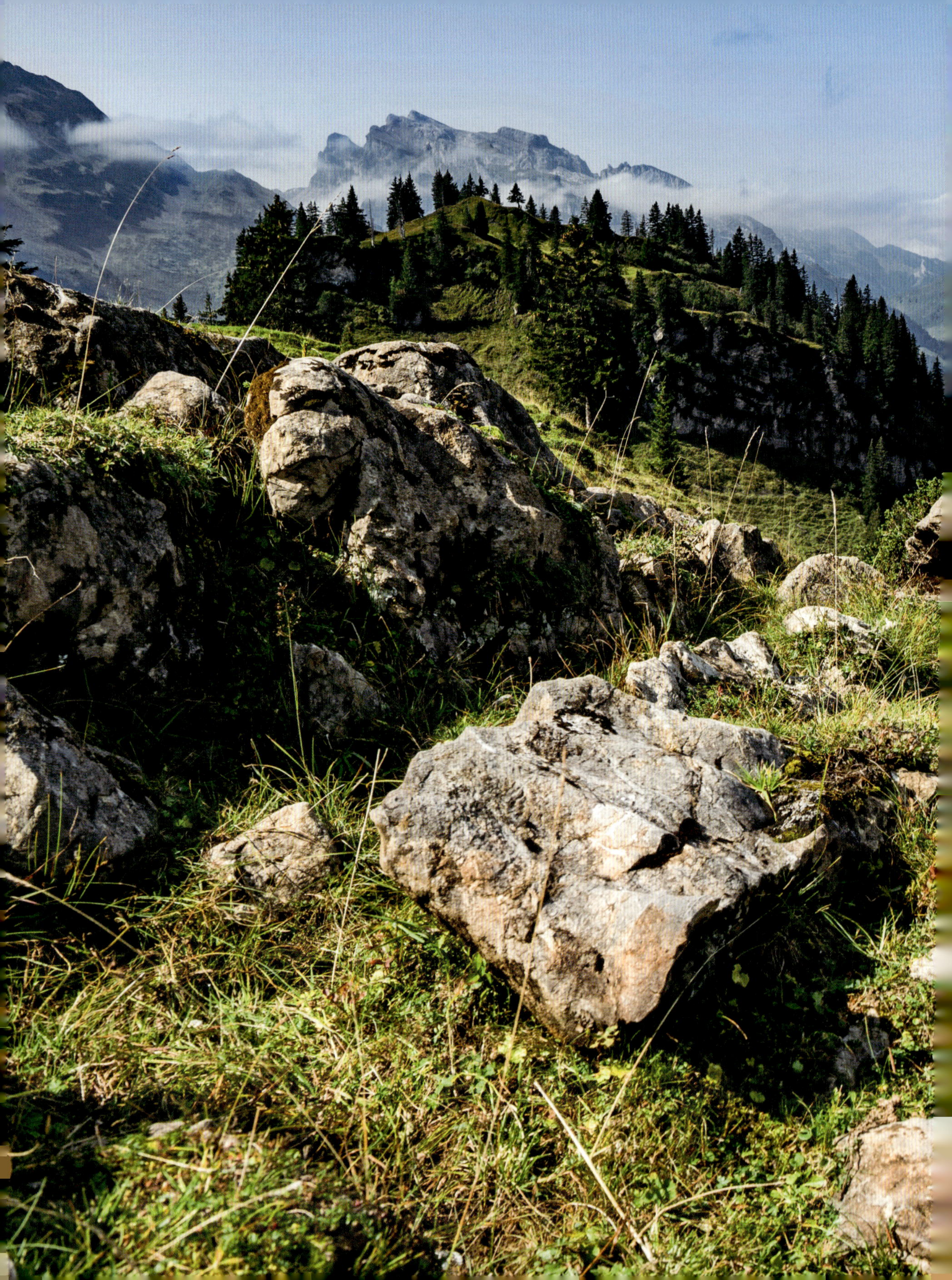

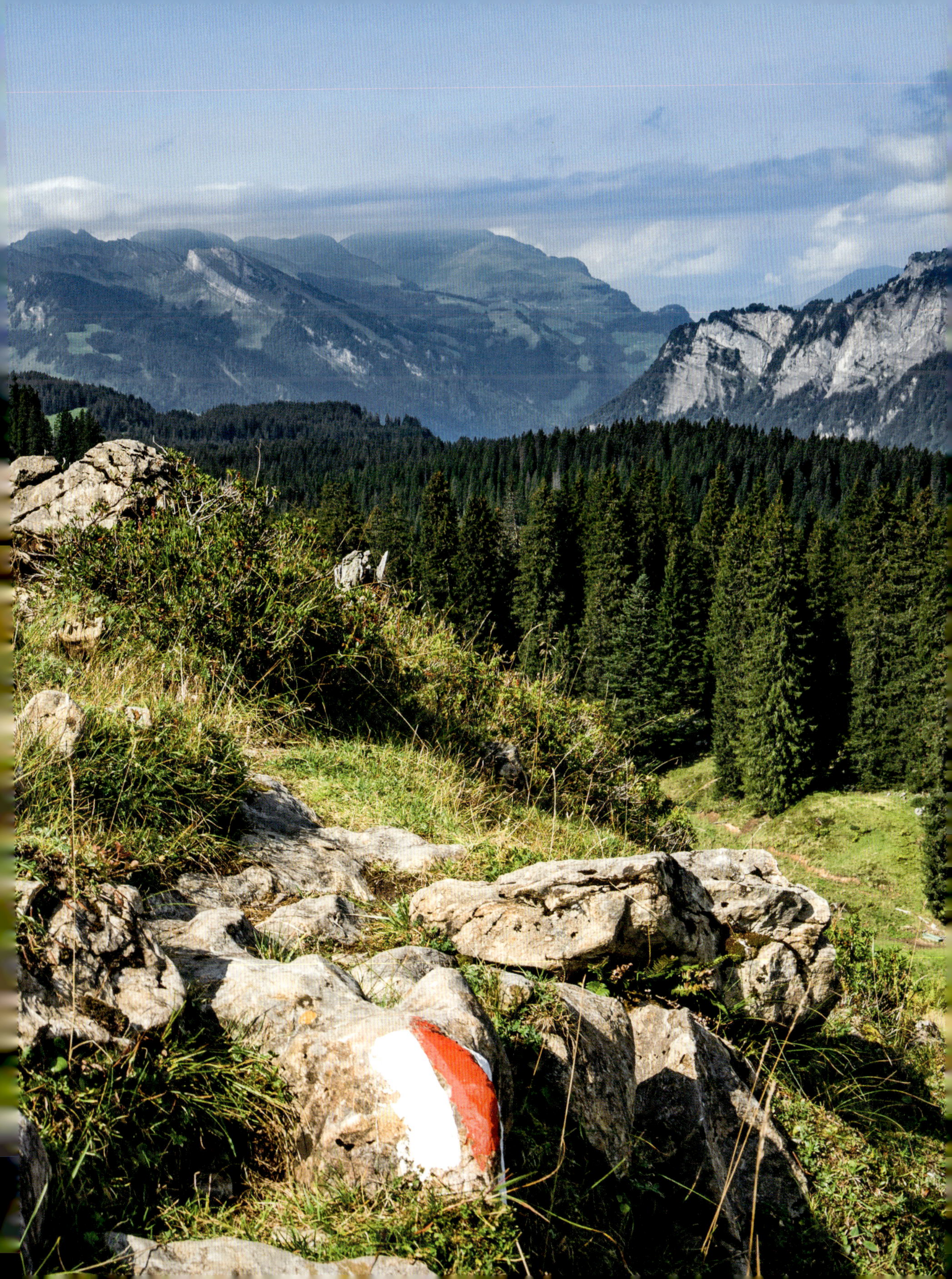

Surreale Karstlandschaft Silberen: ▶
Nur hie und da schafft es eine
Pflanze, sich zu behaupten.

21
Karstspur Silberen

👢👢👢 ♥♥♥

Die Silberen-Hochebene (2315 m ü. M.) bildet das Herzstück der Karstlandschaft im Muotatal. Von den Einheimischen wird sie Twärenen genannt. Der Fussaufstieg beginnt auf dem Pragelpass (1550 m ü. M.), zwei Stunden gibt der Wegweiser an. Dank dem steilen Naturpfad gewinnen wir rasch an Höhe, gelangen zur Alp Butzen (1780 m ü. M.) und über grüne Weidelandschaft immer höher. Noch wundern wir uns, weshalb alle so sehr von dieser Wanderung schwärmen. Die Umgebung ist wunderschön, aber nicht unbedingt einzigartig. Doch dann, von einem Höhenmeter zum nächsten, stehen wir plötzlich mittendrin: in den weiten, silbrig schimmernden Karrenfeldern. Atemberaubend! Es sieht aus, als wäre ein Gletscher versteinert.

Endlich wird auch das Terrain weniger steil. Doch die Wanderung auf dem zerklüfteten Kalkmeer verlangt Trittsicherheit. Wir folgen den Markierungen, die alle paar Meter mit viel weisser und roter Farbe auf das Gestein gemalt wurden – verfehlen kann man den Weg nicht. Zuoberst ist die Silberen flach, eine weite Karsthochebene. Was für ein Erlebnis! Beim Gipfelkreuz machen wir eine Rast. Der Rundblick ist fantastisch. Wir sehen in die Glarner Alpen mit dem Glärnisch, zur versammelten Innerschweizer Gipfelprominenz, und in der Ferne winken die Berner Hochalpen.

Statt auf demselben Weg zurück zu wandern, wählen wir die Variante über die Silberenalp und das Alpeli. In östlicher Richtung geht es bergab. Erst noch über nackten Karst, vorbei an riesigen Löchern, in die man lieber nicht fallen will. Weiter

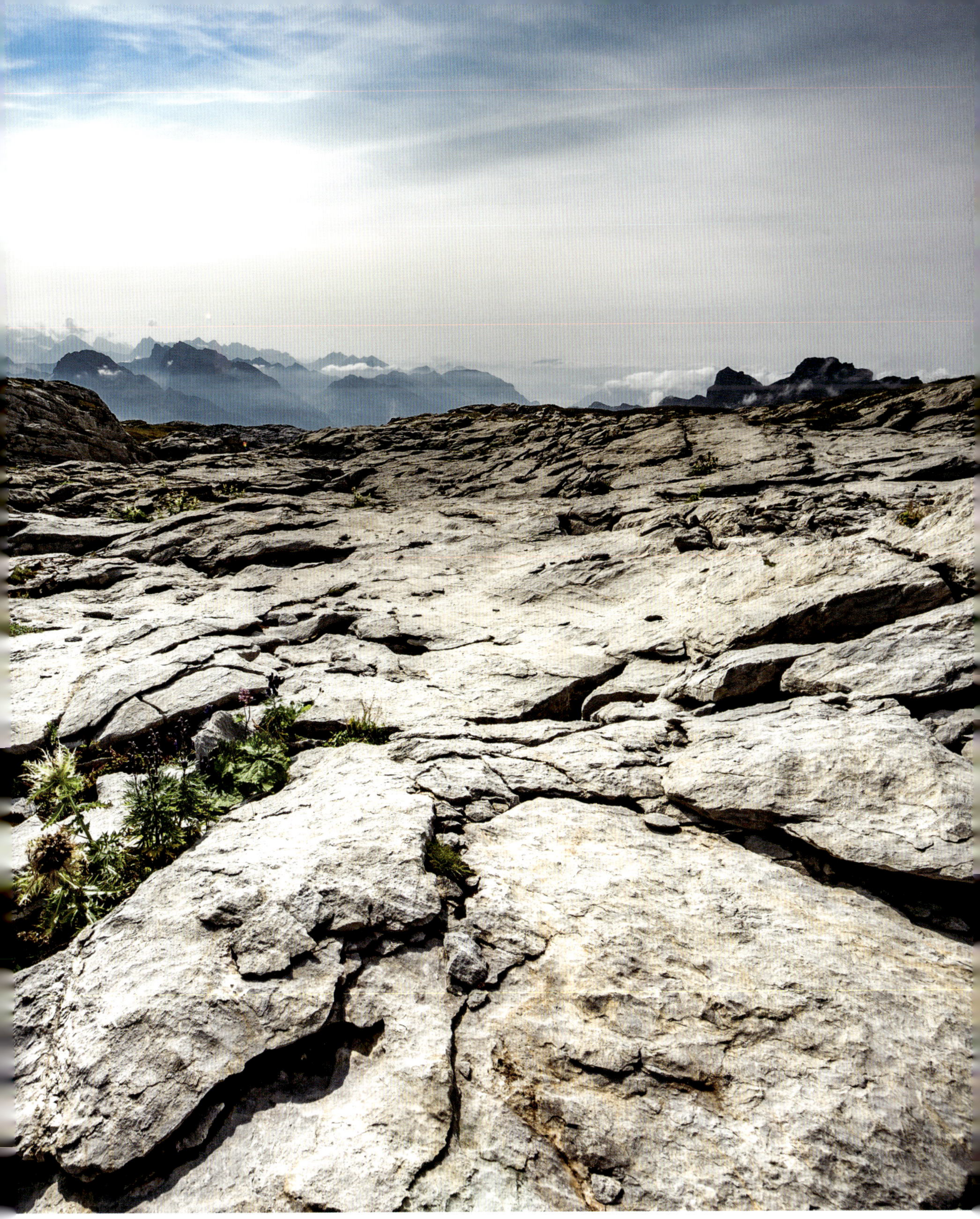

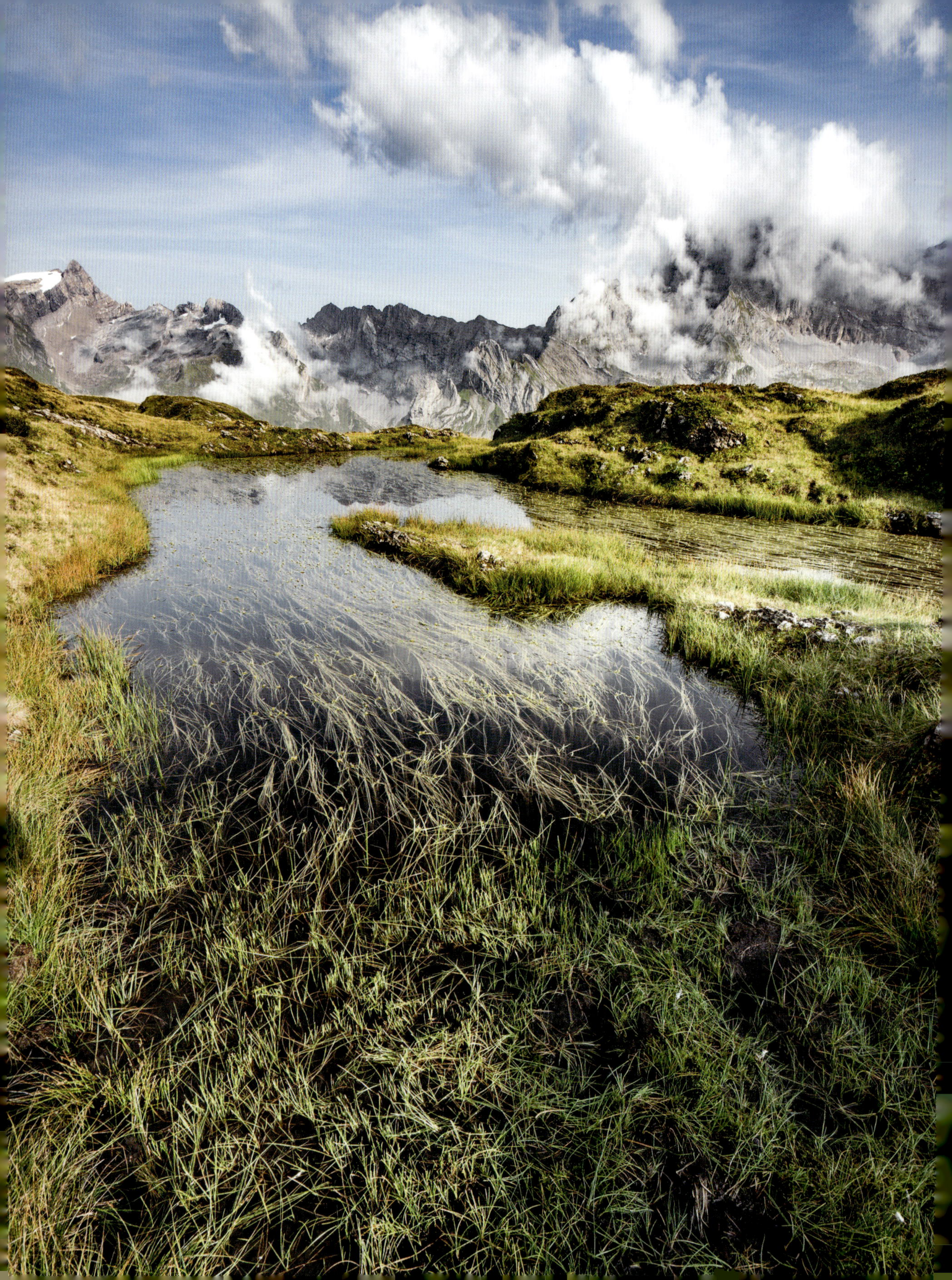

◀ Im Abstieg zur Hinter Silberenalp führt der Weg an einigen glasklaren Seelein vorbei.

Mit Blick auf den imposanten Glärnisch grasen frei sömmernde Pferde auf der Hinter Silberenalp.

unten warten romantische Alpweiden, wo wir frei laufenden Pferden begegnen. Das Ambiente ist bezaubernd und lässt uns für eine Weile vergessen, dass vor uns noch eine sehr weite Strecke liegt. Beim Wegweiser auf der Hinter Silberenalp folgt dann das jähe Erwachen: noch zweieinhalb Stunden bis zum Pragelpass.

Wir beschleunigen das Tempo. Es geht stetig bergab, zwischendurch aber auch wieder bergauf, vorbei am Hüttli der Vorder Silberenalp und entlang des Steckenbands mit Tiefblicken hinab zum Klöntalersee. Am Fels hängt ein altes, schwarzes Wandtelefon. Es gehörte einst dem Älpler, der es entsorgen wollte. Höhlenforscher, die sich mit den Geheimnissen des Karstsystems beschäftigten, «retteten» den antiken Apparat und montierten ihn aus Jux mit Bohrmaschine und Dübel an den Fels am Rand des Wanderwegs. Logisch nehmen wir ab. Auch aus Jux. «Hallo, ist da jemand?» Nein, niemand. Also weiterlaufen.

Nach dem Alpeli (1752 m ü. M.) führt der Weg über die ansteigende Naturstrasse via Schönenbüel (1846 m ü. M.) zur Biethütte (1691 m ü. M.). Von hier ist es schliesslich nicht mehr weit bis hinab zur Pragelpasshöhe, wo wir sofort die Alpwirtschaft ansteuern. Auf der Sonnenterrasse löschen wir den Durst, verspeisen einen «Urwaldteller» und einen «Pragelteller» mit Speck, Salami, Schinken, Muotathaler Trockenfleisch und Alpkäse.

START & ZIEL Pragelpasshöhe (1550 m ü. M.) – Alp Butzen (1780 m ü. M.) – Silberen (2315 m ü. M.) – Hinter Silberenalp (1924 m ü. M.) – Alpeli (1752 m ü. M.) – Biet (1691 m ü. M.) – Pragelpasshöhe.

DISTANZ & GEHZEIT 13 Kilometer, 6 Stunden (Rundtour).

HÖHENMETER 1000.

EINKEHR Alpwirtschaft Pragelpasshöhe.

INFO Ab Muotathal kein ÖV auf den Pragelpass. Möglichkeit: Taxi, Pragel Garage.

Freie Sicht vom Gipfelplateau der Silberen. ▼

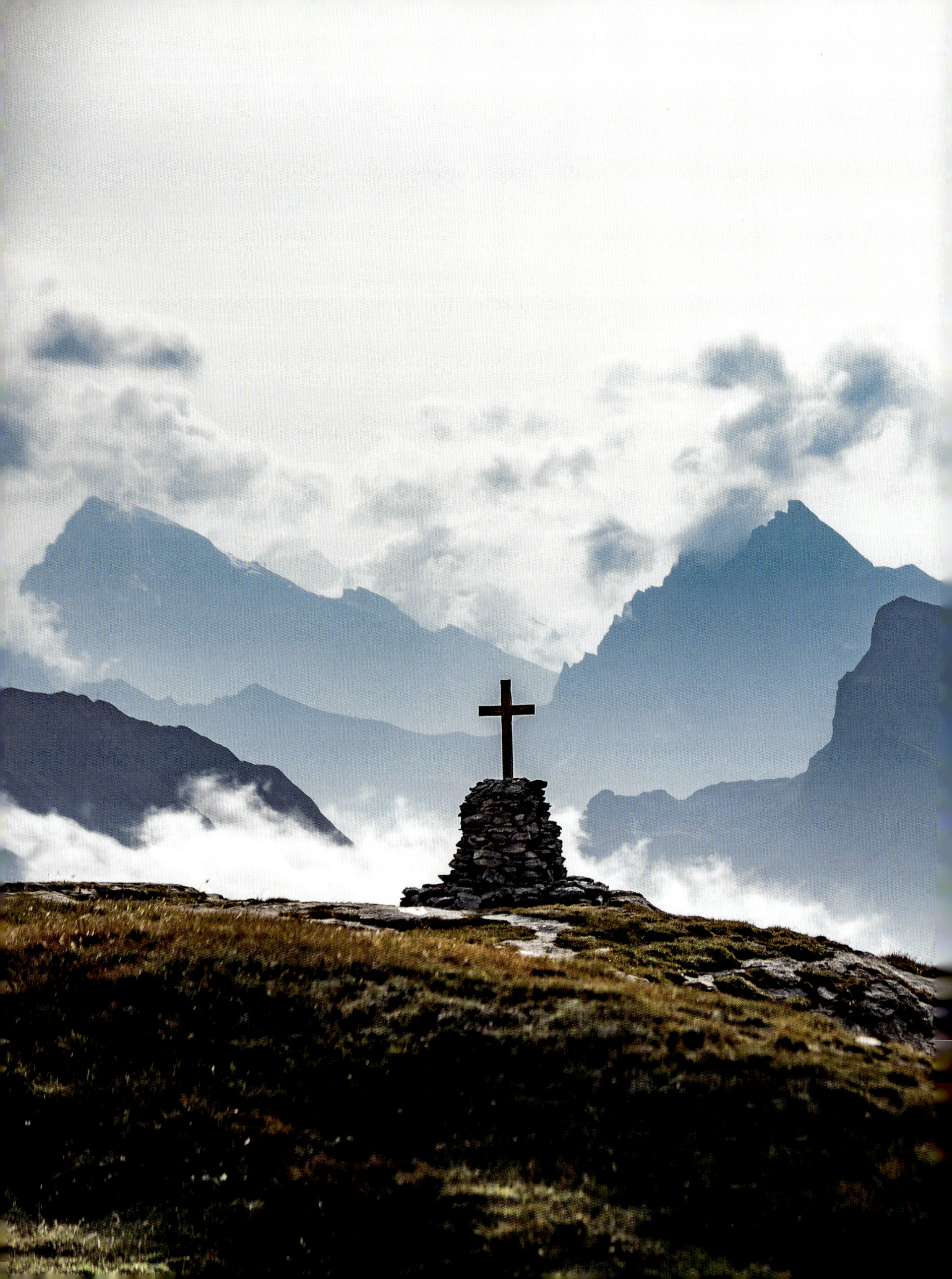

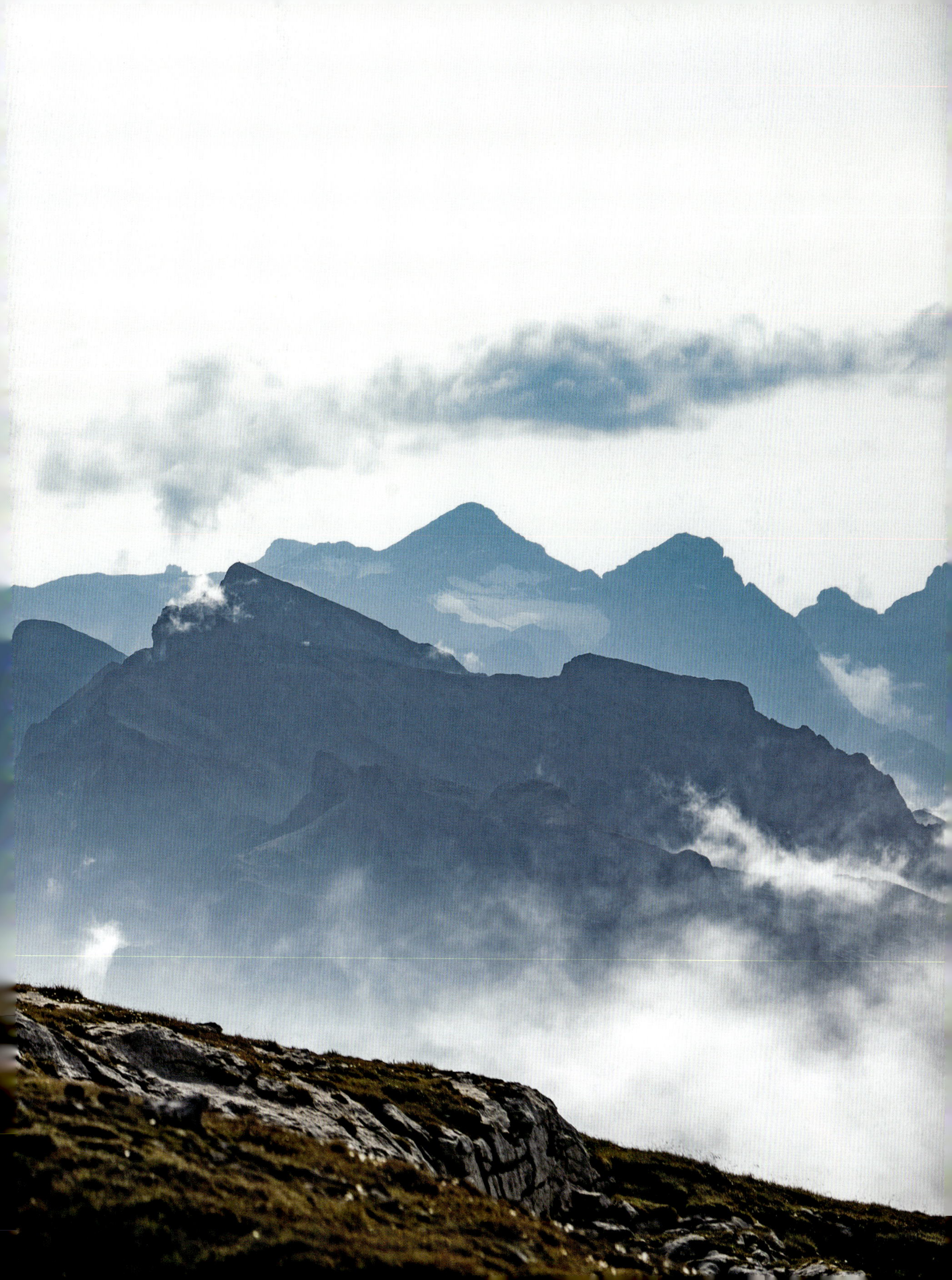

Schnatternde Enten, Schottische Hochlandrinder, behäbige Bauernhäuser – und Hügel, Hügel, Hügel. Die grünen, gepflegten Höger und Chnübeli, wie die Einheimischen sagen, dominieren im Oberaargau nicht nur die Landschaft – sie sind die Landschaft. Ähnlich wie im benachbarten Emmental. Wunderschön und eine Wonne für das Wanderherz!

Auch wenn es der Name vermuten liesse, gehört der Oberaargau nicht zum Kanton Aargau. Er ist der nordöstlichste Teil von Bern und grenzt an die Kantone Aargau, Solothurn und Luzern. Nur im Süden ist er an Bern angebunden, da grenzt er an das Emmental. Entsprechend ähnlich sind die Landschaft und der Dialekt.

Übernachtet haben wir im «Bären» in Madiswil BE. Der herrschaftliche Landgasthof mit dem lauschigen Gartenrestaurant steht mitten im Bauerndorf, wurde 1790 erbaut und könnte als Kulisse für einen Gotthelf-Film dienen. Noch mehr Gotthelf-Feeling erleben wir, als wir zum Nachtessen nach Ferrenberg fahren.

OBERAARGAU BE

Ohne Zügel in die Hügel

Grüne Höger, so weit das Auge reicht: Im Oberaargau sind die Wanderungen genussvoll, die Aussichten atemberaubend und die Beizli wie bei Gotthelf. Schnell kommt man hier an die Grenzen – zu Luzern, Solothurn und zum Emmental.

Das Minidorf ist nur zehn Kilometer entfernt, gehört geografisch aber schon zum Emmental. Es besteht aus einer Handvoll enorm grosser Berner Bauernhäuser, umgeben von weiten saftigen Wiesen. Wie im Film. Ganz in der Nähe, bei Brechershäusern, steht die berühmteste aller Heimeten: die «Glungge» aus «Uli der Knecht».

Vis-à-vis der Käserei in Ferrenberg steht der Gasthof Zum Wilden Mann, gebaut im Jahr 1838. Da trafen sich früher die Bauern, wenn sie die Milch abgeliefert hatten oder zum Tanz gingen. Auch Händler kehrten ein. Ihre Lastenträger seien «Mohren» gewesen, wilde Männer, heisst es. Die kleine Trinkstube mit Theke, Steinzeugofen, Wandtäfer und Mobiliar aus Naturholz sieht noch heute aus wie anno dazumal. Für «wohl gehütete Authentizität» erhielt der «Wilde Mann» von einer nationalen Fachjury den Spezialpreis «Historisches Hotel 2015». Auf den Tisch kommt Hausgemachtes. An diesem Abend gibts «e Schnifu Burehamme mit ere Gablete grüenem Salat u Burebrot».

▲
Nur wenige Meter vom höchsten Punkt des Aussichtsbergs Ahorn befindet sich die Brestenegg-Alp.

22
Linksmähder & Hohwacht
🥾🥾🥾 ♥♥♡

Es ist ein sonniger, angenehm warmer Sonntag, als wir in Madiswil BE ankommen, dem «Linksmähder-Dorf». Was ein Linksmähder ist, erfahren wir auf dem Höhenwanderweg hinauf zur Hohwacht, einem Aussichtsturm auf 779 Metern nahe Reisiswil. Die Distanz beträgt lediglich vier Kilometer, doch wir brauchen Stunden, bis wir ankommen. Immer wieder bleiben wir stehen, schauen und staunen. Schon Madiswil selber ist ein Erlebnis – und bevor wir uns auf die eigentliche Wanderung machen, folgen wir dem Linksmähder-Pfad. Es ist ein historischer Rundgang durch das Bauerndorf. Entlang des Bachs stehen typische Oberaargauer Bauernhäuser und Ställe mit mächtigen Halbwalmdächern. Dank den Informationstafeln erfahren wir, dass die Madiswiler «Heimetli» als «Musterkarte ländlicher Architektur des 17., 18. und 19. Jahrhunderts» gelten und ins Inventar schützenswerter Ortsbilder der Schweiz aufgenommen wurden. Geranien zieren die Fenster, in den Gärten blühen Obstbäume, Sträucher und Blumen in allen Farben. Die Ge-

Wunderschön gepflegtes Oberaargau: Auf dem Weg von Hohwacht nach Madiswil wähnt man sich in Gotthelfs Zeiten.

müsebeete sind säuberlich gejätet, die Rasenflächen gemäht.

Wir kommen am alten Doktorhaus vorbei, am Kirchplatz, an der Dorflinde. Bei einem der Holzhäuser steht «Salzverkauf». Das Schild erinnert daran, dass der Salzhandel im Kanton Bern bis 1975 staatlich geregelt war. Die Menschen konnten es nur an ganz bestimmten Orten kaufen. Und wer Salz verkaufen wollte, brauchte eine staatliche Konzession. In Madiswil war dies die Familie Ammann, die hier in der «Salzbütte» fast neunzig Jahre lang die Bevölkerung damit versorgte.

START & ZIEL Madiswil (534 m ü. M.) – Bürgisweyer (605 m ü. M.) – Hohwacht (779 m) – Mättenbach (604 m ü. M.) – Madiswil.

DISTANZ & GEHZEIT 8 Kilometer, 3 Stunden.

HÖHENMETER 300 aufwärts, 300 abwärts.

TIPP Im Dorf Madiswil gibt es den Linksmähder-Pfad. Es ist ein historischer und informativer Rundgang. Sehr empfehlenswert.

EINKEHR In Madiswil, Gasthof Bürgisweyerbad, Waldhaus Hohwacht.

OBERAARGAU BE

▲
Der Garten
des Gasthofs
Bürgisweyerbad.

Am oberen Dorfrand beginnt schliesslich der Weg Richtung Bürgisweyerbad und Hohwacht. Die Wanderung führt den Hoger hinauf und wir sehen hinab auf die Grossmatt, die berühmte «Linksmäher-Wiese» am unteren Dorfrand. Laut Sage ereignete sich da ein Drama sondergleichen: Der tüchtige Bauernbub Ueli hatte sich in die bildhübsche Tochter eines reichen Madiswilers verliebt. Ueli solle das Mädchen ehelichen dürfen, wenn es ihm gelänge, in einem Tag linkshändig ein Kreuz in die weitflächige Grossmatt zu mähen. Beschwingt machte er sich ans Werk. Von der strengen Arbeit durstig geworden, trank er aus einer Flasche, die ihm ein Nebenbuhler reichte. Der Inhalt war vergiftet, Ueli erbleichte, beim letzten Sensenstreich brach er tot zusammen. Als das Mädchen das sah, brach auch sie tot zusammen. Deshalb, so heisst es, ziere heute ein Linksmäher das Ortswappen von Madiswil – und wir wissen nun endlich auch, was ein Linksmäher ist.

Den Waldrand entlang kommen wir zum Gasthof Bürgisweyerbad. Ein prächtig gepflegtes, historisches Gebäude, umgeben von Wiesen, mit Kunst im Garten und einem Weiher. Schon im 15. Jahrhundert wurde dieser «gliederstärkende Kurort» geschätzt. Damals sprudelten noch vier Heilquellen. Heute ist es die Kraft der exzellenten Küche, die das Publikum anlockt. Es ist Mittag, auch uns zieht es magisch ins romantische Gartenrestaurant. Wir geniessen «Anke-Läberli» und die heimelige Umgebung. Gestärkt schultern wir dann unsere Rucksäckli und wandern weiter hinauf zur Hohwacht, das letzte Stück geht ziemlich steil durch den Wald.

Oben wartet die nächste Beiz – und der 21,5 Meter hohe Aussichtsturm. Auf die Plattform gelangt man über gesicherte Treppen und am Ende über eine Leiter. Vor uns steigt eine Mutter mit drei Söhnen hinauf. Der jüngste ist dreijährig, er klettert gekonnt und furchtlos über die Leiter. Er habe das daheim im Heuboden gelernt, sagt die Mutter. Sie seien Bauern. Wir sind beeindruckt. Auch vom Weitblick, der sich zuoberst aufmacht. Er reicht vom Napf bis in den Jura. An klaren Tagen seien es 150 Gipfel, die man zählen könne. Die Hochwacht bei Reisiswil ist der höchste Punkt im östlichen Oberaargau. Und der Turm war einst eine der Signalstationen, die es ermöglichten, das Gebiet des Alten Bern innerhalb von drei Stunden zu alarmieren – mit Höhenfeuern und Rauchzeichen wie bei den Indianern. Letztmals benutzt wurde das System 1798, als die französische Armee Bern angriff.

Unten am Turm angekommen, kaufen wir im Kiosk des Restaurants Waldhaus Hohwacht ein erfrischendes Raketen-Glace und ein Rivella. Statt auf gleichem Weg zurück nach Madiswil zu wandern, folgen wir der Rundwanderung via Mättenbach. Die gelben Wegweiser leiten uns bergab durch den Wald, über weite Matten, vorbei an Äckern und Rapsfeldern. In der Luft hängt der Duft von Sommer. Vögel zwitschern, in der Ferne rattert ein Traktor, der Heu zettet. Diese Wanderung ist Erholung pur.

Felder, Hügel und Bauernhöfe prägen das Bild rund um Madiswil.

Auf der Brestenegg-Alp scheint die Zeit stehen geblieben zu sein (oben). Das Geschnatter der Enten ist der einzige «Lärm», den wir auf der Brestenegg hören (unten).

23
Aussichtsberg Ahorn

Die Rundwanderung von Eriswil BE (739 m ü. M.) auf den Aussichtspunkt Ahorn (1140 m ü. M.) lässt keinen Wunsch offen: Sie führt durch das Hügelland des Oberaargaus bis an die Grenze des Kantons Luzern. Auf der Fahrt nach Eriswil kommen wir bei Huttwil an einem Hof mit Schottischen Hochlandrindern vorbei. Spontan halten wir an, denn so etwas sieht man nicht alle Tage. In einem weitläufigen Gehege halten die zottigen Tieren gerade ihre Morgentoilette: Von einer automatischen Drehbürste lassen sie sich striegeln und massieren, was ihnen offensichtlich behagt. Sie können kaum genug bekommen und machen einen sehr glücklichen Eindruck. Wir sind ganz entzückt.

Als wir von Eriswil losmarschieren, ist die Temperatur recht sommerlich. Der Weg führt uns über den Linden- und Bäregrabechnubel in den schattenspendenden Schluckwald. Hier werden wir dem Kanton Bern abtrünnig und betreten Luzerner Boden. Leicht bergab gelangen wir nach Oberschluck, wo der Wald endet und sich der Blick auf die sanfte grüne Hügelwelt wieder öffnet. Jetzt kommen wir in den Höllgraben, wandern hinauf zur Mastweid, von dort über den Hügelrücken via Unterahorn und Mittelahorn auf den Ahorn. Mit jedem Höhenmeter wird die Weitsicht fantastischer. Nach knapp drei Stunden kommen wir auf dem Ahorn an.

Vor dem grossen Bergrestaurant Ahorn-Alp stehen Motorräder und Velos, auf der Aussichtsterrasse herrscht Betrieb. Nach der geruhsamen Wanderung fühlen wir uns nicht in der Stimmung, hier einzukehren. Darum machen wir den Abstecher zur urchigen Alpwirtschaft Brestenegg. Sie liegt nur zehn Minuten entfernt und ist wunderschön gelegen. Als Erstes begrüssen uns frei laufende Enten und Hühner. Eine Katze und ein Hund schlafen im Schatten der Bäume. In einem Gehege dösen Kaninchen. Am Stewi trocknet Wäsche. Holztische und Bänke laden im Garten zum Verweilen ein. Es ist ruhig und friedlich.

Um wieder auf unsere Rundwanderung zu kommen, gehen wir die zehn Minuten zurück zur Alp Ahorn. Die Sicht ist atemberaubend und reicht bis ins nördliche Napfgebiet, ins luzernische Hügelland, zum Säntis, in die Zentralschweizer, Berner und Freiburger Alpen, in den Jura und ins Mittelland. Fast zum Greifen nah sehen wir die Lüderenalp im Emmental. Dort waren wir vor vier Jahren. Als Wanderer mag man das, wenn man auf Berge oder Hügel blicken kann, auf denen man schon gewesen ist. Vom Aussichtspunkt Ahorn folgen wir den Wegweisern hinab zur Alp Bettler und nach Eriswil.

START & ZIEL Eriswil (739 m ü. M.) – Bäregrabechnubel (907 m ü. M.) – Oberschluck (855 m ü. M.) – Unterahorn (962 m ü. M.) – Alp Ahorn (1140 m ü. M.) – Brestenegg-Alp (1115 m ü. M.). Retour zur Alp Ahorn – Alp Bettler (1021 m ü. M.) – Eriswil.

DISTANZ & GEHZEIT 13 Kilometer (Rundtour), 5 Stunden.

HÖHENMETER 500 aufwärts, 500 abwärts.

EINKEHR In Eriswil, Restaurant Ahorn-Alp, Wirtschaft Brestenegg-Alp.

Atemberaubender Sonnenaufgang im Land der Hügel. Auf dem Ahorn.

Wirtschaft
Breitenegg-Alp

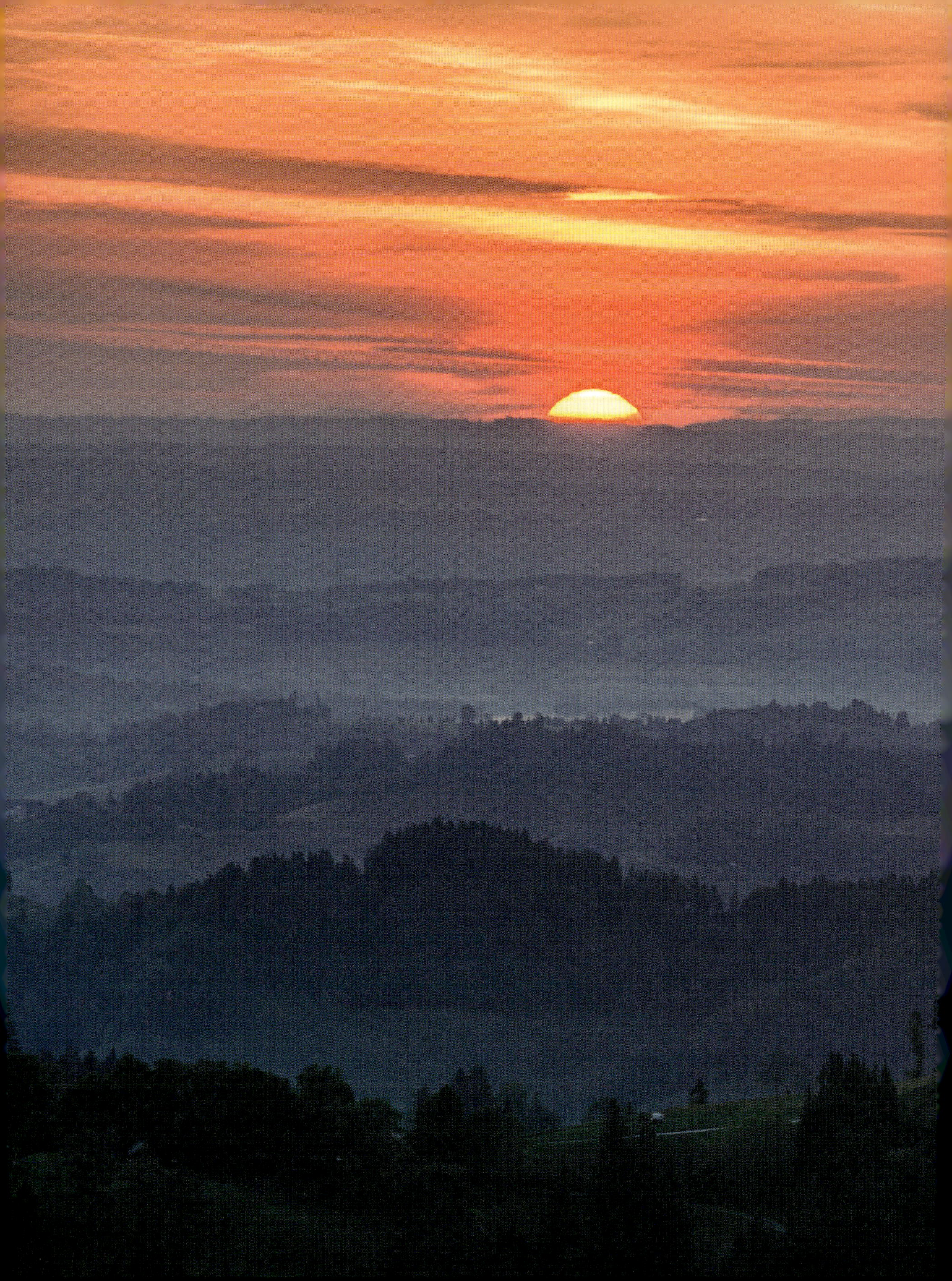

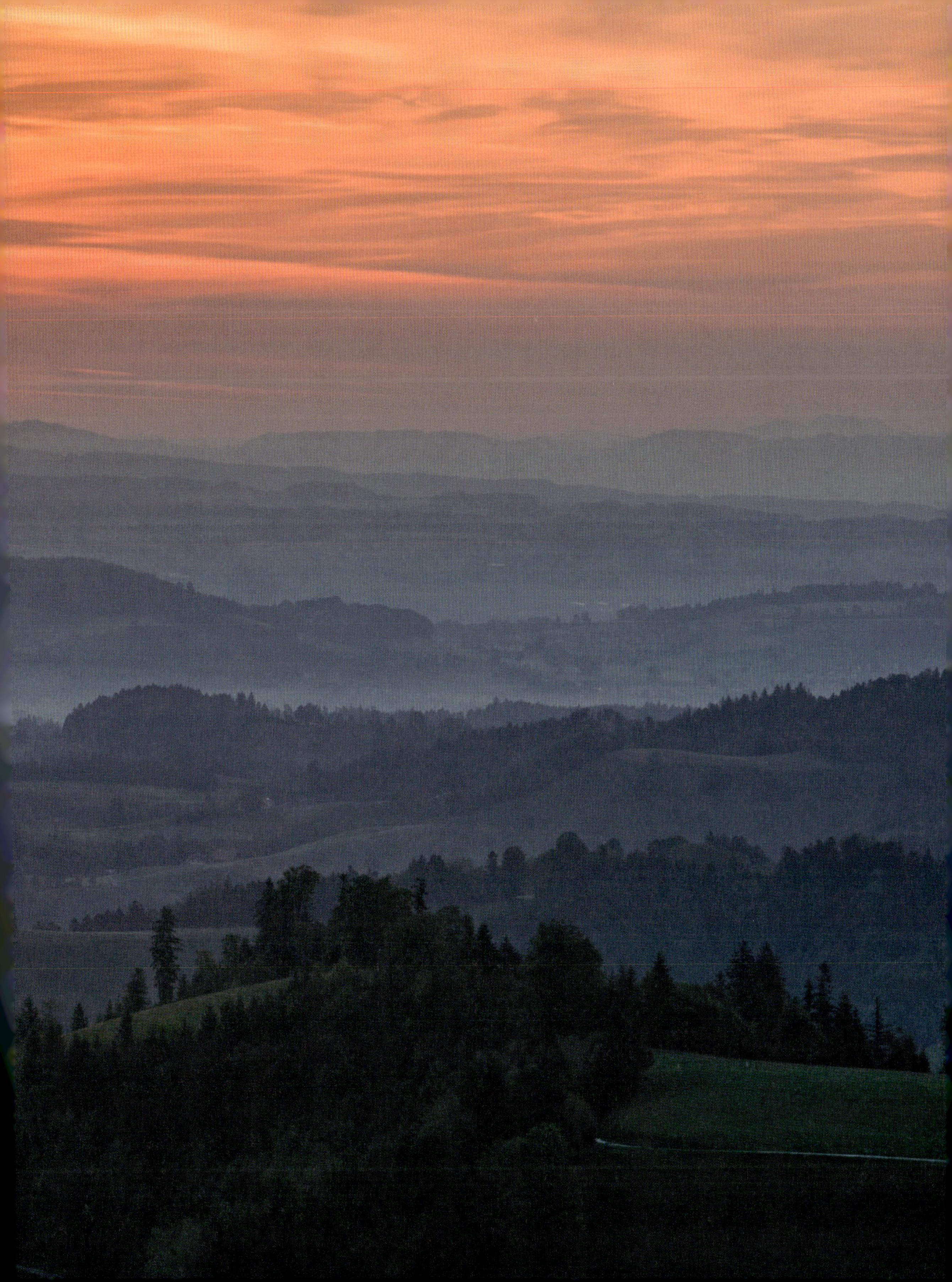

Ein Überbleibsel aus der Eiszeit: ▶
der idyllische Burgäschisee.

24
Burgäschisee

Der sehr romantische Moränensee bei Burgäschi SO befindet sich in einem Naturschutzgebiet – exakt auf der Kantonsgrenze von Bern und Solothurn. Rundum ist ein schöner Wanderweg angelegt. Idealer Ausgangspunkt ist das Strandbad Burgäschisee, wo es einen grossen Parkplatz und das Restaurant Seeblick gibt. Nach wenigen Schritten sind wir schon im Wald und sehen eine Frau, die einen Baum umarmt. Wir bemühen uns, nicht hinzuschauen, und gehen vorbei. Weiter vorne ist der Uferweg mit Holzschnitzeln angelegt und zwischendurch geht es über lichte Wiesen. Auf der Südseite ist Baden erlaubt. Auf einem Bootssteg liegen sonnenhungrige Teeniegirls. Eine Familie hat es sich bei einer Feuerstelle gemütlich gemacht.

START & ZIEL Vom Parkplatz beim Strandbad Burgäschisee (465 m ü. M.) rund um den See.

DISTANZ & GEHZEIT 2,5 Kilometer (Rundtour), 45 Minuten.

HÖHENMETER Keine.

EINKEHR Restaurant Seeblick, Strandbad, in Burgäschi SO.

Der Burgäschisee ist ein Überbleibsel aus der Eiszeit. Beim Rückzug des Rhonegletschers blieb ein Stück Eis liegen. Als es auftaute, bildete sich der See, etwa 600 Meter lang und 500 Meter breit. Schon die Pfahlbauer vor 6000 Jahren liessen sich an diesem idyllischen Fleck nieder. Zurück beim Strandbad gönnen wir uns ein Cornet-Glace.

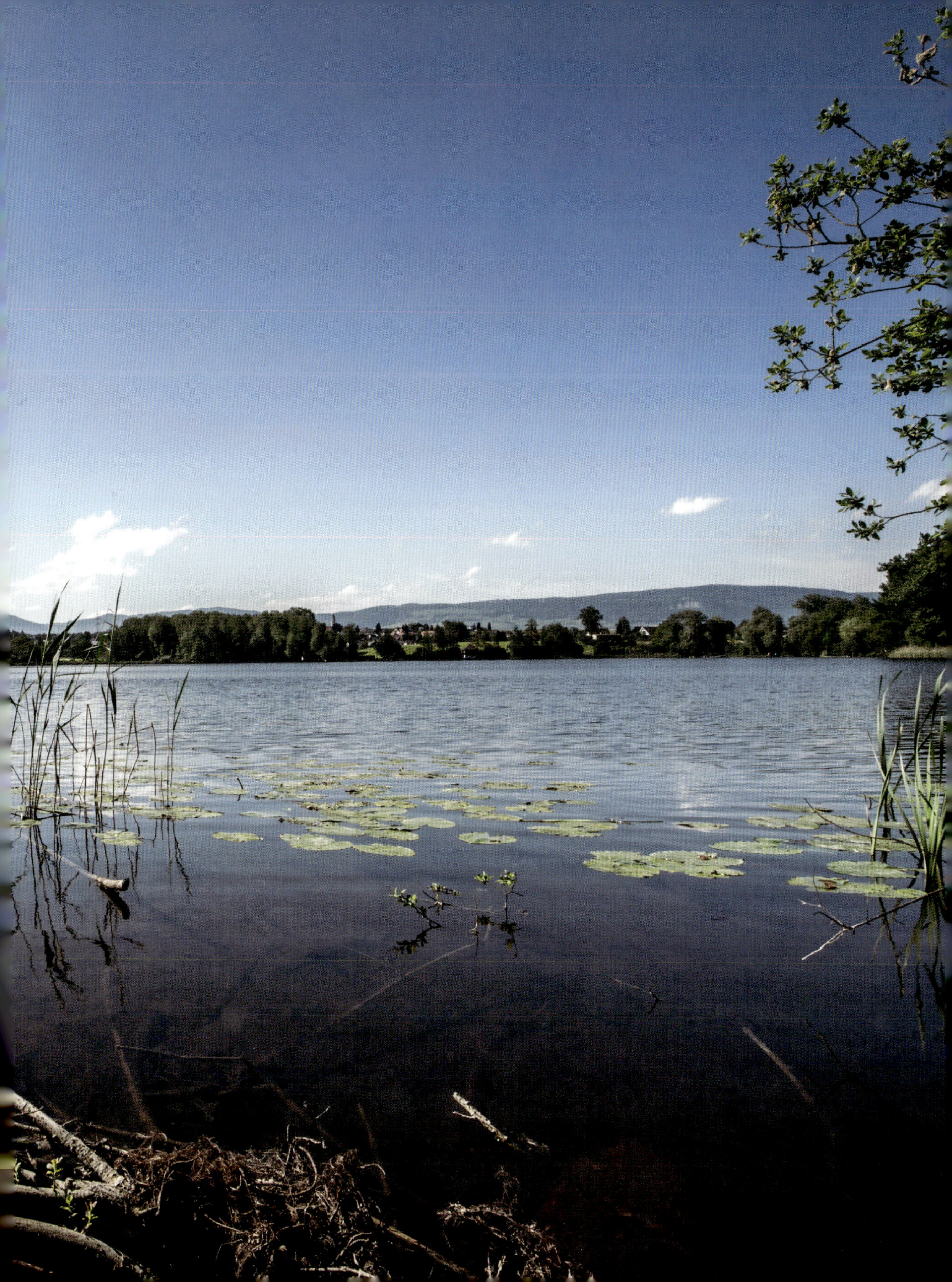

— OBERTOGGENBURG SG —

Magie der Churfirsten

Das Highlight im Obertoggenburg bilden die sieben Churfirsten. Aber auch die Weitsicht in sechs Länder und das kühle Bad im Gräppelensee betören. Dank den Bahnen sind die Berghäuser leicht zu erreichen. Unbedingt kosten: den hausgemachten Schlorziflade.

Sanfte Hügel, schroffe Felsen, saftig-grüne Hochplateaus, Moorlandschaften, Bergseen zum Baden: Das Obertoggenburg im Kanton St. Gallen bietet einem Postkartenansichten, wohin das Auge blickt. Wahrzeichen sind jedoch die sieben Gipfel der Churfirsten. Sie gehören zu den Landschaften und Naturdenkmälern von nationaler Bedeutung. Die markanten Kalksteinzacken sind in ihrer Formation einzigartig und bilden eine der schönsten Bergketten der Schweiz.

Unverwechselbar! Die Churfirsten bilden die südlichste Grenze des Toggenburgs und fallen gegen Süden fast senkrecht in den Walensee ab. Weniger schroff offenbart sich der Gebirgszug auf der Toggenburger Seite. Die Bergrücken laufen relativ flach aus und sind bis weit hinauf grasbewachsen. Nur die Spitzen ragen felsig in den Himmel.

Als «Stützpunkt» für unsere Wanderungen haben wir das Gasthaus Schweizerhof in Alt St. Johann (891 m ü. M.)

gewählt. Es steht am Ufer der Thur und auf der lauschigen Gartenterrasse gibt es unter anderem frisch gefangene Bachforellen. Am Dorfrand befindet sich das altehrwürdige Kloster mit seinem Kräutergarten. Alt St. Johann zählt 1400 Einwohner und ist die Heimat von Schwingerkönig Jörg Abderhalden. Aus dem nahen Unterwasser stammt Skispringer Simon Ammann. Und im Nachbardorf Wildhaus kam der Zürcher Reformator Huldrych Zwingli (1484–1531) zur Welt, sein Geburtshaus steht noch heute und ist eines der ältesten erhaltenen Bauernhäuser der Schweiz. Wildhaus rühmt sich auch, die höchstgelegene Gemeinde des Kantons St. Gallen zu sein. Das Dorfzentrum liegt auf 1095 Metern, der höchste Punkt ist der Säntisgipfel (2502 m ü. M.), der auch gleich der höchste Gipfel des Alpsteins und der Ostschweiz ist. Der Säntis liegt auf der Kantonsgrenze zu den beiden Appenzell – und diese verläuft mitten durch das Gipfelrestaurant.

▲
Auf dem Hochplateau Sellamatt am Fusse der Churfirsten.

Genau an der Spitze des Wildhuser ▶
Schafbergs geht die Sonne
über dem Gräppelensee auf.

25
Gräppelensee

Auf der Sonnenseite des Obertoggenburgs, zwischen dem sanften Mittelberg und dem kargen Lütispitz, glitzert der Gräppelensee. Wie ein Kristall in einsamer Berglandschaft. Auf der glatten Wasseroberfläche spiegeln sich die umliegenden Alpweiden, die Wälder, der Wildhuser Schafberg. Idyllischer geht es kaum – ein Ort zum Verweilen. Besonders an einem heissen und windstillen Sommertag wie heute. Die Luft ist viel zu warm für eine ambitionierte Wanderung. Selbst hier oben auf 1300 Metern brennt die Sonne erbarmungslos auf unsere Köpfe. Da kommt ein Bad in einem kühlen Bergsee gerade richtig. Also ab in den Gräppelensee!

START & ZIEL Alt St. Johann (891 m ü. M.) – Chrinn (1349 m ü. M.) – Gräppelensee (1307 m ü. M.) – Böstritt (1344 m ü. M.) – Alt St. Johann.

DISTANZ & GEHZEIT 7 Kilometer (Rundtour), 3 Stunden.

HÖHENMETER 500 aufwärts, 500 abwärts.

EINKEHR In Alt St. Johann.

Wir steigen von Alt St. Johann SG auf, 400 Höhenmeter über Feldwege und Waldpfade, mit betörender Panoramasicht auf die gesamte Schönheit: die sieben Churfirsten. Dann erreichen wir das Flachmoor auf dem sonnigen Hochplateau zwischen Türlisboden und der Oberstofel-Alp – und den Gräppelensee mittendrin. Das Gebiet gehört zu den Moorlandschaften von nationaler Bedeutung. Hier gedeiht die seltene Kleine Teichrose und im See gibt es sogar Egel. Doch keine Angst: Sie lassen Badende in Ruhe. Wir machen es uns im Schatten einer Tanne gemütlich. Nur eine Familie ist noch da. Ein kleiner Holzsteg führt vom Ufer über das Wasser, die beiden Buben nutzen ihn vergnügt als Sprungbrett. Ansonsten herrscht Stille. Nicht einmal Vögel singen; wahrscheinlich ist auch ihnen zu warm.

Am Ostufer hat es eine gepflegte Feuerstelle. Und irgendwo gäbe es auch diesen geheimnisvollen Stein, unter dem noch heute ein immenser Schatz verborgen sein soll: Kriegsbeute aus unsicheren Zeiten, versteckt von wilden Horden auf der Flucht oder von wohlhabenden Bauern, die sich vor der Beraubung schützen wollten und ihr Wissen über den Ort des Steins mit ins Grab nahmen. So steht es in der Sage «Der Schatz vom Gräppelensee». Weiter heisst es, viele junge, kräftige Sennen hätten versucht, den Stein zu bewegen, brachen sich dabei aber alle Knochen. Schliesslich gelang es einem jungen, bitterarmen Mädchen, den Schatz freizulegen. Um die kostbaren Diamanten mitzunehmen, hätte es jedoch dem Teufel die Seele verkaufen müssen. Das Mädchen konnte widerstehen, und für den Rest seines Lebens lag ein Segen auf allem, was es tat. Wie rührend! Uns schmilzt das Herz. In der Sonne.

Der Gräppelensee ist umgeben von duftenden Blumen.
▼

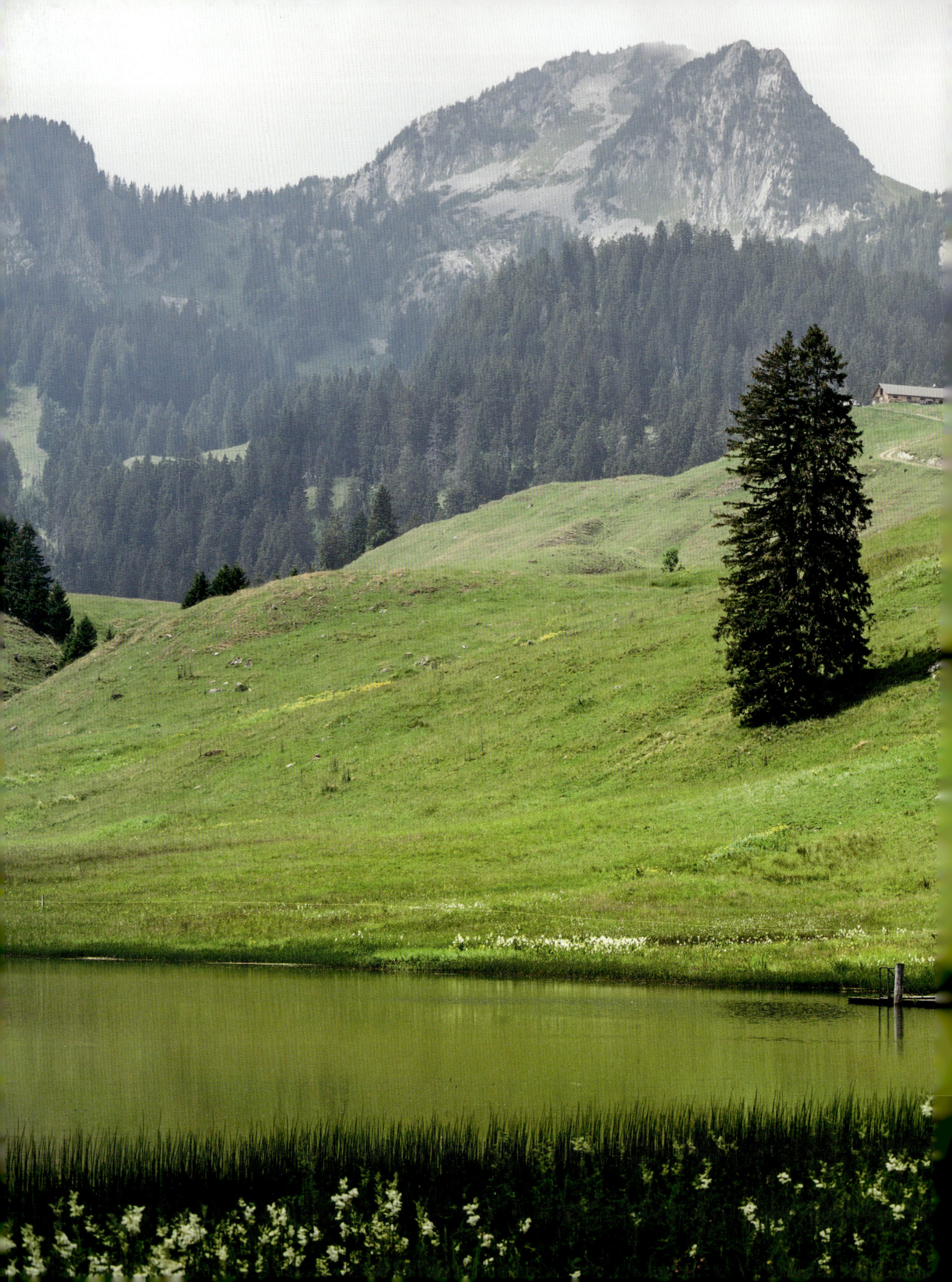

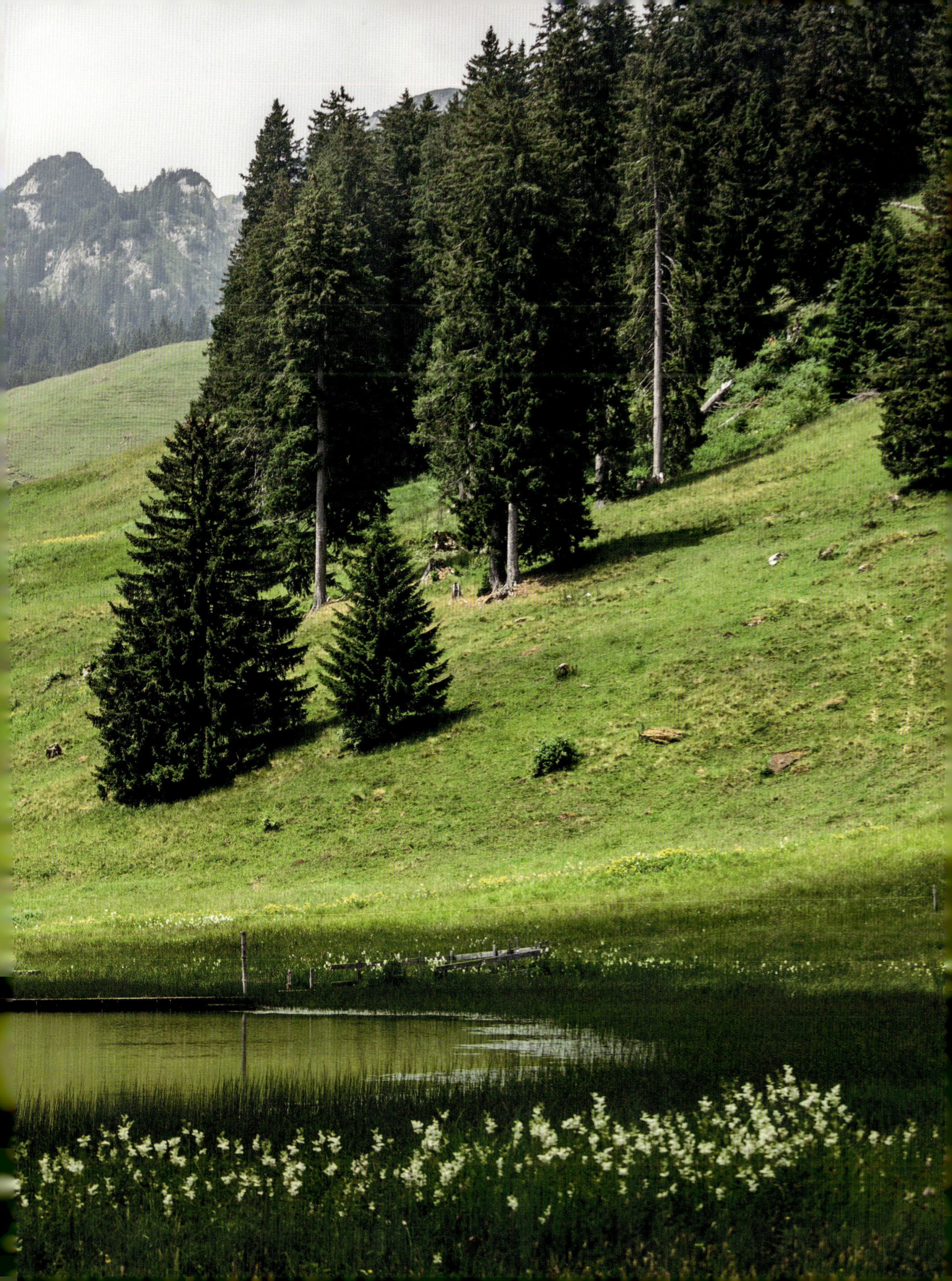

26
Chäserrugg & Rosenboden
👢👢👢 ♥♡♡

Der Chäserrugg (2262 m ü. M.) ist der östlichste der sieben Churfirsten und hat mit dem neuen Gipfelrestaurant der Stararchitekten Herzog & de Meuron nochmals an Berühmtheit gewonnen. Ab Unterwasser ist er mit einer Stand- und Luftseilbahnen erschlossen. Auch wir entscheiden uns für diese bequeme Aufstiegsvariante und als wir oben aussteigen, müssen wir einen Moment innehalten. Denn die Rundsicht raubt uns schier den Atem. Sie reicht ins Alpsteinmassiv und zum Säntis, über den gesamten Alpenbogen und direkt hinab auf den Walensee. An klaren Tagen sieht man 500 Gipfel in sechs Ländern: Schweiz, Deutschland, Liechtenstein, Österreich, Italien, Frankreich.

Wie es der Name Chäserrugg schon andeutet, ist der Gipfel kein Spitz, sondern ein weiter Bergrücken – eine Hochebene. Sie heisst Rosenboden und lässt sich auf dem leicht begehbaren Panorama- und

Blumenrundweg wunderbar erwandern. In regelmässigen Abständen informieren Tafeln über die Alpenflora, deren Bedeutung in der Mythologie und ihre medizinische Wirkung. Etwa über den Ostalpen-Enzian, der als Eiszeitrelikt auf dem Chäserrugg überlebt hat und nirgendwo sonst in der Schweiz wachse. Wir sind an diesem warmen Sommertag bei Weitem nicht die Einzigen hier oben, trotzdem wirkt der Weg nicht überlaufen. Ganz hinten auf dem Rosenboden setzen wir uns ins Gras, geniessen die Landschaft und das leise Lüftchen.

START & ZIEL Mit den Bahnen ab Unterwasser auf den Chäserrugg (2262 m ü. M.). Rundwanderung auf dem Hochplateau Rosenboden.

DISTANZ & GEHZEIT 3 Kilometer (Rundtour), 1,5 Stunden.

HÖHENMETER 150 aufwärts, 150 abwärts.

EINKEHR Gipfelrestaurant Chäserrugg und in Unterwasser.

▲ Fast 2000 Meter unter dem Hochplateau des Rosenboden auf dem Chäserrugg glitzert der Walensee. Die Sicht reicht in die Flumserberge und bis zum Tödi.

Die Bergstation ▶ Chäserrugg. Das neue Gebäude mit dem Gipfelrestaurant ist ein Werk der Stararchitekten Herzog & de Meuron.

▲
Wer zum Hinterrugg geht, sieht nicht mehr viele Menschen.

27
Hinterrugg & Alp Sellamatt

Von der Bergstation des Chäserrugg (2262 m ü. M.) führt ein Bergweg hinüber zum Nachbargipfel Hinterrugg (2306 m ü. M.). Er ist der höchste der sieben Churfirsten. Die Wanderung dauert nur zwanzig Fussminuten, der steinige Naturpfad verlangt jedoch Trittsicherheit. Hinab zum Walensee fallen die Felsen so steil ab, dass Basejumper hier eine geeignete Absprungstelle entdeckt haben. Bei unserem Besuch sind aber keine zugegen.

Auf dem Gipfel des Hinterrugg ist die Rundsicht überwältigend. Statt wieder retour zur Bahn zu gehen, steigen wir durch das Gluristal zur Alp Sellamatt ab. Der Weg schlängelt sich über die Scharte zwischen Hinterrugg und Schibenstoll (2234 m ü. M.), einem weiteren der Churfirsten. Zwischen den Felsen wachsen in üppiger Menge Alpenblumen in allen Farben. Immer wieder pfeift ein Murmeltier – sie liegen faul in der Sonne. Es ist eine herrliche Wanderung durch unberührte Landschaft, aber auch eine sportliche – selbst im Abstieg. Die vielen Kehren im oberen Stück sind sehr steil und anspruchsvoll. Bergerfahrung ist Voraussetzung. Im Aufstieg wäre der Weg weniger schwindelerregend, dafür noch anstrengender. Trotzdem kommen uns etliche fitte Wanderer und einige Trailrunner entgegen. Für sie ist es eine ideale Trainingsstrecke.

Auf der Alp Sellamatt (1390 m ü. M.) kehren wir im gemütlichen Berggasthaus ein. Auf der gut frequentierten Panoramaterrasse mit Blick auf den Säntis schlemmen wir einen Schlorziflade. Das ist eine Toggenburger Spezialität – ein flacher Kuchen mit gekochten pürierten Dörrbirnen und Rahmguss. Das Gasthaus befindet sich gleich neben der Bergstation der Sellamattbahn – die uns hinab nach Alt St. Johann bringt.

START & ZIEL Ab Unterwasser mit den Bahnen auf den Chäserrugg (2262 m ü. M.). Bergweg zum Hinterrugg (2306 m ü. M.) – hinab zur Alp Gluris (1699 m ü. M.) und Alp Sellamatt (1390 m ü. M.). Mit der Bahn nach Alt St. Johann im Tal.

DISTANZ & GEHZEIT 5,5 Kilometer, 2,5 Stunden.

HÖHENMETER 950 abwärts.

TIPP Die Wanderung in umgekehrter Richtung unter die Füsse nehmen: bergauf ab Sellamatt.

EINKEHR In Unterwasser, Gipfelrestaurant Chäserrugg, Berggasthaus Sellamatt, in Alt St. Johann.

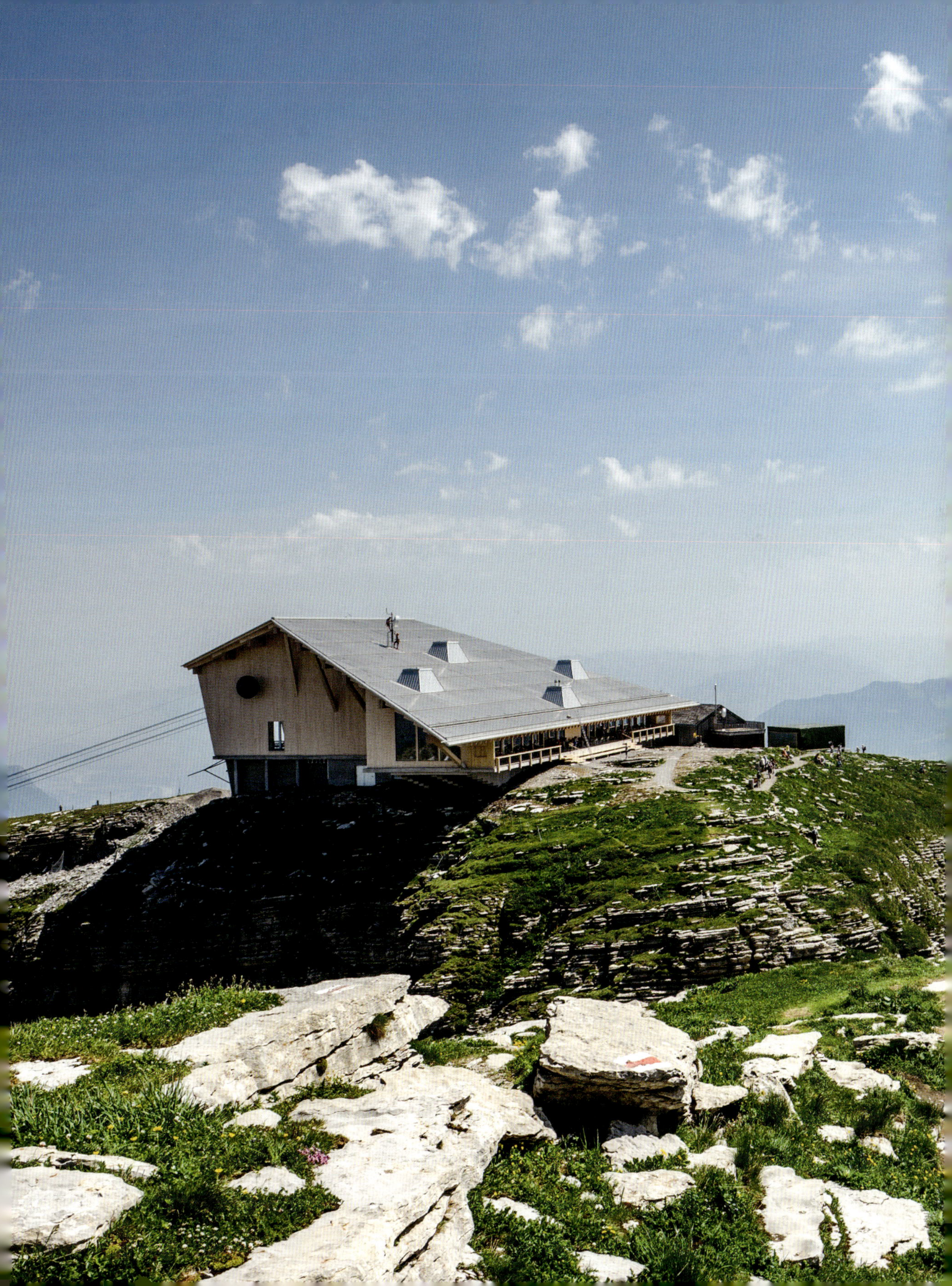

28
Toggenburger Klangweg

👢🥾🥾 ♥♡♡

Der Toggenburger Klangweg ist ein Erlebnis für die ganze Familie – und in zwei Etappen gegliedert: von Oberdorf (1230 m ü. M.) nach Iltios (1350 m ü. M.) und weiter zur Alp Sellamatt. Alle drei Alpen sind bequem aus dem Tal mit einer Bahn erreichbar. Wir nehmen die zweite Etappe unter die Füsse, fahren von Unterwasser mit der Standseilbahn nach Iltios und wandern zur Sellamatt. Der Weg ist kinderwagen- und rollstuhlgängig.

In regelmässigen Abständen stehen Klanginstallationen, die der Wanderer in Bewegung setzen darf. Jede klingt anders. Klänge gehören im Toggenburg zur Kultur – von Kuhglocken über Alpsegen bis Jodeln. Um diese Traditionen zu beleben, gibt es die Stiftung KlangWelt. Sie bietet Möglichkeiten an, Klang zu erleben – zum Beispiel bei einem Naturjodel-Schnupperkurs oder einer Klangstubete. «Klang macht uns still, und gerade deshalb ist es in unserem oftmals hektischen Alltag wichtig, innezuhalten und dafür zu sorgen, mit sich im Einklang zu sein», sagt Peter Roth, der Initiant der KlangWelt.

Von Iltios bis Sellamatt dauert die Wanderung 45 Minuten – diese Zeit ist allerdings netto gerechnet. Denn die Klanginstallationen laden zum Verweilen ein und auch die Aussicht hinüber zum Säntis und aufs Obertoggenburg wollen ausgiebig bestaunt werden. Auf der Alp Sellamatt wartet gleich neben der Bergstation das gemütliche Gasthaus mit Panoramaterrasse und feiner Küche.

START & ZIEL Von Unterwasser mit der Bahn bis Iltios (1350 m ü. M.). Von hier Wanderung zur Alp Sellamatt (1390 m ü. M.). Retour auf demselben Weg – oder ab Sellamatt mit der Bahn hinab nach Alt St. Johann.

DISTANZ & GEHZEIT 2 Kilometer, 45 Minuten.

HÖHENMETER 50 aufwärts, 50 abwärts.

EINKEHR In Unterwasser, Berggasthaus Iltios, Berggasthaus Sellamatt, in Alt St. Johann.

▲ Der Klangweg führt am Fusse der sieben Churfirsten entlang. Hier sehen wir die formschöne Bergkette vom Gräppelenstein aus.

Entschleunigung pur auf der Alp Sellamatt.

29
Toggenburger Sagenweg

Ein landschaftliches Highlight! Der Sagenweg ist eine kinderfreundliche Rundwanderung auf einer aussichtsreichen Höhenterrasse am Fusse der Churfirsten. Er beginnt auf der Alp Sellamatt und geht zum Mittelstofel (kurze Variante ab 6 Jahren) oder zum Thurtalerstofel (längere Variante ab 8 Jahren). Entlang des Wegs grasen Kühe neben knorrig gewachsenen Tannen – und zwölf Tafeln erzählen in Text und gemalten Bildern schaurigschöne Mythen und Legenden aus der lokalen Sagenwelt. Die Geschichten sind nicht nur für die Kinder spannend, auch uns entzücken sie. Am meisten Aufmerksamkeit schenken wir jedoch der Landschaft. Die Spitzen der Churfirsten sind auf diesem Weg zum Greifen nah: Chäserrugg, Hinterrugg, Schibenstoll, Zuestoll, Brisi, Frümsel, Selun – wir können uns kaum sattsehen. Auf der anderen Seite blicken wir über das grüne Tog-

START & ZIEL Von Alt St. Johann (890 m ü. M.) mit der Bahn auf die Alp Sellamatt (1390 m ü. M.). Rundwanderung zum Mittelstofel (1471 m ü. M., kurze Variante) oder zum Thurtalerstofel (1557 m ü. M.) – und zurück zur Alp Sellamatt.

DISTANZ & GEHZEIT 3 Kilometer (Mittelstofel), 6 Kilometer (Thurtalerstofel), 1,5 respektive 3 Stunden.

HÖHENMETER 150 respektive 250 aufwärts, 250 abwärts.

EINKEHR Berggasthaus Sellamatt und in Alt St. Johann.

genburg und zum Säntismassiv. Wir fühlen uns wie im Bilderbuch.

Fast zurück auf der Alp Sellamatt, kommen wir bei der Weggabelung Zinggen vorbei. Hier gibt es eine schöne Feuerstelle mit Holz und allem, was man braucht. Nur den Proviant muss man selber mitbringen – den haben wir im Rucksack dabei. Am Morgen waren wir im Coop in Unterwasser. Während die Cervelats brutzeln, geniessen wir die ruhige Stimmung an diesem lauschigen Plätzchen im Schutz der Nadelbäume. Etwas weiter vorne wartet das Gasthaus Sellamatt. Wahrscheinlich ist das der Grund, weshalb an diesem Nachmittag sonst niemand bei der Feuerstelle rastet.

▲ Der Sagenweg bietet grandiose Landschaft mit nur wenigen Höhenmetern.

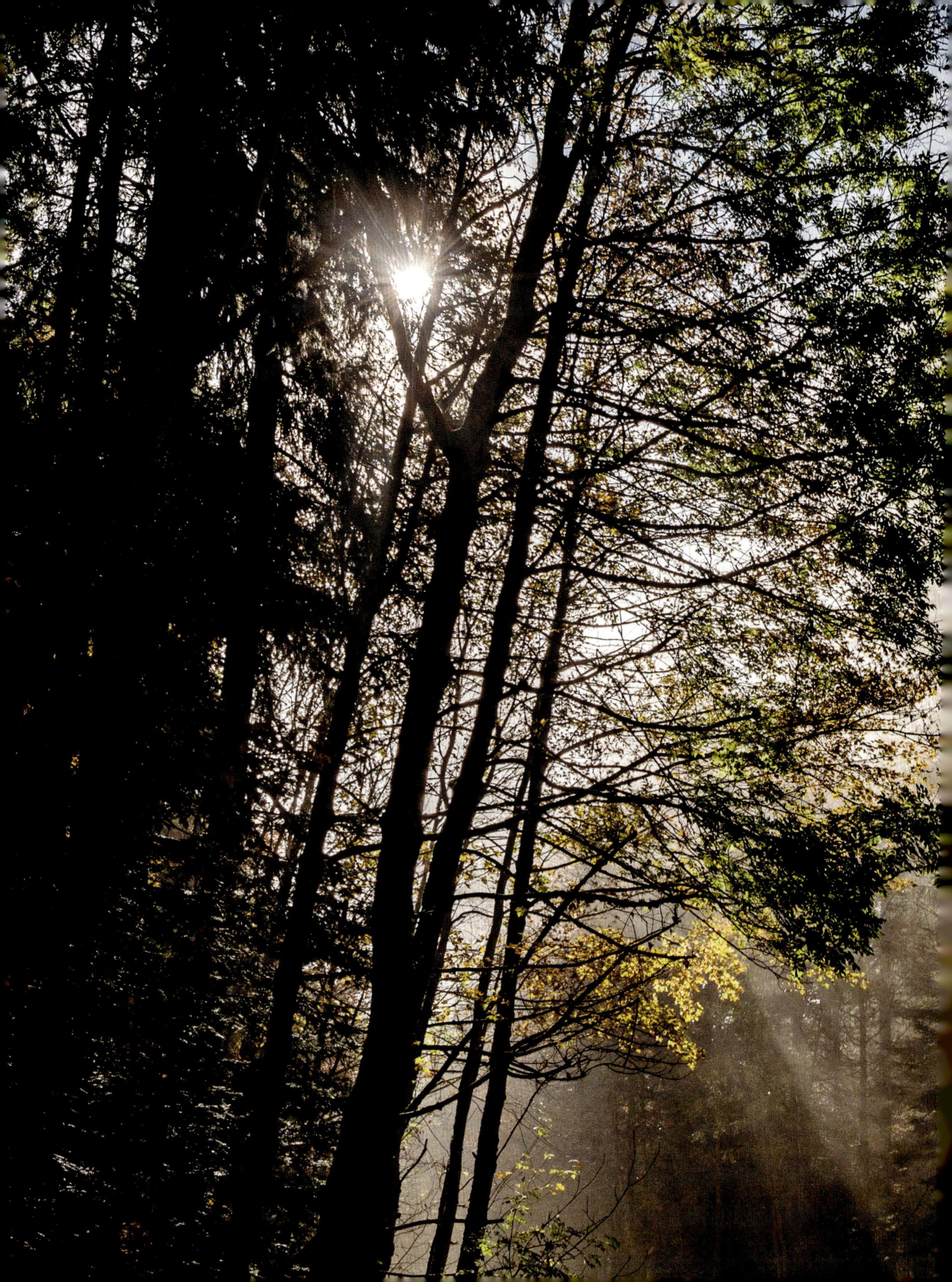

HERBST

— GENF UND WAADT —

Im goldenen Westen

Prächtige Weinberge, ein Spaziergang zum «Mond»,
Besuch im westlichsten Dorf der Schweiz:
Die Hänge am Lac Léman und die Ebene des Genfer Hinter-
landes verwandeln sich im Herbst in eine herz-
erwärmende Farbenpracht. Genuss steht ganz oben.

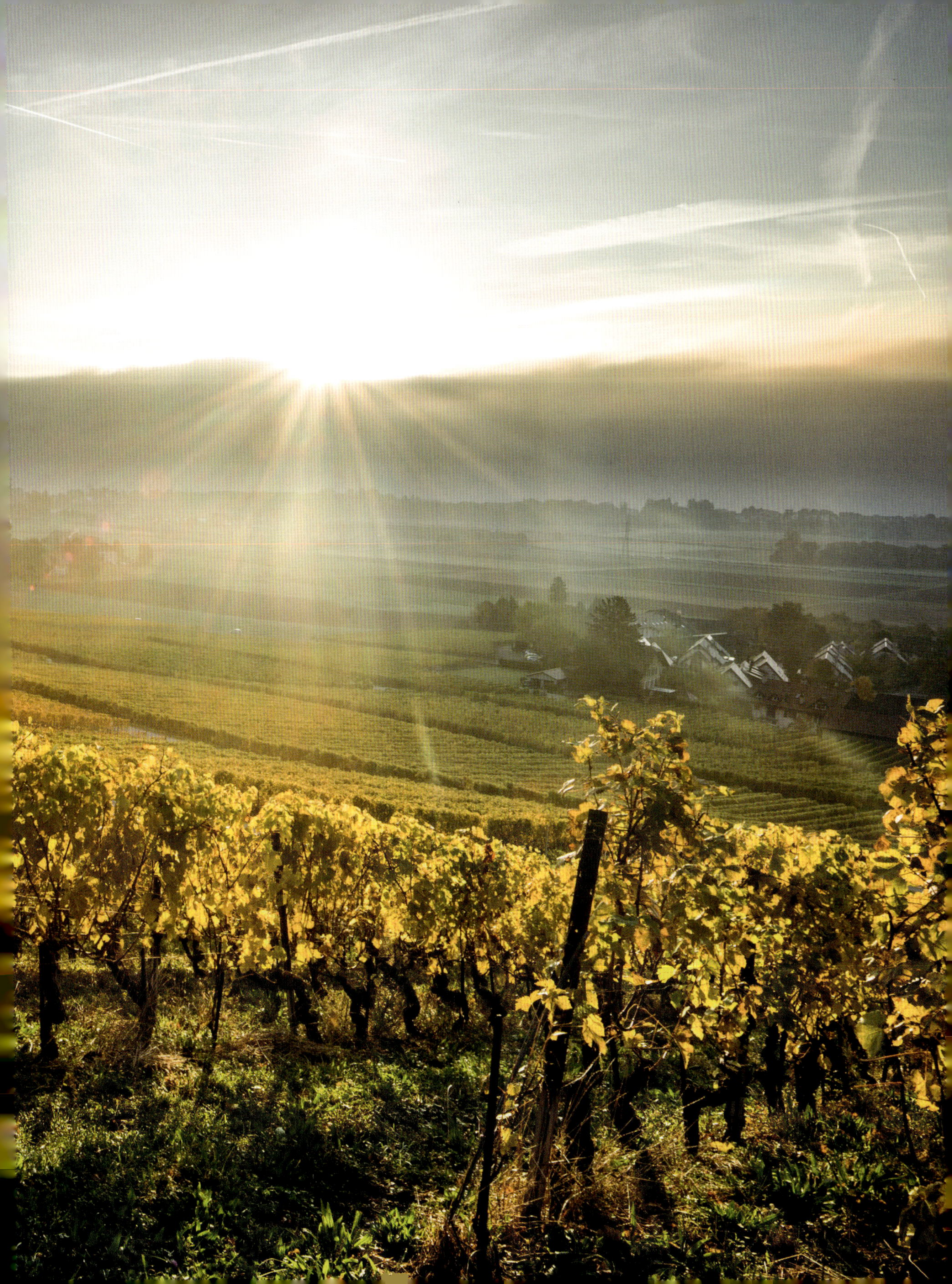

Die Sonne lässt die Reben von La Côte golden erstrahlen.

Während die Stadt Genf unter dem Nebelmeer liegt, geniessen wir auf La Dôle blauen Himmel und die warme Herbstsonne.

30
Aussichtsgipfel La Dôle

Alles ist schon vorgekommen. Sogar dass Wanderer irrtümlich auf dem falschen Berg standen. Auf La Dôle (1677 m ü. M.) hoch über dem Lac Léman im Waadtländer Jura wäre ein solcher Patzer unmöglich. Dieser Gipfel ist weder zu übersehen noch zu verfehlen. Seinen höchsten Punkt markiert eine riesige weisse Kugel – so dominant, dass wir sie bereits erkennen, während wir entlang des Seeufers von Lausanne Richtung Genf anreisen. Aus kilometerweiter Entfernung.

Neben der grossen weissen Kugel stehen auf La Dôle kleinere weisse Kugeln. Unwirklich sehen sie in dieser idyllischen Berglandschaft aus, sehr futuristisch, wie aus einem Astronautenfilm. Darum wird die Wanderung auch als «Spaziergang zum Mond» oder «Ausflug zum Mars» bezeichnet. Die Kugeln sind nicht einfach Gipfelzierde, sondern Radaranlagen und Antennen von MeteoSchweiz, Swisscom und der Flugsicherung Skyguide. Eingefleischte Wanderer sind der Meinung, man müsse diese weissen Kugeln gesehen haben, La Dôle gehöre ins Pflichtenheft eines jeden Schweizer Berggängers.

Ausgangspunkt ist Saint-Cergue VD oder das Nachbardorf La Givrine. Beide Ortschaften sind dank der Schmalspurbahn ab Nyon VD und der Autostrasse bestens erschlossen. Wir starten in La Givrine (1207 m ü. M.), im Herzen des Parc Jura vaudois, eines Schutzgebiets von nationaler Bedeutung. Die Wanderung beginnt gemütlich und führt uns in westlicher Richtung über flache Alpweiden zum Wegpunkt La Trélasse – und weiter zur Bergbeiz Cuvaloup de Crans (1289 m ü. M.), die für ihre Croûte au fromage (Käseschnitte) und ihr Fondue bekannt ist.

Ab hier wird die Bergnatur alpiner und steiler. Bald befinden wir uns über der Baumgrenze und geniessen eine fantastische Sicht auf den Jura, der sich jetzt im Herbst in den schönsten Goldfarben präsentiert. Weniger anfreunden können wir uns dagegen mit der Landschaft, durch die wir das letzte Stück auf La Dôle gelangen. Im Winter wird hier ein Skigebiet betrieben, und die Schäden an der Natur sind brutal. Trotzdem haben wir selten so viele Wanderer auf einer Tour gesehen – Junge, Alte, Kinder. Zu Dutzenden pilgern sie auf- oder abwärts, viele von ihnen mit Hund.

Auf dem höchsten Punkt angekommen, haut es uns dann aber aus den Wandersocken: Was für ein Panoramablick! «Es sind keine Worte für die Grösse und Schönheit dieses Anblicks», soll Johann Wolfgang von Goethe gesagt haben, als er 1779 hier oben stand. Wie wahr! Vor uns die Weite des Lac Léman, direkt unter uns Nyon und die Weinberge, westlich die Stadt Genf und ihre 140 Meter hohe Wasserfontäne, der Jet

> **START & ZIEL** La Givrine (1207 m ü. M.) – La Trélasse (1202 m ü. M.) – Cuvaloup de Crans (1289 m ü. M.) – La Dôle (1677 m ü. M.) – Col de Porte (1558 m ü. M.) – Le Vuarne (1320 m ü. M.) – Saint-Cergue (839 m ü. M.).
>
> **DISTANZ & GEHZEIT** 11 Kilometer, 4,5 Stunden.
>
> **HÖHENMETER** 550 aufwärts, 650 abwärts.
>
> **EINKEHR** In Saint-Cergue und Cuvaloup de Crans.

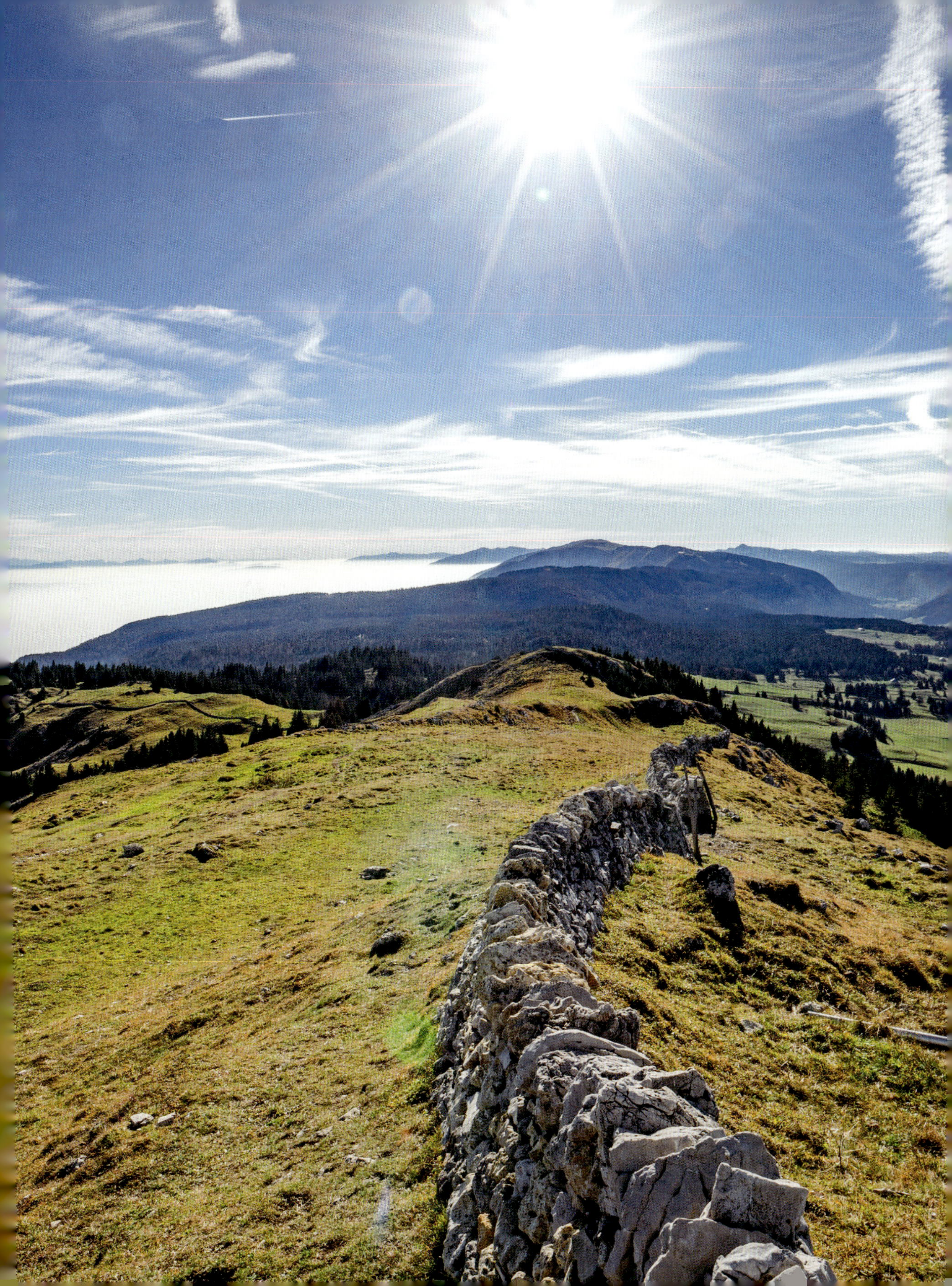

d'eau. Vis-à-vis die höchsten Gipfel von Savoyen in Frankreich inklusive Montblanc (4810 m ü. M.). Die gesamte Hochalpenkette präsentiert sich hier wie auf dem Servierteller – wir sehen sogar Eiger, Mönch und Jungfrau im Berner Oberland. Vor lauter Fernsicht vergessen wir, ein Gipfel-Selfie mit den weissen Kugeln zu machen.

Vom Gipfel führt die Wanderung über den Col de Porte (1558 m ü. M.) und die Alp Le Vuarne (1320 m ü. M.) zurück nach Saint-Cergue. Dieser Weg ist Teil des «Chemin des Crêtes du Jura» – und leitet uns zuerst über den Bergrücken abwärts. Anders als auf der Aufstiegsroute durchs Skigebiet wandern wir hier in herrlicher Idylle: an alten Trockenmauern vorbei, über Weiden und durch lichte Wälder.

Hungrig kommen wir in Saint-Cergue an. In der Dorfmitte lockt uns spontan das rustikale «Maison de ville». Es gibt diverse

Fleisch- und Käsefondues und für 29 Franken Raclette à volonté – so viel man essen mag. Perfekt für uns! Der Käse stammt aus der Genossenschaft Nyon. Wie auf der Alp kommt ein halber Laib im Schmelzgerät auf den Tisch. Wenn eine Schicht weich geworden ist, streichen wir sie auf den Teller. Dazu gibts Gschwellti, Cornichons, Silberzwiebeln – und ein verdientes Glas Chasselas aus der nahen Region La Côte.

Die Nacht verbringen wir ein paar Kurven unterhalb von Saint-Cergue, in der Auberge de l'Union in Arzier-Le Muids VD. Auf 839 Metern befindet sich dieses Dorf – und oberhalb der kritischen Nebelgrenze, wie wir beim Frühstück feststellen. In der schönsten Morgensonne essen wir Croissants und blicken auf ein eindrückliches Nebelmeer hinab. Als hätte jemand die Weite des Lac Léman mit Watte gestopft. Herbststimmung par excellence!

▲
Auf dem Gipfel La Dôle VD: Gegenüber thront markant der höchste Berg der Alpen: der Mont Blanc (4810 m ü. M.) in Frankreich.

31
Genfer Champagne

Weinberge, Ackerfelder, Wiesen: Diese Wanderung durch La Champagne im Genfer Hinterland ist ein landschaftliches Highlight und bringt uns an die Grenze – nämlich ins westlichste Dorf der Schweiz, nach Chancy (361 m ü. M.). Gut zu wissen: Die westlichste Ecke der Schweiz ist ein wahres Flachland – es gibt keine schweisstreibenden Steigungen zu überwinden. Das Motto heisst: geniessen.

In den ruhigen Dörfern warten gemütliche Beizli.

Start dieser Rundtour ist La Plaine (354 m ü. M.). Das Dorf liegt direkt an der Rhone, inmitten von Weinbergen, und hat eine Dorfbäckerei, die feine Gemüse-Quiches macht. Von hier folgen wir den gelben Wegweisern über die Brücke zum Wald und hinauf nach Avully (424 m ü. M.). Diese siebzig Höhenmeter sind der anstrengendste Teil dieser Wanderung.

Die Landschaft von La Champagne ist magisch und im Herbst vielleicht das schönste Flachland der Schweiz: Es geht

Ein Meer aus Herbstfarben im Genfer Hinterland: in den Weinbergen von Avusy.

CAFE de la PLACE

◀ In den romantischen Gassen von Avully (oben und unten).

▲ Nur wenige Kilometer neben der Genfer Metropole herrscht friedliches Landleben: bei Avusy.

über Wiesen und Ackerfelder, durch Wälder und von Pappeln gesäumte Alleen – und vorbei an goldigen Weinbergen, wo besonders edle Trauben reifen. So gelangen wir nach Sézegnin an der Laire, nach Avusy und zum historischen Château de la Grave. Wir sehen Kühe, Pferde und gar ein Gehege mit Papageien und anderen exotischen Vögeln. Über unseren Köpfen kreisen immer wieder «Riesenvögel», die beim Genfer Flughafen bei Cointrin starten und landen.

Nach zweieinhalb Stunden ab La Plaine gelangen wir ins westlichste Dorf der Schweiz, nach Chancy. Wir hätten angenommen, dass dieser Superlativ mehr Touristen anlockt. Aber der Ort wirkt verschlafen. Im Garten einer kleinen, herzigen Buvette an der Rhone stillen wir unseren Durst. Der Fluss bildet hier die Landesgrenze zu Frankreich. Weiter leitet uns die Rundwanderung das Ufer entlang durch die Auenlandschaft bis Le Martinet. Weil bereits die Abenddämmerung einsetzt, nehmen wir von hier das Postauto zurück nach La Plaine.

START & ZIEL La Plaine (354 m ü. M.) – Avully (424 m ü. M.) – Sézegnin (415 m ü. M.) – Avusy (412 m ü. M.) – Chancy (361 m ü. M.) – Le Martinet (377 m ü. M.) – La Plaine.

DISTANZ & GEHZEIT 14 Kilometer, 4 Stunden (Rundtour).

TIPP Ein Bus verkehrt zwischen den Ortschaften, die Wanderung kann entsprechend abgekürzt werden.

EINKEHR In den Dörfern.

GENF UND WAADT

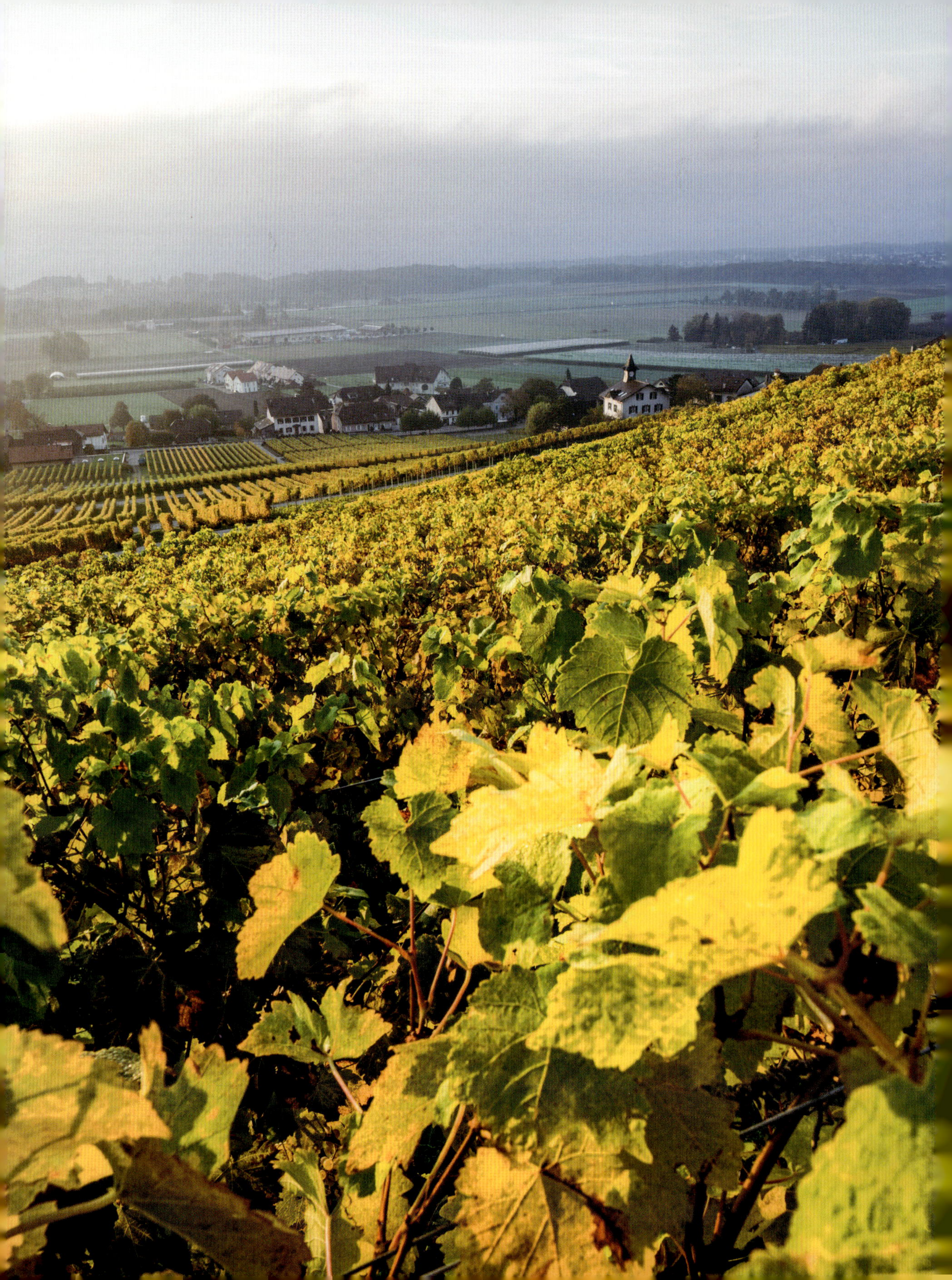

◀ Durch ein Meer reifer Trauben führt die Wanderung von La Côte.

Das Château Le Rosey in Bursins.

32
Weinberge von La Côte

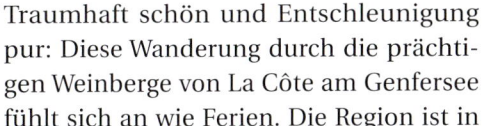

Traumhaft schön und Entschleunigung pur: Diese Wanderung durch die prächtigen Weinberge von La Côte am Genfersee fühlt sich an wie Ferien. Die Region ist in zwölf Anbaugebiete aufgeteilt und umfasst mehr als die Hälfte der Waadtländer Weinbaufläche. Produziert werden Weiss-, Rot- und Roséweine. Es gibt schier endlos viele Wandermöglichkeiten – unser Weg führt von Begnins (541 m ü. M.) via Luins (469 m ü. M.) und Vinzel (450 m ü. M.) nach Bursins (469 m ü. M.) – durch eine Bilderbuchlandschaft mit Blick auf den See und in die Alpen. Bei Bursins befindet sich übrigens das Weingut von Bundesrat Guy Parmelin und dessen Bruder Christophe.

In der Luft hängt der Duft von reifen Trauben: Chasselas, Pinot noir, Gamay, Pinot gris. Sie gedeihen hier in einem milden Mikroklima. Immer wieder kommen wir an altehrwürdigen Châteaus vorbei, die von Mauern abgeschirmt sind. Wir stellen uns vor, wie es wäre, ein solches Gut zu besitzen und zu unterhalten. Nach einer Stunde ab Begnins erreichen wir das Winzerdorf Bursins. Sein Wahrzeichen ist das Château Le Rosey. Das herrschaftliche Schloss stammt aus dem 13. Jahrhundert und darf von Besuchern besichtigt werden. Im Innenhof hat es Tische, wir halten eine Rast – und wandern dann gemütlich auf demselben Weg zurück nach Begnins. Am Ende sind wir uns einig: Der Genfersee ist zu jeder Jahreszeit eine Reise wert, aber jetzt im Herbst besonders goldig.

START & ZIEL Begnins VD (541 m ü. M.) – Luins (469 m ü. M.) – Vinzel (450 m ü. M.) – Bursins VD (469 m ü. M.). Retour auf derselben Route – oder mit dem Bus.

DISTANZ & GEHZEIT 4 Kilometer, 1 Stunde pro Weg.

HÖHENMETER 100 aufwärts, 100 abwärts.

EINKEHR In den Dörfern.

Der Hausberg von Genf

Der Mont Salève (1097 m ü. M.) ist der Hausberg von Genf – und befindet sich bereits in Frankreich. Dass wir ihn besucht haben, schulden wir dem Nebel. Denn dieser ist im Herbst zwar nicht alltäglich am Genfersee, aber auch keine Seltenheit. Auch wir erleben die dicke, weisse Suppe an einem Morgen und beschliessen darum, in die Höhe zu gehen. In der Hoffnung, die Sonne zu finden, fahren wir also auf den Salève. Und werden reichlich belohnt: Der Himmel ist kitschig blau und unter uns liegt ein gigantisches Nebelmeer.

Der Mont Salève erhebt sich unmittelbar hinter der Stadt Genf. Er ist mit einer Seilbahn erschlossen, man kann aber auch mit dem Privatauto hinauffahren. Auf dem Weg zur Talstation in Étrembières (mit

Auf dem Mont Salève ist man meistens über dem Nebel.

dem Bus ab Genf Bahnhof erreichbar) passieren wir die Landesgrenze nach Frankreich, die an diesem Morgen vor lauter Nebel kaum zu erkennen ist.

«Spielplatz» nennen die Genfer ihren Hausberg. Er ist ein grasbewachsenes Hügelparadies für Wanderer, Spaziergänger, Biker, Gleitschirmflieger. Trotz seiner Anziehungskraft bietet der Berg auch ruhige Orte, da er grossflächig genug ist. Es gibt zahlreiche Wanderwege, die durchs Grüne führen, gut ausgebaut und ausgeschildert sind. Mehrere gemütliche Bergbeizli mit französischer Cuisine laden zum Verweilen ein. Ein Mittagsmenü – zum Beispiel mit Foie gras de canard maison, Lammfilet und Dessert – kostet 20 Euro.

— LÖTSCHENTAL VS —

Leuchtende Lärchen, weisse Gipfel

Im Herbst ist das Lötschental im Oberwallis ein Fest für alle Sinne. Die Lärchenwälder färben sich feurig orange, Schwarznasenschafe warten auf die Schur. Und in den Dörfern gibt es «Wilde Wochen».

◀ Auf der Gletscheralp im Lötschental VS.

Je höher wir wandern, desto goldiger werden die Lärchen. Ihre Nadeln färben sich jetzt in der dritten Jahreszeit in einem satten Orange und leuchten wie ein Feuerwerk in der kargen Bergnatur. Wir sind im Lötschental, dem grössten und dennoch ursprünglich gebliebenen Seitental im Oberwallis. Von Goppenstein (1191 m ü. M.) zieht es sich hinauf bis in die vergletscherten Höhen des Unesco-Welterbes Jungfrau-Aletsch. Der höchste Gipfel im Tal ist das Bietschhorn (3934 m ü. M.). Seine Spitze ist weit herum sichtbar, und manche sagen, sie sei sogar noch schöner als das Matterhorn.

Wir übernachten im Genusshotel Nest- und Bietschhorn in Blatten. Es wurde 1868 als erstes Gasthaus im Lötschental eröffnet. Damals kamen insbesondere wohlhabende Engländer, die das Haus als «klein und einfach», aber auch als «vortrefflich und comfortabel» und den Patron als «gefälligen Wirth» beschrieben. So ist es bis heute geblieben.

Die in Tannenholz gehaltenen Zimmer sind liebevoll renoviert, bieten Dusche und Toilette. Doch die historische Einfachheit und Ruhe wird dem modernen Luxus vorgezogen.

Bei der Ankunft haben wir gesehen, dass die Küche Wildspezialitäten anbietet. Herbstzeit bedeutet im Lötschental nämlich nicht nur Lärchensaison, sondern auch «Wilde Wochen». Am Abend sitzen wir im rustikalen Restaurant (14 Gault-Millau-Punkte) und lassen uns verwöhnen. Zur Vorspeise bestellen wir einen Nüsslersalat mit Chef-Dressing (je 16 Franken). Zum Hauptgang Gemspfeffer (33 Franken) und Reh-Entrecôte (45 Franken), beide mit traditioneller Wildgarnitur. Dazu einen Tropfen Mischabel-Rotwein aus der nahen St. Jodern Kellerei Visperterminen (7.20 Franken pro Glas). Um die Schlemmerei abzurunden, gönnen wir uns zum Dessert noch ein halb gefrorenes Parfait (12 Franken). Unser Fazit: parfait! Vom ersten bis zum letzten Bissen.

Am Grundsee: Ganz hinten bietet die Lötschenlücke ▶ den Übergang zum Aletschgletscher. Der Langgletscher reichte einst bis ins Tal herab.

33
Themen- und Lehrpfad «sehen & verstehen»

Ganz zuhinterst im Lötschental, auf der Fafleralp (1795 m ü. M.), endet die Fahrstrasse – von hier geht es nur zu Fuss weiter. Beim Postauto-Parkplatz beginnt der Themen- und Lehrpfad «sehen & verstehen» und lässt uns in eine romantische, völlig unverbaute Landschaft eintauchen. Der rot-weiss markierte Wanderpfad führt hinauf auf die weite Ebene der Gletscheralp, die von alpinen Grasbüscheln, Zwergsträuchern, subalpinem Krummholz, Fichten und Lärchen bewachsen ist. Vom Himmel her winken die weissen Schneegipfel: das Tschingelhorn, der Petersgrat, das Lötschentaler Breithorn, die Lonzahörner – und natürlich das Bietschhorn, das Aushängeschild des Tals.

Im Herbst sind im Lötschental aber die leuchtenden Lärchenwälder die Stars. Ihre feurig orangen Nadeln ziehen alle Aufmerksamkeit auf sich. Nur wenige Täler in der Schweiz weisen einen vergleichbar grossen Bestand auf. Die Lärche führt ohnehin das verwunderlichste Leben aller Nadelbäume, lesen wir im Buch «Die geheime Sprache der Bäume» von Erwin Thoma. Sie ist die Einzige, die es den Laubhölzern gleichtut und Jahr für Jahr im Oktober ihr Nadelkleid bunt einfärbt, um es danach abzuwerfen. Sie ist extrem anpassungsfähig, wächst auch im rausten Gebirge. Eiseskälte, Frost und Lawinen steckt sie problemlos weg. Mit ihren tief verankerten Wurzeln, dem schlanken, nachgiebigen Stamm und der lichten Krone rüstet sie sich gegen die wüstesten Windstürme. Doch im Gegensatz zu den anderen Kälte ertragenden Bäumen gedeiht sie auch im Flachland und gesellt sich dort gern zur Wärme liebenden Eiche.

Die Natur im hintersten Lötschental ist atemberaubend schön – aber nicht nur wegen des Lärchengolds. Unsere Rundwanderung ist gleichzeitig auch ein Lehrpfad zum Thema Klima und Gletscherlandschaften. Entlang des Wegs informieren dezent platzierte Tafeln, wie sich die Landschaft im Laufe der Zeit verändert hat. Denn sie ist – ob schön oder hässlich – nicht ewig, sondern entsteht und entwickelt sich unter dem Einfluss von Natur und Mensch stets weiter.

Wir können nur erahnen, wie die Gletscheralp noch vor nicht allzu langer Zeit ausgesehen hat: Hoch oben sehen wir die Lötschenlücke (3158 m ü. M.) und den imposanten Langgletscher. Er reichte einst ins Tal herab, heute hat er sich bis auf gut 2000 Meter Höhe zurückgezogen. Hier unten wandern wir also auf Boden, der noch vor wenigen Jahrhunderten vom ewigen Eis bedeckt war und als leblose Fels- und Gerölllandschaft freigegeben wurde. Rasch eroberten dann sogenannte Pionierpflanzen das Feld, etwa die rosafarbenen Fleischers Weidenröschen. Von leblosem Geröll ist auf der Alp nichts mehr zu sehen, es gedeiht eine lebendige Flora. Erst weiter oben wird die Umgebung karg. Mit anderen Worten: Wir machen eine Fussreise rückwärts in die Vegetationsentwicklung seit der letzten Eiszeit.

Einen ersten Halt machen wir beim Grundsee (1842 m ü. M.), einem typischen Schmelzwassersee des Gletschervorfeldes. Auf der Oberfläche spiegeln sich die umliegenden Gipfel – allen voran das Sattelhorn

174 LÖTSCHENTAL VS

(3745 m ü. M.) und das Schinhorn (3797 m ü. M.). Zum Baden ist das Wasser zu kalt, die herbstliche Lufttemperatur jedoch ideal zum Wandern – weder zu warm noch zu kühl. Darum machen wir uns bald wieder auf. Der Naturpfad führt teilweise entlang der jungen Lonza, die vom Langgletscher gespeist wird, durch das ganze Lötschental bis nach Gampel fliesst und dort in die Rhone mündet.

In ungefähr 2000 Metern Höhe gelangen wir zu einer Weggabelung: In der einen Richtung geht es hinauf zum Gletschertor (2060 m ü. M.), in der anderen zur Anenhütte (2358 m ü. M.) – beide Wege sind erweiterte Varianten des Lehrpfads. Die Anenhütte ist im Spätherbst allerdings nicht mehr geöffnet. Wir bleiben auf unserem Rundweg und folgen den Markierungen hinüber zur Gugginalp mit dem kleinen, idyllischen Guggisee. Dies erfordert einen kurzen Anstieg, dann geht es nur noch angenehm bergab. Immer wieder sagt einer von uns beiden: «Läck, ist das schön hier!» Zurück auf der Fafleralp, sind wir bereit für eine Einkehr. Das Hotel Fafleralp hat um diese Jahreszeit bereits geschlossen, aber der Imbisskiosk gleich bei der Bushaltestelle ist geöffnet. Wir setzen uns in der späten Nachmittagssonne an einen der Holztische und löschen unseren Durst.

START & ZIEL Fafleralp (1795 m ü. M.) – Grundsee (1842 m ü. M.) – Guggisee (2007 m ü. M.) – Fafleralp.

DISTANZ & GEHZEIT 8 Kilometer (Rundtour), 3 Stunden.

HÖHENMETER 450 aufwärts, 450 abwärts.

EINKEHR Auf der Fafleralp.

Die ersten Meter der jungen Lonza auf der Gletscheralp.
▼

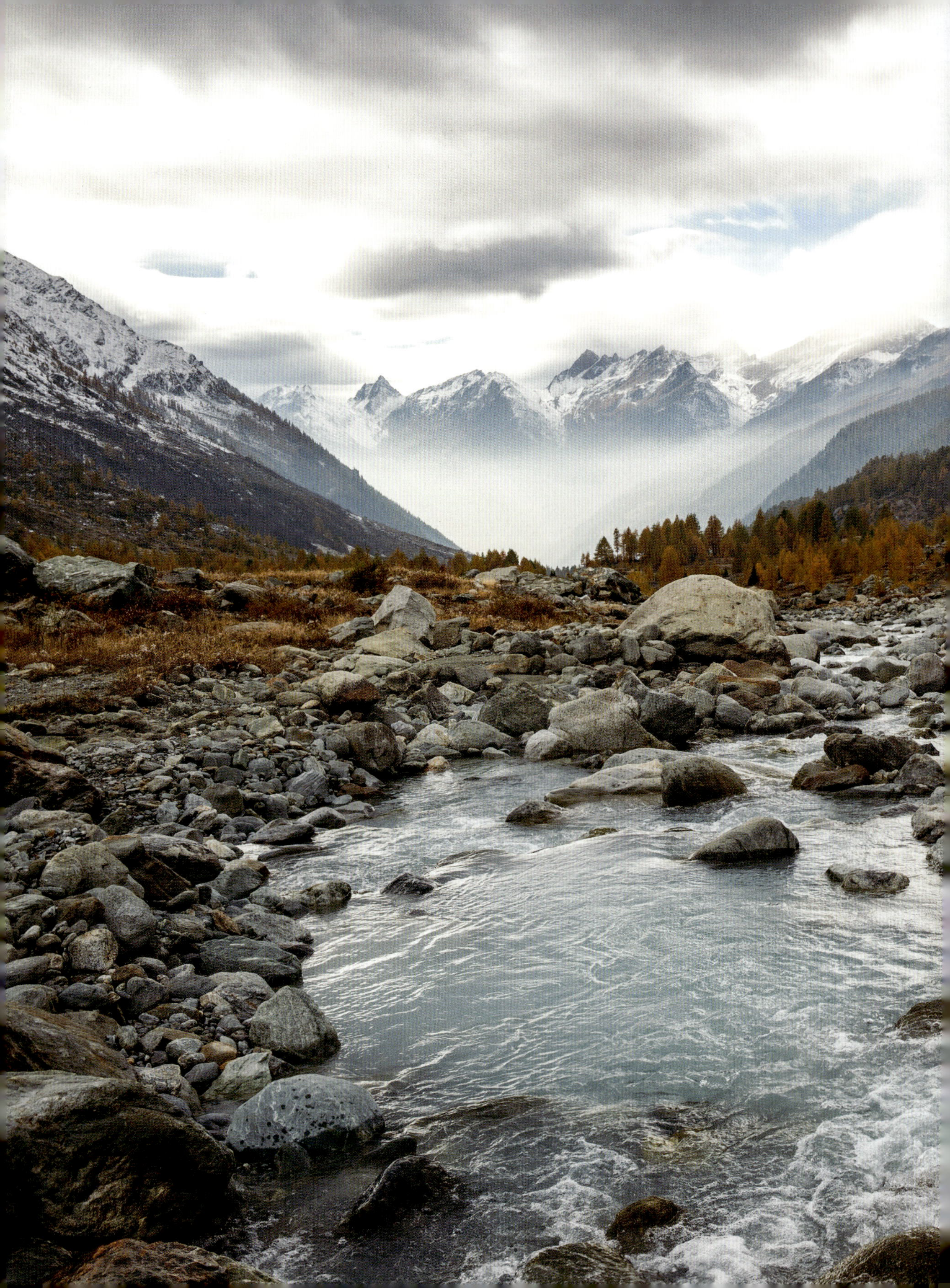

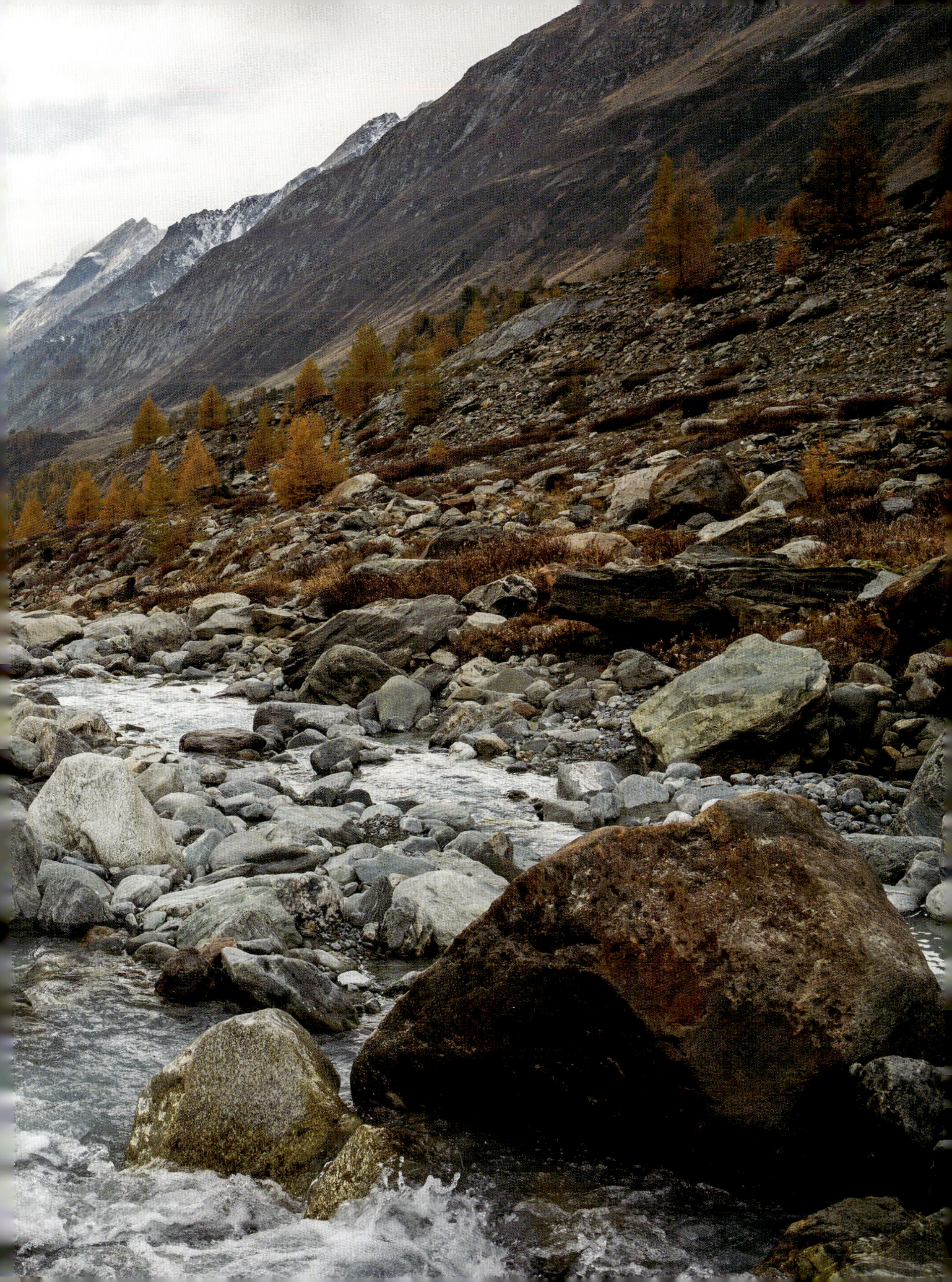

Auf bequemem Weg von der Lauchernalp in Richtung Fafleralp.

34
Lötschentaler Höhenweg

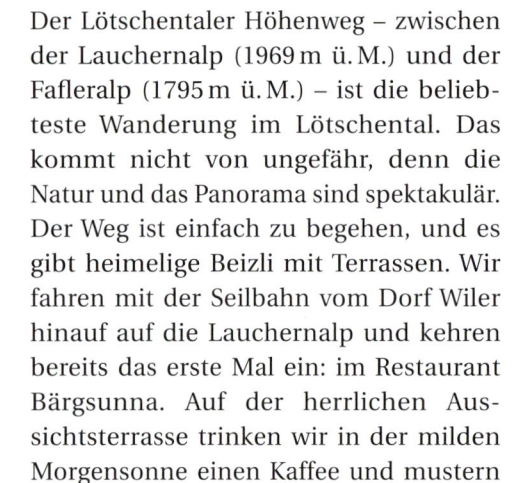

Der Lötschentaler Höhenweg – zwischen der Lauchernalp (1969 m ü. M.) und der Fafleralp (1795 m ü. M.) – ist die beliebteste Wanderung im Lötschental. Das kommt nicht von ungefähr, denn die Natur und das Panorama sind spektakulär. Der Weg ist einfach zu begehen, und es gibt heimelige Beizli mit Terrassen. Wir fahren mit der Seilbahn vom Dorf Wiler hinauf auf die Lauchernalp und kehren bereits das erste Mal ein: im Restaurant Bärgsunna. Auf der herrlichen Aussichtsterrasse trinken wir in der milden Morgensonne einen Kaffee und mustern das Bietschhorn gleich vis-à-vis auf der Schattenseite des Tals. Seine Felsen und Gletscher sehen steil, kalt und wild aus, nur 66 Meter fehlen ihm bis zur magischen Viertausendergrenze.

Nach einem kurzen Anstieg auf der Fahrstrasse beginnt der eigentliche Höhenweg. In leichtem Auf und Ab führt der Naturpfad taleinwärts. Wir bewegen uns im Bereich der Waldgrenze, manchmal darüber, manchmal darunter. Die vielen golden leuchtenden Lärchen und dunkelroten wilden Hagebutten bilden einen intensiven Kontrast zu den weiss verschneiten Berggraten auf der anderen Talseite. Nach einer Stunde erreichen wir die Weritzalp (2099 m ü. M.), den höchsten Punkt dieser Wanderung. Durch lichten Lärchenwald geht es nun abwärts auf die Tellialp, wo ein gemütliches Bergrestaurant wartet. Auf einer Schiefertafel wird ein verlockender Telli-Apéro aus «Hamma & 1 dl Johannisberg» angepriesen. Doch die Terrasse ist bis auf den letzten Tisch besetzt, darum wandern wir weiter und verpflegen uns aus dem Rucksack.

Nächster Höhepunkt ist der Schwarzsee (1860 m ü. M.). Wie ein Diamant glitzert er in der Sonne, auf seiner Wasseroberfläche spiegeln sich die Schneegipfel und die Lärchen. Es ist ein Ort zum Verweilen und Träumen. Allein bleibt man hier allerdings selten. Das letzte Stück bis zur Fafleralp geht mässig steil bergab. Dort kaufen wir im Imbisskiosk ein Rivella und nehmen dann den Bus retour.

START & ZIEL Von Wiler mit der Seilbahn auf die Lauchernalp (1969 m ü. M.). Weiter zu Fuss Richtung Weritzalp (2099 m ü. M.) – Tellialp (1865 m ü. M.) – Schwarzsee (1860 m ü. M.) – Fafleralp (1795 m ü. M.) mit Bushaltestelle.

DISTANZ & GEHZEIT 9 Kilometer, 3 Stunden.

HÖHENMETER 250 aufwärts, 500 abwärts.

TIPP Diese Wanderung wird ebenso oft in entgegengesetzter Richtung unternommen: von der Fafleralp auf die Lauchernalp.

EINKEHR In Wiler, auf der Lauchern-, Telli- und Fafleralp.

▲
Immer die Sonnenterrasse entlang auf dem Lötschentaler Höhenweg. Im Hintergrund das Bietschhorn.

Beliebtes Fotosujet am Weg: der Schwarzsee auf 1860 m ü. M.
▼

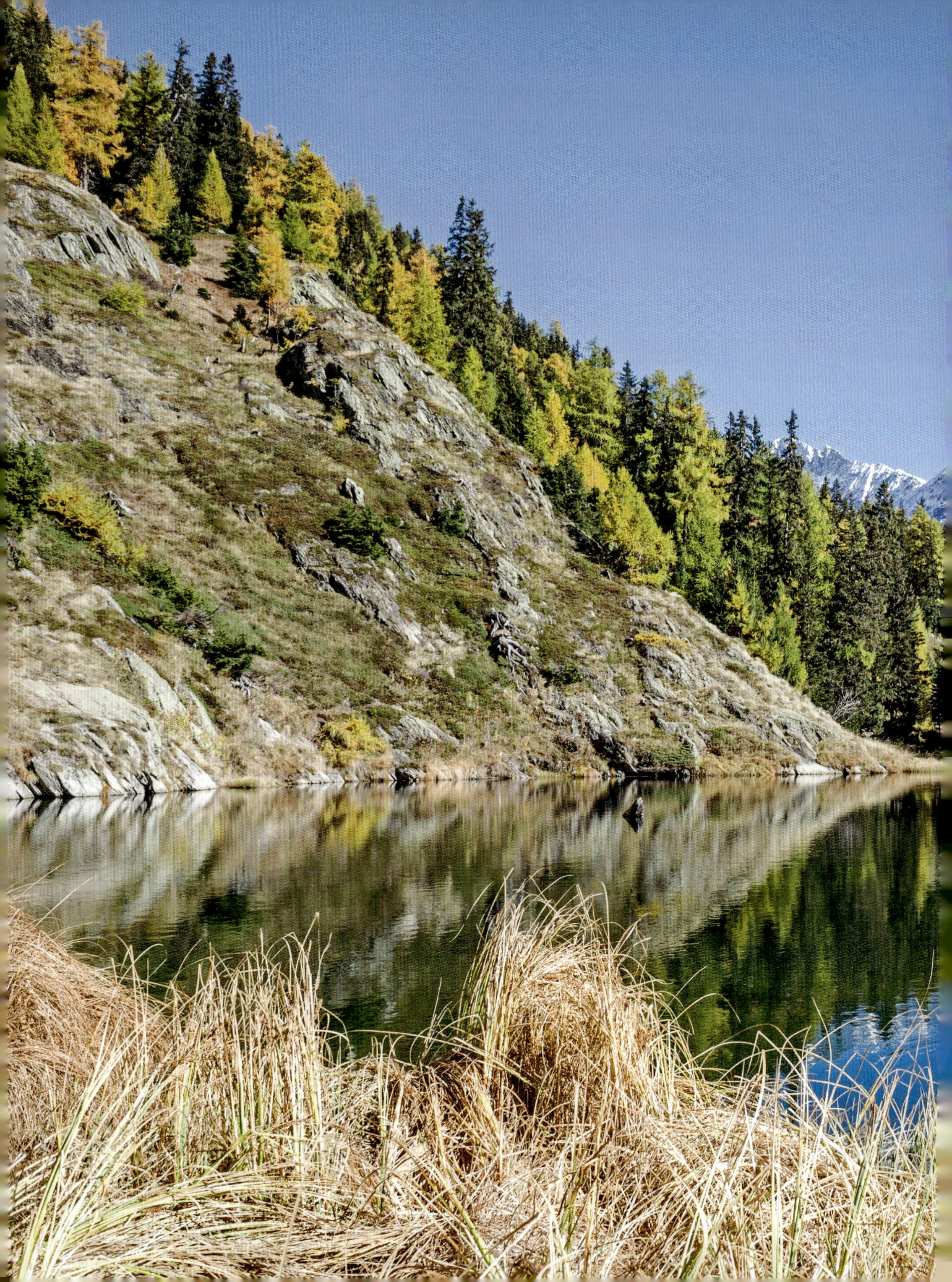

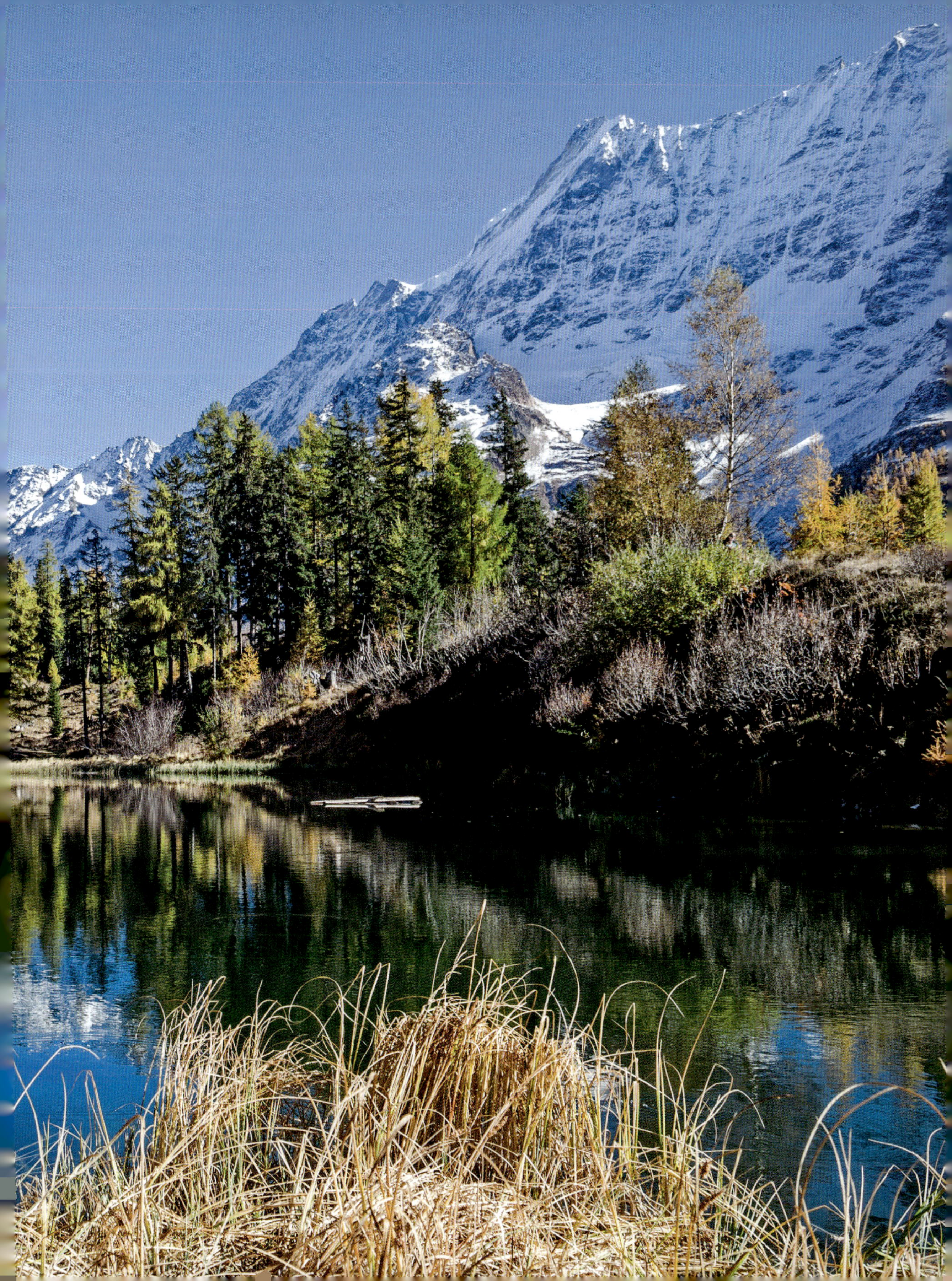

35
«Besinnungsweg» nach Kühmad

Die Walserdörfer im Lötschental sind allesamt Vorzeigedörfer. Altehrwürdige, von Sonne und Wetter dunkel gegerbte Häuser aus Lärchenholz prägen das Bild. Als beliebter Hausschmuck dienen die Tschäggätä-Larven – gfürchig wirkende Holzmasken, mit Zähnen und Haaren von Tieren. Sie erinnern an den heidnischen Brauch, den die 1500 überwiegend katholischen Lötscher im Tal bis heute pflegen. Viel Aufmerksamkeit schenken die Einheimischen aber auch ihren über fünfzig Kirchen, Kapellen und Bildstöckli. So gibt es im Lötschental auch mehrere Pilger- und Wallfahrtswege.

Da wir noch nie eine Pilgerwanderung unternommen haben, packen wir die Gelegenheit und nehmen den «Besinnungsweg» unter die Füsse. Er beginnt im Dorf Blatten und geht bis zur Wallfahrtskapelle auf dem Weiler Kühmad. Als Wegweiser wurde ein Fenster gewählt – «das Symbol für Offenheit, Interesse und Neugierde». Also starten wir mit offenen Augen und Ohren bei der Kirche in Blatten, die der «Rosenkranzkönigin» geweiht ist, und spazieren ins Nachbardorf Eisten, wo das Bildstöckli der heiligen Rita wartet. Es wurde 1959 in Erinnerung an die Lawinenkatastrophe von 1951 erbaut. Über die heilige Rita erfahren wir, dass sie als Helferin bei aussichtslosen Anliegen und in Examensnöten angerufen wird. In Eisten steht zudem eine Kapelle, 1677 erbaut und dem heiligen Wendelin geweiht. Er ist Schutzpatron der Hirten und Landleute,

◀ Die Kapelle in Eisten auf der Wanderung nach Kühmad.

Schwarznasenschafe begleiten uns auf dem Weg nach Kühmad.

Bauern, Tagelöhner und Landarbeiter. Bei der Talprozession läutet der Pfarrer die kleine Glocke.

Weiter geht der «Besinnungsweg» leicht bergauf an Weiden vorbei, wo Walliser Schwarznasenschafe grasen und uns durch die Zäune entgegenblöken. Sie sind so herzig anzuschauen, dass man am liebsten eines als Haustier heimnehmen möchte. Schliesslich erreichen wir in Kühmad das Ziel: die barocke Kapelle Mariä Heimsuchung. Wir betreten sie ehrfürchtig und auch etwas unbeholfen, wollen nichts falsch machen. Wir nehmen die Stille wahr, schauen uns bedächtig um. Draussen hat es Bänke zum Verweilen. Gleich unterhalb der Kapelle fliesst die Lonza.

Retour wandern wir auf derselben Route. Auf einer der Besinnungstafeln lesen wir: «Das Wunder besteht nicht darin, übers Wasser gehen zu können. Das Wunder besteht darin, im gegenwärtigen Augenblick auf der grünen Erde zu gehen und den Frieden und die Schönheit zu geniessen, die jetzt gerade verfügbar sind.» Hier, in der wunderbaren Natur des Lötschentals, gelingt das Wunder wie von selber.

START & ZIEL Blatten (1540 m ü. M.) – Eisten (1580 m ü. M.) – Geryn (1607 m ü. M.) – Kühmad (1625 m ü. M.). Retour auf gleichem Weg.

DISTANZ & GEHZEIT 2 Kilometer (pro Weg), 45 Minuten (pro Weg).

HÖHENMETER 120.

TIPP Wer nicht zurückwandern will, kann in Kühmad den Postbus nehmen.

EINKEHR In Blatten.

— LUZERN, NIDWALDEN, OBWALDEN —

Traumberg Pilatus

Bis vor 500 Jahren war es verboten, auf den Pilatus zu steigen. Heute ist er mit einem fantastischen Netz von Wanderwegen und mit Bergbahnen erschlossen. Wir haben ihn von allen Seiten erkundet.

Mitten in der Zentralschweiz erhebt sich ein Koloss von einem Berg. Einer, der wirkt wie ein Wunder ohne Ende. Wie eine gewaltige, frei stehende Pyramide ragt er im Grenzgebiet der Kantone Luzern, Nidwalden und Obwalden in den Himmel. Früher nannten ihn die Einheimischen Mons Fractus – den «gebrochenen Berg» – wegen seines zerklüfteten Gipfelgrats. Heute ist er bekannt unter dem Namen Pilatus.

Einen Gipfel namens Pilatus sucht man auf der topografischen Landeskarte allerdings vergebens. Mit dem Namen Pilatus ist das gesamte Bergmassiv gemeint. Aus seiner Felskrone ragen mehrere Spitzen hervor. Höchster Punkt ist mit 2128 Metern das Tomlishorn. Die Bergstationen der Pilatus-Bahnen und die beiden Hotels befinden sich in einer Scharte auf 2105 Metern, direkt unter dem Aussichtsgipfel namens Esel (2118 m ü. M.).

Von den Luzernern auch «Hausberg» genannt, vereint er alles, was ein Berg bieten kann. Atemberaubende Aussichten, ein fantastisches Netz von Wanderwegen, eine historische Zahnradbahn, eine moderne Panorama-Gondelbahn und Luftseilbahn, Steinwildkolonien – sowie sagenhafte Drachengeschichten und wilde Legenden von Jerusalems einstigem Statthalter Pontius Pilatus, der hier in einem Moorsee versenkt worden sein soll (Auflösung siehe Wandertipp «Gratweg vom Pilatus ins Eigenthal», Seite 196).

Weil der Pilatus mit schier endlos vielen Möglichkeiten aufwartet, stellt er uns Wanderer vor die Qual der Wahl. Von welcher Seite ist der Aufstieg am schönsten? Von Alpnachstad OW über die klassische Route? Von Kriens LU, wo im unteren

Teil Spielplatz, Rodelbahn und Seilgarten Familien erfreuen? Oder vom Eigental LU, wo trittsichere Wanderer über den ausgesetzten Grat zum Pilatus-Kulm gelangen? Und überhaupt: Wo genau ist dieser See mit Pontius Pilatus drin?

Bei den Vorbereitungen merken wir rasch: Dieser Berg ist zu vielseitig, um ihn an einem einzigen Tag kennenzulernen. Darum beschliessen wir kurzerhand, ihn von allen Seiten zu erwandern. Drei Tage soll unsere «Pilatus-Expedition» dauern – mit zwei Übernachtungen im historischen Berghotel Pilatus-Kulm aus dem Jahr 1860. Im 2010 wurde das Haus rundum saniert; trotzdem ist der nostalgische Charme aus der Belle Époque geblieben. Die Stuckaturen an den Decken, die prunkvollen Kronleuchter und die Einrichtung sehen aus wie anno dazumal, als 1868 die englische Königin Victoria mit ihrer Gefolgschaft hier zu Besuch war. Sie liess sich auf dem Tragsessel von Alpnachstad hinauftransportieren.

Neben dem «Kulm» gibt es zudem das neuere Hotel Bellevue – und dank den Bergbahnen ab Alpnachstad und Kriens herrscht tagsüber auf dem Pilatus jeweils viel touristischer Betrieb. Doch abends, nach der letzten Talfahrt, kehrt auf dem Berg eine wunderbare Ruhe ein. An beiden Abenden erleben wir einen spektakulären Sonnenuntergang. Während der Himmel in atemberaubend leuchtende Rottöne getaucht wird, gibt es drinnen in der Bar einen gemütlichen Apéro mit Weisswein, Chips und heimischem Alpkäse. Das in der Halbpension enthaltene Drei-Gang-Abendmenü schlemmen wir im ehrwürdigen Queen-Victoria-Saal. Danach funkelt der Sternenhimmel – und das Bett ruft.

▲ Während unten in Luzern und am Vierwaldstättersee bereits die Lichter angehen, erfreuen wir uns auf dem Pilatus am letzten Licht des Tages.

Oberhalb von Ämsigen, auf dem ▶
Weg zum Pilatus-Kulm.

36
Normalweg ab Alpnachstad

👢👢👢 💚💚💚

Der Weg ab Alpnachstad (435 m ü. M.) ist der Klassiker am Pilatus. Das Dorf liegt direkt am Alpnachersee, einem Seitenarm des Vierwaldstättersees. Gleich neben dem Bahnhof wartet die Talstation der Pilatus-Zahnradbahn. Es ist ein herrlich sonniger Herbstmorgen und so hat sich schon zur frühen Stunde eine grosse internationale Gästeschar versammelt. Die meisten sind mit Selfie-Sticks ausgerüstet – und reisen mit der steilsten Zahnradbahn der Welt auf den Berg. Anders als noch 1889, als dieses kühne Bauwerk mit viel Dampf eingeweiht wurde, fahren die Triebwagen heute mit Strom. Optisch sind sie allerdings ein Abbild der Belle Époque geblieben.

START & ZIEL Talstation Pilatus-Zahnradbahn in Alpnachstad (beim Bahnhof, 435 m ü. M.) – Ämsigen (1362 m ü. M.) – Mattalp (1610 m ü. M.) – Chilchsteine (1865 m ü. M.) – Pilatus-Kulm (2105 m ü. M.). Retour mit der Bahn.

DISTANZ & GEHZEIT 8 Kilometer (Aufstieg), 5,5 Stunden.

HÖHENMETER 1650.

EINKEHR Alpnachstad, «Pilatus-Kulm» und «Pilatus-Bellevue».

TIPP I Kürzere Variante: mit der Zahnradbahn von Alpnachstad bis zur Mittelstation Ämsigen fahren.

WICHTIG Die Zahnradbahn macht jeweils ab Mitte November Winterpause, kein Betrieb.

TIPP II Ab Chilchsteine lohnt sich der Abstecher auf das Matthorn (2040 m ü. M.). Siehe Wandertipp «Aussichtsberg Matthorn».

Während zwei Zugformationen loslegen und die 1650 Höhenmeter bis zur Bergstation in dreissig Minuten überwinden, machen wir uns auf die Socken. Die Wanderung führt via Ämsigen (1362 m ü. M.) auf den Pilatus (2105 m ü. M.) und dauert fünf Stunden. Rechts der Talstation geht ein direkter Weg durch den Wald hinauf nach Ämsigen. Wir wählen jedoch die ausschweifende Variante und folgen den Wegweisern, die uns als Erstes hoch über das Nachbardorf Alpnach leiten. Die Umgebung ist bäuerlich und mit jedem Höhenmeter wird die Weitsicht über die Seenlandschaft prächtiger. Vorbei an einem Stall mit grunzenden Schweinen gelangen wir zur Schürmatt (680 m ü. M.), wo ein Hof mit Eseln und Ponys wartet.

Nun wird die Wanderung steil, wechselt auf Naturpfad – und nach zwei Stunden sind wir auf der Alp Ämsigen. Hier befindet sich die Mittelstation der Zahnradbahn. Wer nicht mehr zu Fuss weitermag, kann hinauf- oder hinabfahren, sofern es im Zug Platz hat. Möglich ist auch, die Wanderung erst hier zu beginnen.

Oberhalb von Ämsigen wird das Gelände immer karger und der Weg steiniger. Bald liegt die Waldgrenze unter uns und nach der Mattalp gelangen wir in schweisstreibendem Zickzack zu den Chilchsteine (1865 m ü. M.) – auf einem Sattel zwischen Matthorn und Pilatus. Von hier erkennen wir bereits zum Greifen nah unser Ziel – das «Pilatus-Kulm» und die Bergstation. Doch das letzte Stück ist nochmals steil und zerrt an den Kräften. Trotzdem sind wir bei Weitem nicht die Einzigen, die zu Fuss unterwegs sind. Wanderer jeglichen Alters und auch einige Trailrunner begegnen uns. Und in den felsigen Abhängen hüpfen Steinbockfamilien mit übermütigen Kitzen umher.

Dann, endlich, haben wir es geschafft. Wir sind oben! Durstig und hungrig ergattern wir auf der gut besetzten Terrasse einen Tisch, bestellen Älplermagronen und Luzerner Pastetli. Es ist Nachmittag, der Himmel klar und die Aussicht betörend.

Wenige Meter unter dem Gipfel des Pilatus, mit dem Matthorn im Hintergrund.

LUZERN, NIDWALDEN, OBWALDEN

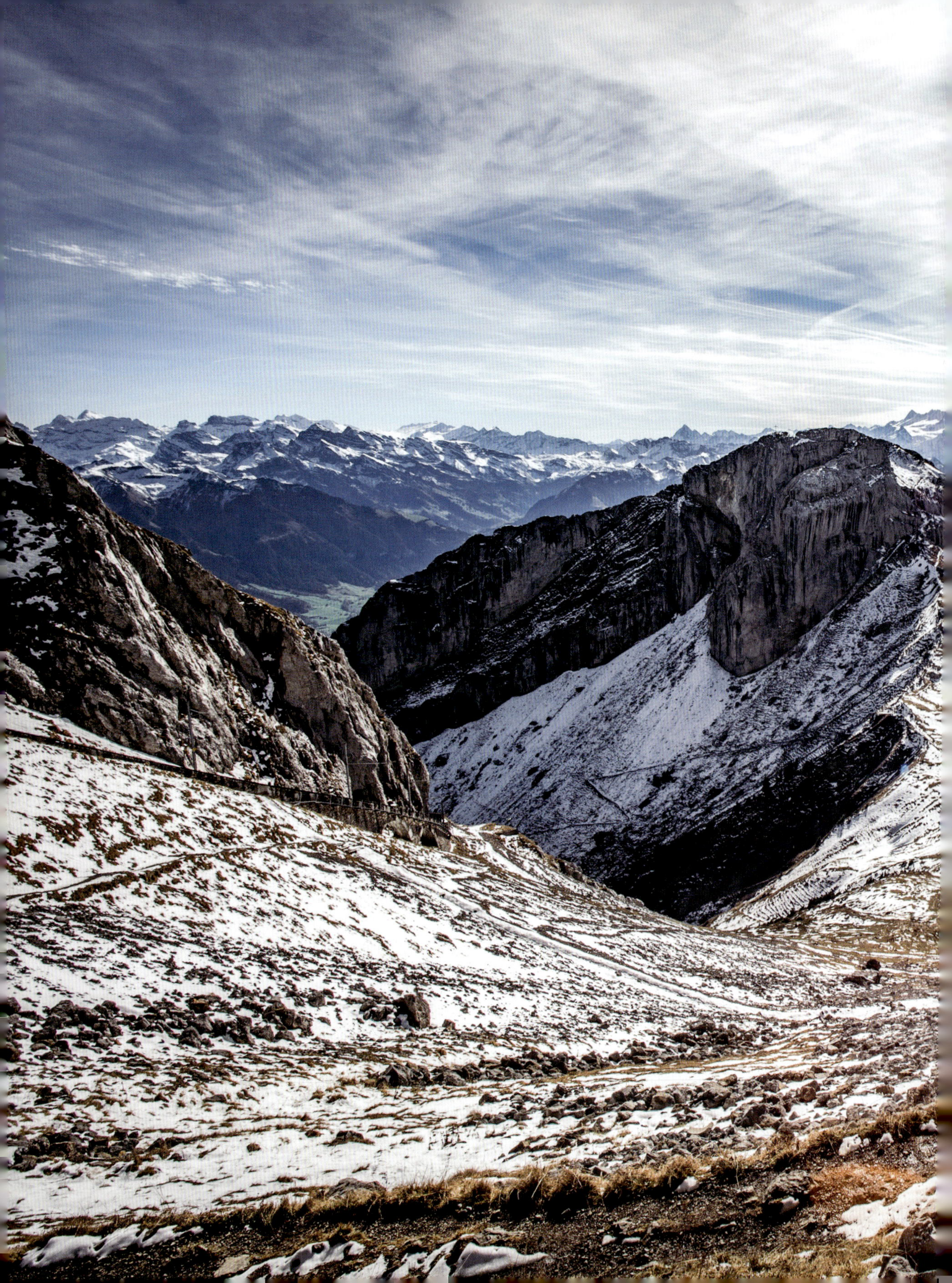

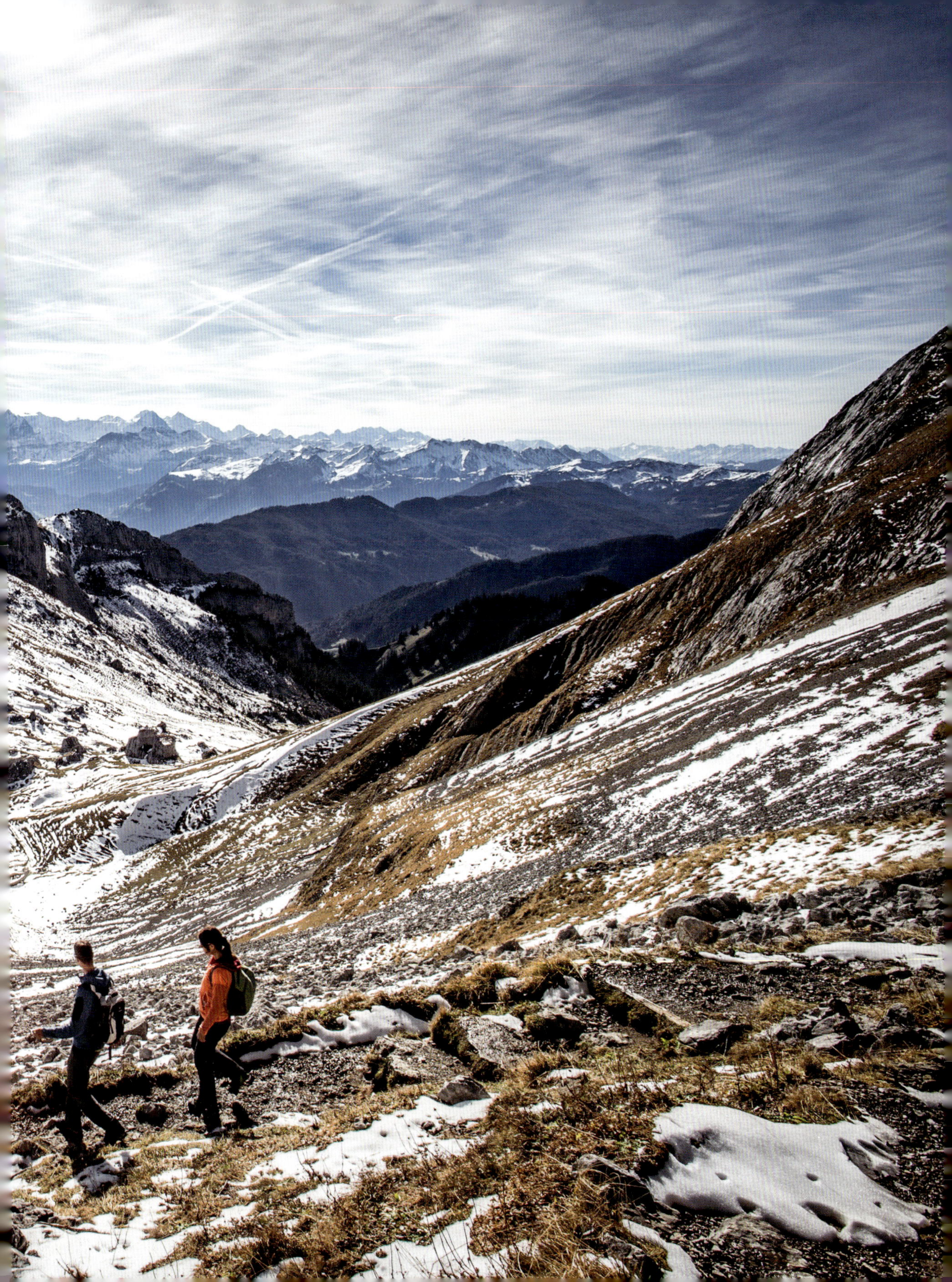

Ein paar Silberdisteln krallen sich vor dem ▶
Panorama der Berner Alpen an den Felsen.

▲
Vom Matthorn aus bietet sich ein wunderbarer Blick auf den Vierwaldstättersee.

37
Aussichtsberg Matthorn

👢👢👢 ♥♥♡

Das Matthorn ist ein Nachbargipfel des Pilatus und offeriert eine Weitsicht, die einem den Atem verschlägt. Es lohnt sich, auf der Klassikerwanderung ab Alpnach diesen Abstecher unter die Füsse zu nehmen. Eine weniger anstrengende Möglichkeit ist, mit der Bahn auf den Pilatus zu fahren und von dort aufs Matthorn zu wandern. So oder so ist der Weg jedoch anspruchsvoll.

Von der Pilatus-Bergstation gehen wir auf dem steilen Zickzackweg 150 Höhenmeter bergab bis Chilchsteine, auf dem Sattel zwischen Matthorn und Pilatus. Dort folgen wir dem ausgeschilderten Naturpfad über den steilen Grasrücken des Matthorns. Ein kurzes Stück führt über Felsen und erfordert leichte Kraxelei. Stahlseile erleichtern sowohl den Auf- wie auch den Abstieg. Schwindelfreiheit ist trotzdem von Vorteil.

Oben angekommen, sind wir sprachlos: Was für ein Panorama! Zu Füssen liegt die fantastische Zentralschweizer Seenlandschaft, auf Augenhöhe winken Titlis, Rigi, Stoos, Stanserhorn und sogar Brünig und Brienzer Rothorn. Wir setzen uns auf das einladende Holzbänkli und geniessen den Moment. Nur zwei weitere Wanderer sind noch da.

START & ZIEL Bergstation Pilatus-Zahnradbahn (2105 m ü. M.) – Chilchsteine (1865 m ü. M.) – Matthorn (2040 m ü. M.). Retour auf gleicher Route oder hinab nach Alpnachstad (435 m ü. M.).

DISTANZ & GEHZEIT 3,5 Kilometer, 2,5 Stunden (Rundtour).

HÖHENMETER 400 aufwärts, 400 abwärts.

TIPP Das Matthorn kann auf der Wanderung von Alpnachstad auf den Pilatus als Abstecher angehängt werden.

EINKEHR «Pilatus-Kulm» und «Pilatus-Bellevue».

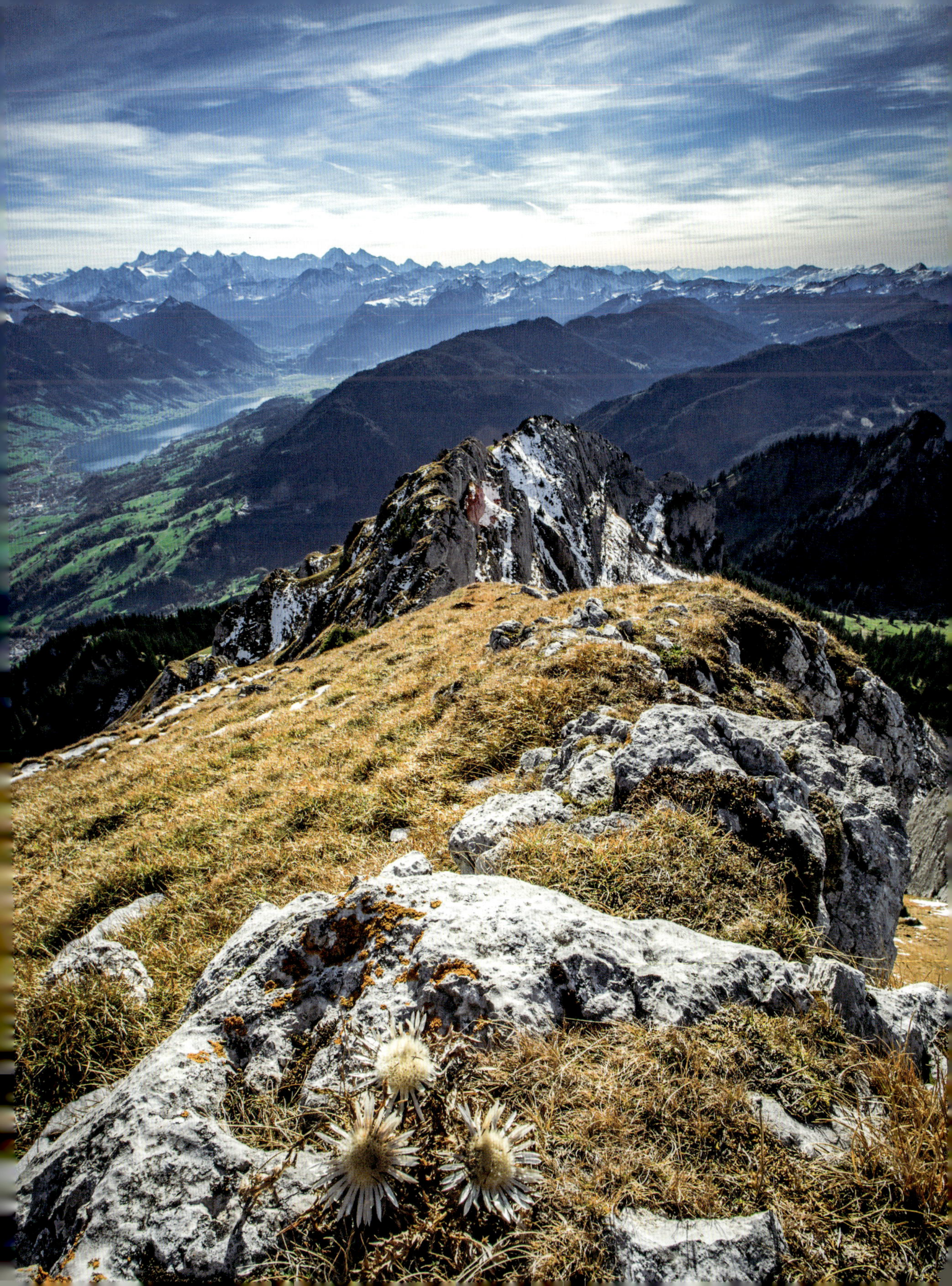

Beim Aussichtspunkt Schönenboden ▶ grüssen die Rigi und der Bürgenstock über dem Vierwaldstättersee.

38
Heitertannliweg ab Kriens

Auch ab Kriens (490 m ü. M.) ist der Pilatus wunderbar erschlossen. Einerseits mit der Panorama-Gondelbahn und Luftseilbahn bis hinauf zum Kulm, andererseits mit einem Netz von Wanderwegen. Im unteren Teil ist der Berg familienfreundlich, es gibt Spielplätze, Rodelbahn, Seilpark und weitere Attraktionen. Im oberen Teil wird die Landschaft einsam, steil und alpin.

Es ist ein Donnerstag als wir in «Chriens» ankommen – jener Wochentag, an dem jeweils auf dem Dorfplatz der Markt stattfindet. Wir kaufen Proviant: Brot, Käse, Wurst, Äpfel. Alles aus der Region. Weit oben sehen wir die Felskrone des Pilatus. Sie sieht nicht nur imposant aus, sondern auch schier unerreichbar. Ge-

START & ZIEL Kriens (490 m ü. M.) – Krienseregg (1026 m ü. M.) – Schönenboden (1115 m ü. M.) – Fräkmüntegg (1416 m ü. M.) – Ober Lauelen (1330 m ü. M.) – Klimsenhornjoch (1864 m ü. M.) – Pilatus-Kulm (2105 m ü. M.). Retour mit der Bahn.

DISTANZ & GEHZEIT 12 Kilometer, 7 Stunden.

HÖHENMETER 1800.

TIPP I Kürzere Variante: mit der Seilbahn von Kriens bis Krienseregg oder Fräkmüntegg fahren.

WICHTIG Die Seilbahn ist jeweils ab Ende Oktober drei Wochen in Revision, kein Betrieb.

EINKEHR Kriens, Krienseregg, Fräkmüntegg, «Pilatus-Kulm» und «Pilatus-Bellevue».

spannt, was uns erwartet, nehmen wir die lange Fussreise in Angriff. Die erste Etappe führt hinauf zur Krienseregg (1026 m ü. M.), wo sich die erste Zwischenstation der Pilatus-Gondelbahn und ein Restaurant befinden. Kinder können sich im Pilu-Land austoben. Feuerstellen laden zum Verweilen ein.

Wir wandern weiter durch den Wald zum Aussichtspunkt Schönenboden (1115 m ü. M.). Die Weitsicht reicht nach Luzern, über den Vierwaldstättersee – und weit nach Norden ins Flachland. Eine ganz andere Landschaft als gestern beim Aufstieg ab Alpnachstad, aber genauso prächtig. Von Schönenboden leitet der Weg zur

Fräkmüntegg (1416 m ü. M.), wo bei der Gondelbahnstation schon das nächste Restaurant wartet, zudem eine Sommerrodelbahn und ein Seilpark.

An einem lauschigen Picknickplatz im Wald verpflegen wir uns mit dem Proviant aus dem Rucksack. Gestärkt geht es dann weiter – von der Fräkmüntegg über Alpweiden hinab nach Ober Lauelen (1330 m ü. M.), wo schliesslich der anspruchsvolle Heitertannliweg beginnt. Er führt via Klimsenhornjoch (1864 m ü. M.) auf den Pilatus. Der Pfad schlängelt sich über steiles, voralpines Gelände. An den ausgesetzten Stellen helfen Stahlseile (bei Regen oder nach Schneefall ungeeignet). Kondition und Trittsicherheit sind unabdingbar.

Auf dem Grasrücken des Klimsenhornjochs kommen wir zur einsamen Klimsenkapelle. Sie stammt aus dem Jahr 1861 und steht seit 2002 unter Denkmalschutz. Die Aussicht von hier ist sagenhaft. Wir setzen uns hin und bekommen Besuch von frechen Bergdohlen, die unsere Äpfel stibitzen wollen. Sie gewinnen schnell Vertrauen und fressen uns buchstäblich aus der Hand. Von der Kapelle auf den Pilatus ist es nicht mehr weit – aber das Gelände bleibt sehr steil. Als wir oben ankommen und hinab nach Kriens blicken, sind wir richtig stolz, diesen weiten Weg bewältigt zu haben.

Der Aufstieg auf den Pilatus über den Heitertannliweg ab Kriens führt an der Klimsenkapelle vorbei.
▼

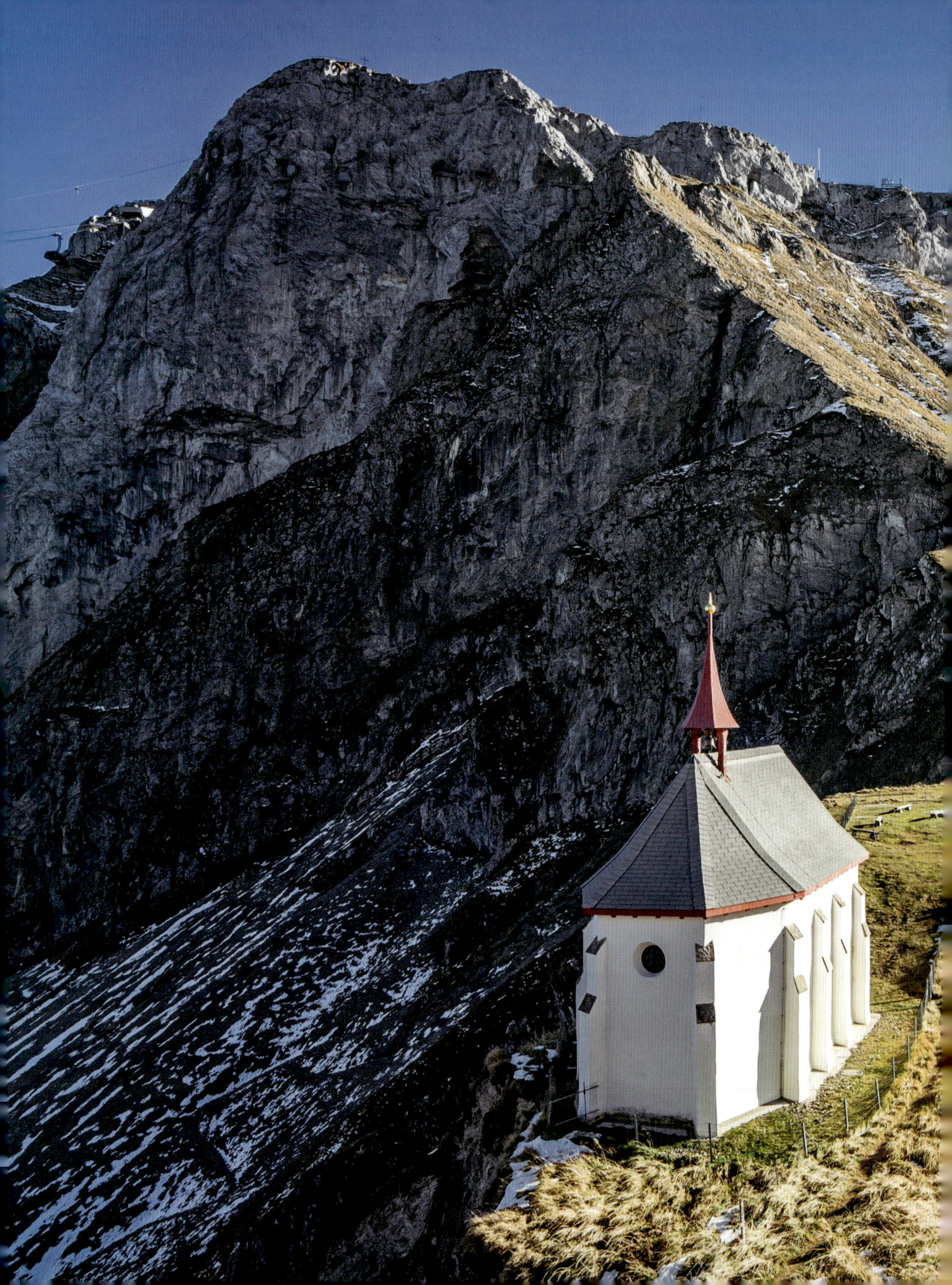

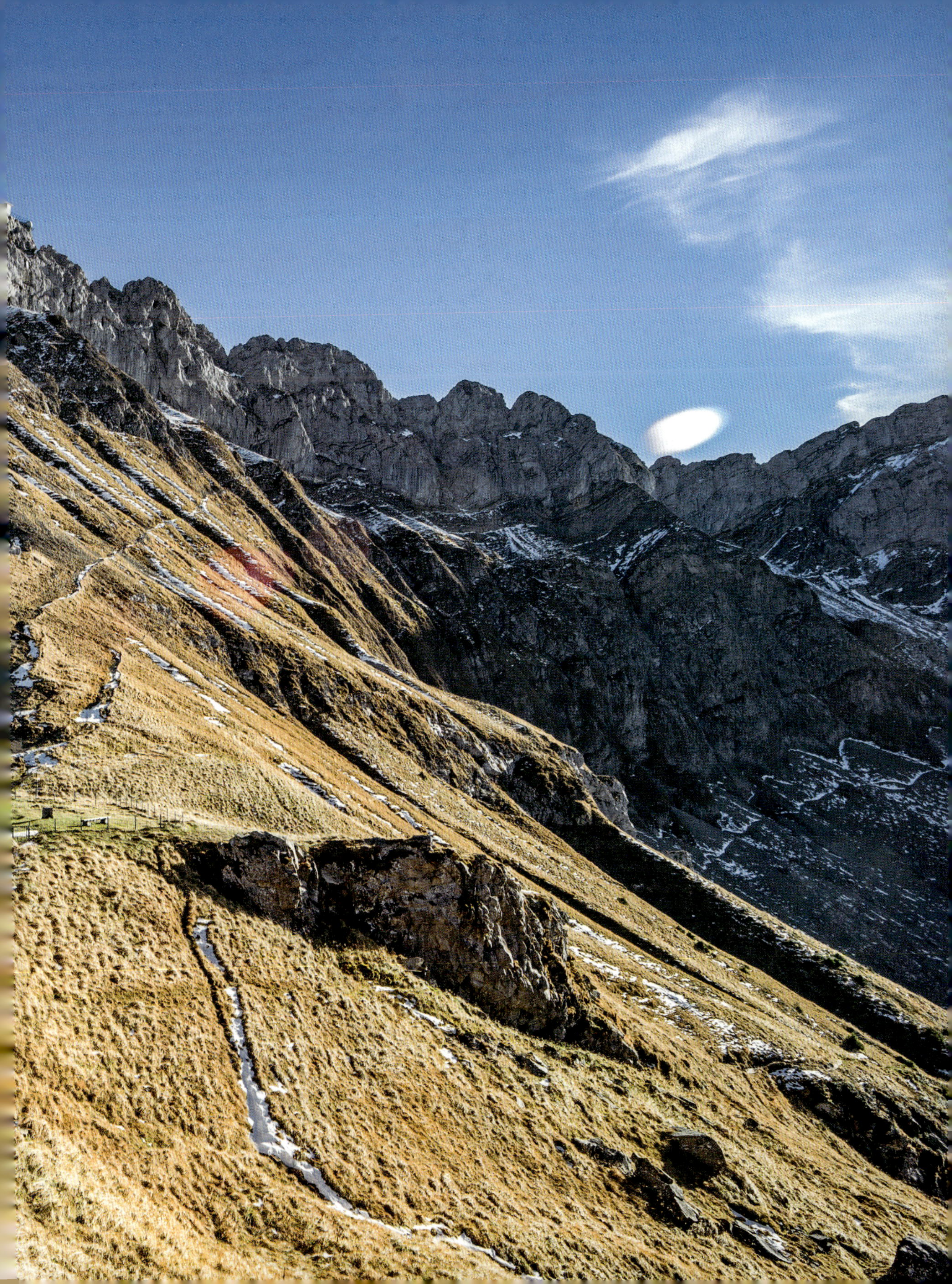

Selbst die Steinböcke ziehen ▶
am Grat den Wanderweg vor.

39
Gratweg vom Pilatus ins Eigental

🥾🥾🥾 💚💚💚

Es ist wie so oft beim Wandern: Man kann so gut planen, wie man will – am Ende bleibt immer Petrus der Chef. Als wir am dritten Tag unserer «Pilatus-Expedition» oben im «Kulm» erwachen, scheint die Sonne nicht mehr. Dicke Wolken umhüllen die Felsen, aber wenigstens hat es aufgehört zu regnen. Während des Frühstücks hellt es auf und wir beschliessen, den oft gerühmten Gratweg über das Tomlishorn (2128 m ü. M.) bis hinab nach Eigenthal-Talboden (1017 m ü. M.) trotzdem zu versuchen. Selbstverständlich mit einem Plan B, falls sich die Verhältnisse wieder verschlechtern sollten.

Vom Pilatus-Kulm aus beginnt diese Wanderung harmlos. Bis zum Tomlishorn ist der Weg gut ausgebaut und familientauglich (30 Minuten pro Weg, 1,5 Kilometer). Dahinter beginnt dann der schmale Naturpfad über den ausgesetzten, graswachsenen Grat. Er ist ein Erlebnis, aber auch bei schönem Wetter nichts für Menschen mit Höhenschwindel. Selbst die Steinböcke bleiben in diesem exponierten Gelände lieber auf dem Wanderweg. Selten sind wir wilden Tieren so nahe gekommen. Was für eine Freude! Doch sie wird getrübt: Es beginnt wieder zu nieseln. Die Wolken werden so dick und schwarz, dass wir das Gefühl haben, in der späten Abenddämmerung unterwegs zu sein. Aber es ist Vormittag. Hätten wir Stirnlampen dabei, würden wir sie aufsetzen. Zum stark abschüssigen Gelände kommt jetzt hinzu, dass der Boden unter den Füssen matschig und schlüpfrig geworden ist. Definitiv nicht die Verhältnisse, bei denen man auf einer solchen Gratwanderung sein sollte.

Es ist Zeit, auf unseren Plan B zurückzugreifen: Nach dem Widderfeld (2075 m ü. M.) verlassen wir den Grat vorsichtshalber und steigen ab. Nicht ins Eigental, sondern nach Alpnach. Und wieder ist es wie so oft beim Bergwetter: Kaum erreichen wir beim Felli (1701 m ü. M.) deutlich weniger steiles Gelände, heitert der Himmel auf und wir bekommen endlich Aussicht. Das Timing ist gut, denn von hier sehen wir hinab auf die Oberalp (1546 m ü. M.), wo sich der berühmte Pilatussee befindet. Über grüne Alpweiden gelangen wir via Märenschlag (1320 m ü. M.) und Lütoldsmatt (1149 m ü. M.) ins Tal.

Wären wir vor 500 Jahren hier unterwegs gewesen, hätten wir mit schweren Sanktionen rechnen müssen. Bis ins 16. Jahrhundert hatte die katholische Obrig-

---

START & ZIEL Von der Pilatus-Bergstation (2105 m ü. M.) via Tomlishorn (2128 m ü. M.) und Oberalp (1546 m ü. M.) nach Eigenthal-Talboden (970 m ü. M., Busbahnhof) – oder umgekehrt.

DISTANZ & GEHZEIT 11 Kilometer, 4,5 Stunden.

HÖHENMETER 300 aufwärts, 1400 abwärts.

EINKEHR Pilatus-Kulm und Pilatus-Bellevue, Eigenthal Dorf.

UNSERE PLAN-B-VARIANTE Von der Pilatus-Bergstation (2105 m ü. M.) via Tomlishorn (2128 m ü. M.) bis Widderfeld (2075 m ü. M.). Hier den Grat Richtung Alpnach verlassen. Abstieg via Felli (1701 m ü. M.), Märenschlag (1320 m ü. M.) und Lütoldsmatt ins Tal.

keit von Luzern nämlich verboten, am Pilatus zu wandern. Es hiess, im Moorsee bei der Oberalp sei die Leiche von Pontius Pilatus, einstiger römischer Statthalter in Jerusalem, versenkt worden. Man glaubte, schon nur die Annäherung könne die Totenruhe stören und bringe schreckliches Unheil ins Tal: «grusame, ungestüme wätter und hagel, windschlegen und anlaufen der bergwasser».

Als sich 1387 sechs Mönche dem Verbot widersetzten und auf den mythenumrankten Pilatus wollten, wurden sie verhaftet und ins Gefängnis gesteckt. Erst 1518 erhielt der Sankt Galler Reformator Joachim von Watt eine offizielle Bewilligung. Mit drei Begleitern wanderte er zum gefürchteten See. Er warf Steine ins Wasser, worauf sich – oh Schreck – kein Unwetter zusammenbraute. Dennoch hob der Luzerner Rat das Besteigungsverbot erst 1594 auf. Um ganz sicherzugehen, liess er den Moorsee trockenlegen. Seither bildet sich die «Pfütze» nur noch in regenreichen Zeiten.

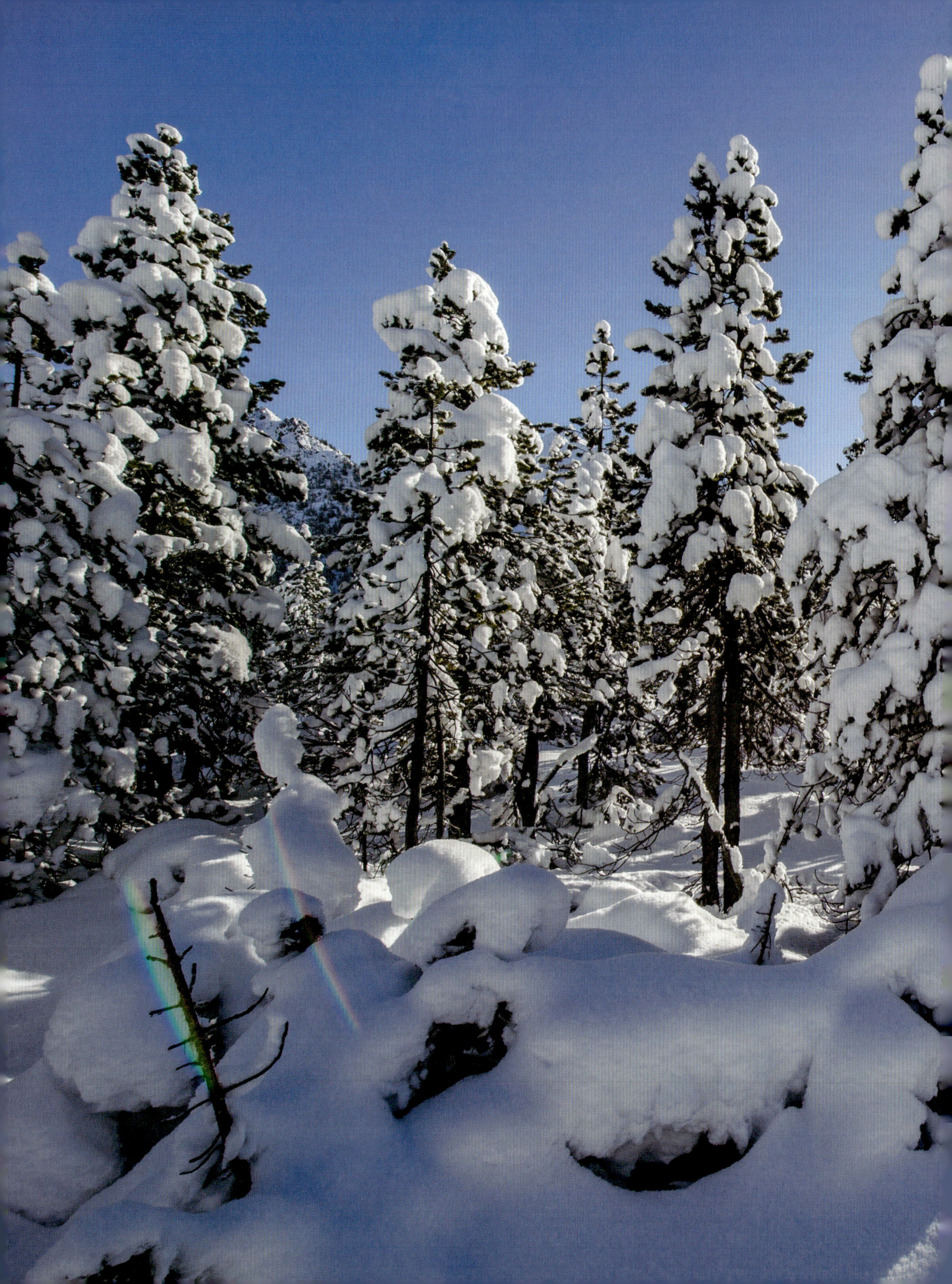

WINTER

— GOMS, OBERGOMS, BINNTAL VS —
Reich an Schnee

Binntal, Hungerberg, Aletsch-Arena: Das Goms und das Obergoms im oberen Rhonetal gehören zu den schneereichsten, sonnigsten und gastfreundlichsten Ecken der Schweiz. Da macht Winterwandern gute Laune.

◀ Heimelig scheinen die Lichter im Dorf Binn VS am Abend.

▲ Wintermärchen am Ofenpass GR.

An diesem Mittag zählen wir uns zu den glücklichsten und privilegiertesten Menschen der Welt: Wir sind aus der nebelverhangenen «Üsserschwiiz» geflüchtet, durch den Lötschberg gereist und von gleissender Walliser Sonne empfangen worden. Eine dicke Schneedecke polstert die Bilderbuchlandschaft und über den Bergflanken präsentiert sich der Himmel in strahlendem Blau. Unser Ziel: Das Goms, Obergoms und Binntal. Wir können es kaum erwarten, die Schneeschuhe zu montieren und loszuziehen.

Die Unterkunft haben wir im Binntal reserviert: in der Pension Albrun im Dorf Binn. Die Zimmer sind einfach gehalten, der grosse Luxus soll der Blick aus dem Fenster bleiben. Exquisit sind nicht nur die Natur und die Ruhe, sondern auch die Küche von Gastgeber Mario Inderschmitten. Für seine Kunst am Herd wurde er vom Gault-Millau mit 15 Punkten ausgezeichnet. Doch keine Angst: Die Preise sind fair kalkuliert, die Gastwirtschaft bodenständig, kein Schickimicki. Inderschmitten setzt auf regionale Produkte, so kommen bei ihm etwa Carpaccio vom heimischen Hirsch oder Eglifilets aus Raron auf den Tisch – und natürlich auch Cholera, eine Walliser Spezialität. Es ist ein gedeckter Gemüse-Kartoffel-Kuchen, der trotz des gefährlichen Namens sehr fein schmeckt. Wir haben Halbpension gebucht und lassen uns am Abend mit einem Dreigänger verwöhnen: Vitello tonnato, Rindssteak mit Risotto und Gemüse. Und zum Dessert eine Art Lollipop aus Schokolade, der unvergesslich gut schmeckt.

Nach dem Znacht unternehmen wir einen Spaziergang durch das Dorf Binn, das eigentlich Schmidgehischere heisst, aber von allen Binn genannt wird. Es ist die Hauptsiedlung im Binntal. Zu seinen Wahrzeichen gehören die stattliche Pfarrkirche und die elegante Bogenbrücke aus dem Jahr 1564, die über die Binna führt. Auch die Wohnhäuser stammen aus alten Zeiten. Am markantesten sticht jedoch das jüngste Gebäude hervor: der weisse Steinbau des Hotels Ofenhorn. Gebaut wurde es vor 134 Jahren und seine Architektur entspricht dem damaligen Design mondäner Hotels.

Seit 1964 ist das Binntal ein Landschaftspark und steht unter Natur- und Heimatschutz. Damit beugten die Einwohner einem überbordenden Tourismus und auch der Ausnutzung der Wasserkräfte vor. Später wurde das Tal auch ins Bundesarchiv der Landschaften und Naturdenkmäler von nationaler Bedeutung aufgenommen. Die Begründung lautet: «Besonders schönes, durch Eingriffe nicht beeinträchtigtes Alpental. Geologisch sehr vielseitig; einzigartiges Fundgebiet für Mineralien; aussergewöhnlich reiche Pflanzenwelt.» Mit anderen Worten: Wer Halligalli sucht, ist hier falsch. Bei unserem Abendbummel durch die Dorfgassen von Binn begegnen wir niemandem. Im Winter gilt das Tal als wohl bekanntester Geheimtipp für Ruhe liebende Schneeschuhläufer und Skitourenfahrer.

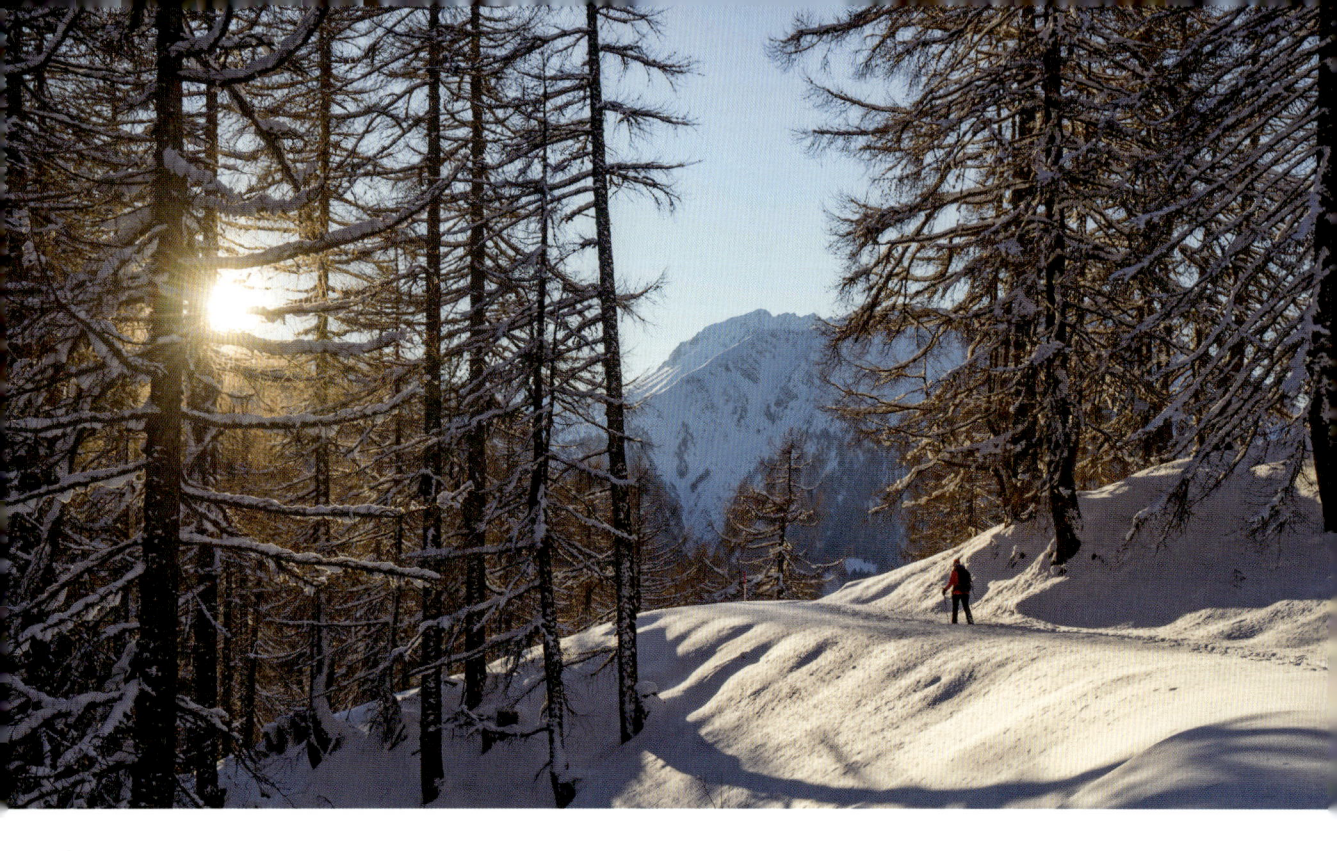

Autorin Natascha Knecht zieht ihre Spuren auf dem «Natura Trail».

40
«Natura Trail» im Binntal

Das Binntal ist ein Seitental des oberen Rhonetals, des Goms. Zuhinterst liegt Fäld (1547 m ü. M.), das vielleicht schönste Bergdorf, das wir je gesehen haben. Die ungefähr zwei Dutzend eng aneinandergebauten Holzhäuser stammen aus dem 16. Jahrhundert und die dem heiligen Martin geweihte Kapelle aus dem 17. Jahrhundert. Seither scheint hier die Zeit still gestanden zu sein, obschon das Dörfchen bis heute ganzjährig bewohnt wird. Es könnte als Kulisse für einen historischen Schweizer Film dienen, ohne dass am Set etwas verändert werden müsste. Fast alles sieht aus wie anno dazumal. Für sein intaktes, harmonisches und malerisch gebliebenes Ortsbild wurde Fäld gar von der renommierten Stiftung Archicultura mit einer Medaille ausgezeichnet. «Als Ermunterung, diesem weiterhin Sorge zu tragen und dieses vor Verunstaltungen und architektonischem Chaos zu bewahren», wie wir auf einer Tafel lesen.

Gleich hinter den Häusern von Fäld beginnt der «Natura Trail», unsere heutige Schneeschuh-Rundwanderung. Der pinkfarbene Wegweiser leitet uns ein Feld hinauf, das dem Dorf den Namen Fäld gibt, wobei die Einheimischen ihren Wohnort heute Imfeld nennen, abgewandelt vom Sprachgebrauch «Wir wohnen im Fäld». Gottlob müssen wir Schneeschuhwanderer nicht das ganze Feld hinaufstapfen, denn es ist steil. Schon nach fünf Minuten gelangen wir zur Abzweigung, die uns auf sanftem und wenig anstrengendem Pfad weiter taleinwärts führt. Mal durch verträumten Lärchenwald, mal über frisch verschneite Weiden. Der Trail ist gut ausgeschildert und nach einer guten Stunde ab Fäld erreichen wir die einsame Alp Brunnebiel (1845 m ü. M.), wo sich ein atemberaubender Blick auf das stolze Ofenhorn

(3235 m ü. M.) öffnet. Flankiert wird es vom Albrunhorn (2885 m ü. M.) und dem Hohsandhorn (3182 m ü. M.). Alle drei sind Grenzgipfel, hinter der Bergkette liegt bereits Italien.

Während wir einen Becher warmen Tee aus der Thermosflasche trinken, beobachten wir in der Ferne ein Rudel Steinwild, geniessen die weisse Winterlandschaft und die funkelnde Sonne. Es ist Nachmittag – und jetzt in den frühen Wintermonaten die ideale Tageszeit für diesen Schneeschuhtrail. Denn am Vormittag liegt diese Ecke des Tals im Schatten. Erst wenn die Sonne bis zum Mittag weit genug nach Westen gewandert ist, streifen ihre Strahlen auch den Talboden. Also eine ideale Tour für den Tag der Anreise.

Von Brunnebiel macht der Schneeschuhtrail rechtsumkehr, wir gehen wieder zurück in Richtung Fäld. Die Rundwanderung führt uns jetzt über ein flaches Stück mit offenem Wald, vorbei am Eggerebode und schliesslich hinab zum Ausgangspunkt. Bei jedem Schritt knirscht der Pulverschnee unter den Schneeschuhen, die frische Bergluft wirkt wie Balsam auf die Seele. Kurz bevor wir nach Fäld zurückkommen, verzieht sich die Sonne, und es wird von einer Minute zur anderen klirrend kalt. Im heimeligen Restaurant Bärgkristall wärmen wir uns mit einer heissen Ovo auf.

START & ZIEL Fäld (1547 m ü. M.) – Alp Brunnebiel (1845 m ü. M.) – Fäld.

DISTANZ & GEHZEIT 6 Kilometer (Rundtour), 2,5 Stunden.

HÖHENMETER 350 aufwärts, 350 abwärts.

TIPP Bis Ende Januar bleibt der Talboden vormittags im Schatten. Die Sonne erreicht den «Natura Trail» erst ab dem Mittag.

EINKEHR Restaurant Bärgkristall in Fäld.

▲ Sieht man von ein paar Hasenspuren ab, scheint das Dorf Fäld im Binntal völlig unberührt.

Anstatt Nadeln tragen die Lärchen nun den Schnee: im Aufstieg zum Hungerberg im Obergoms.

41
Hungerberg im Obergoms

Der Himmel ist komplett wolkenlos und die Landschaft trägt ihr schönstes Winterkleid, als wir in Oberwald die Schneeschuhe montieren. Das Dorf Oberwald liegt zuhinterst im Obergoms, am Fusse des Furkapasses, und gehört zu den schneereichsten Ecken der Schweiz. Die Berglandschaft ist ein wahrer Traum: Ein Hochplateau erstreckt sich weit und flach über den Talboden zwischen Niederwald (1251 m ü. M.) und Oberwald (1377 m ü. M.). Über 80 Kilometer Langlaufloipen stehen zur Verfügung, 70 Kilometer Winterwanderwege, 36 Kilometer Schneeschuhtrails, Schlittelpisten, Hundeschlittentrails, Curlingfelder. Praktisch für die Wintersportler ist, dass alle Dörfer an die Matterhorn-Gotthard-Bahn angeschlossen sind – und man bequem mit dem Zug zum Ausgangspunkt zurückkehren kann. Trotz dem vielfältigen Angebot ist der Tourismus sanft und die Landschaft weitgehend intakt geblieben.

Vor lauter Wandermöglichkeiten ist es uns nicht einfach gefallen, eine Wahl zu treffen. Schliesslich haben wir uns für den Hungerberg entschieden. Er ist der Hausberg von Oberwald und die beliebteste Sonnen- und Aussichtsterrasse des Obergoms. Sowohl der Schneeschuhtrail als auch der Winterwanderweg beginnt beim Parkplatz Unterwassern (1385 m ü. M.) am Dorfrand – und beide führen hinauf ins Bergrestaurant Hungerberg (1772 m ü. M.).

Wir sind an diesem herrlichen Vormittag bei Weitem nicht die Einzigen am Hungerberg, wir sehen auch Skitourengeher. Der Schneeschuhtrail ist tipptopp präpariert, führt ziemlich direkt bergauf und wird teilweise recht steil. Wer gemütlicher unterwegs sein will, nimmt den Wanderweg, der sanfter angelegt ist. Nach 1,5 Stunden treffen wir beim Beizli auf 1772 Meter ein – und der fantastische Ausblick über das ganze Obergoms lässt die Anstrengung sogleich vergessen.

Die Terrasse befindet sich neben der Station des ehemaligen kleinen Skigebiets. Nachdem die Lifte in die Jahre gekommen waren und ein Neubau aus betriebswirtschaftlichen Gründen nicht realisiert werden konnte, wurden die Anlagen 2012 zurückgebaut. Schön darum, dass das einfache Restaurant dank grossem Engagement der Wirte weiterlebt (es ist nur zu Fuss erreichbar und nur an gewissen Wochentagen im Winter geöffnet). Zum kulinarischen Angebot gehören Suppe, Raclette und Fondue.

START & ZIEL Oberwald/Parkplatz Unterwassern (1385 m ü. M.) – Bergrestaurant Hungerberg (1772 m ü. M.) – Unterwassern.

DISTANZ & GEHZEIT 2 Kilometer pro Weg, 1,5 Stunden aufwärts und 1 Stunde abwärts.

HÖHENMETER 400 aufwärts, 400 abwärts.

TIPP Für erfahrene Schneeschuhläufer und Skitourenfahrer bietet sich der Aussichtsgipfel Gale (2508 m ü. M.) an. Er befindet sich oberhalb des Hungerbergs, führt durch freies, nicht ausgeschildertes Gelände.

EINKEHR Bergrestaurant Hungerberg (Öffnungszeiten beachten: www.hungerberg.ch), diverse Restaurants in Oberwald.

Auf dem Gipfel des Gale öffnet sich ein prächtiger Weitblick über das ganze Obergoms.

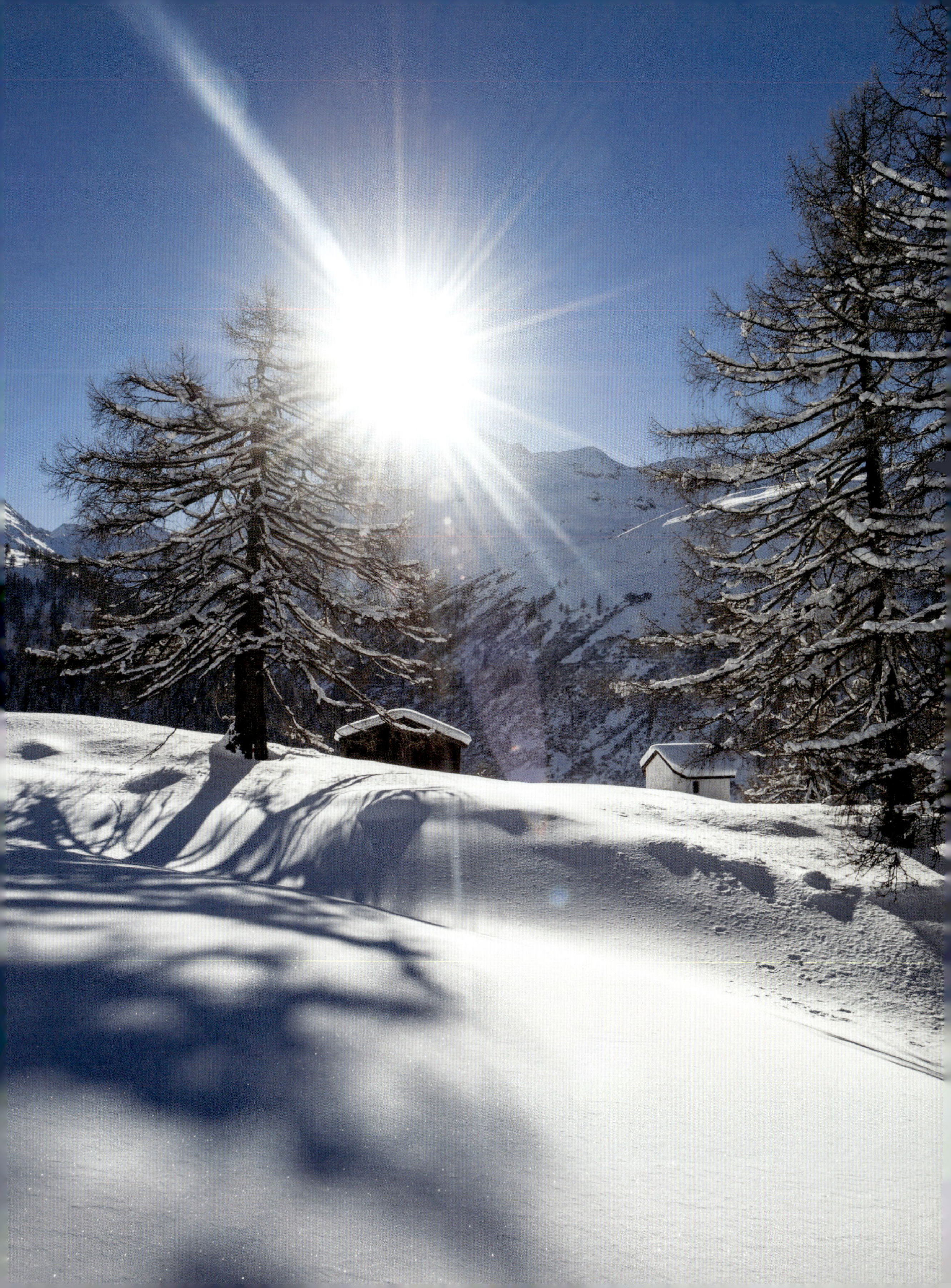

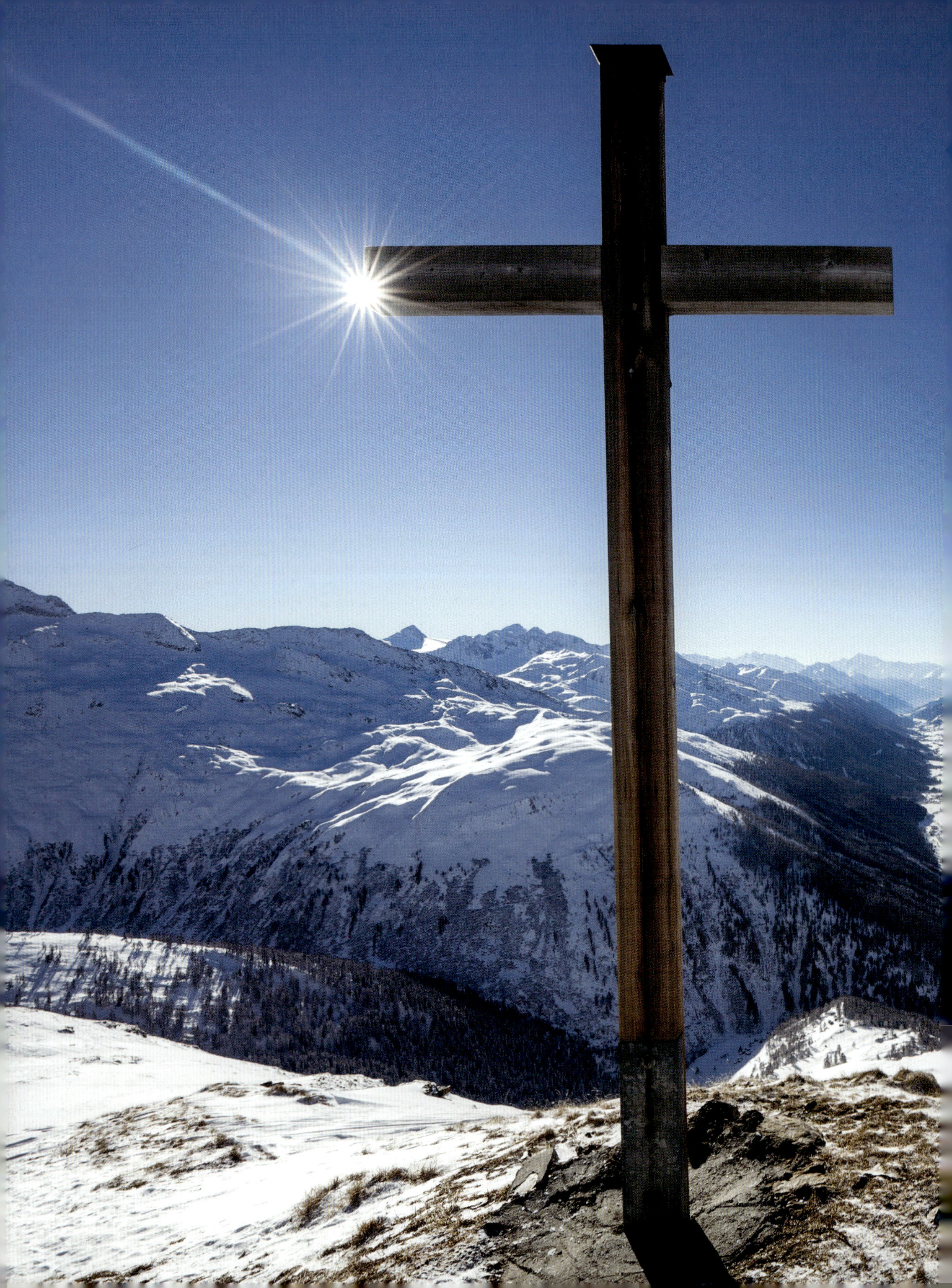

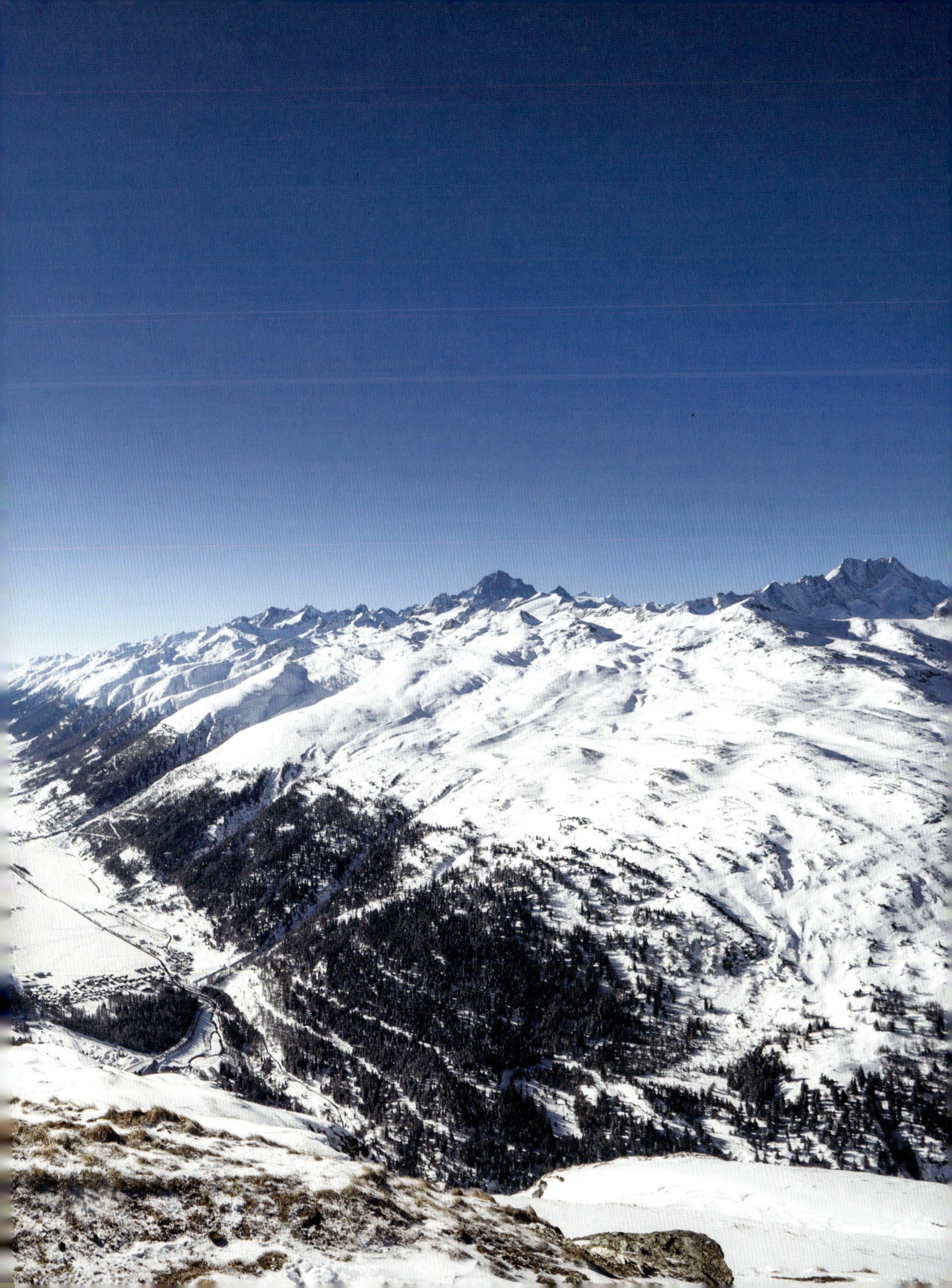

Im Winter wirkt der Aletschgletscher wie ein gefrorener See am Fusse des Fiescher Gabelhorns und Gross Wannenhorns.
▼

42
Panoramaweg in der Aletsch-Arena

Die Aletsch-Arena im Goms gehört zu den grössten touristischen Anlagen im Wallis. Im Winter kann man hier alles machen: skifahren, snowboarden, langlaufen, schlittschuhlaufen, schlitteln, gleitschirmfliegen – und gar fatbiken oder snowtuben. Darum wirkt das Gebiet auf uns, die Ruhe bevorzugen, nicht gerade anziehend. Doch weil wir schon in der Gegend sind, wollen wir sie trotzdem besuchen. Man kann nämlich auch Winterwandern und laut der Werbung wartet da «das befreiendste Naturerlebnis der Alpen». Und siehe da: Am Ende sind wir mehr als begeistert.

Wir nehmen den Panoramawanderweg von der Moosfluh (2333 m ü. M.) zur Riederfurka (2065 m ü. M.) und hinab auf die Riederalp (1925 m ü. M.) unter die Füsse. Der Tag beginnt bei der Talstation Mörel (759 m ü. M.). Von hier geht es mit der Luftseilbahn auf die Riederalp. Dann heisst es umsteigen auf den Sessellift, der uns bis auf die Moosfluh bringt. Der Winterwanderweg beginnt gleich neben der Bergstation. Er ist perfekt präpariert und führt auf dem Bergkamm leicht bergab – und schon bald wissen wir nicht mehr, wo hinschauen. In jede Richtung ist das Panorama atemberaubend. Gegen Norden sehen wir auf den Grossen Aletschgletscher. Er ist flächenmässig der grösste und längste Eisstrom der Alpen, ein Naturwunder. Über ihm thront das imposante Aletschhorn (4193 m ü. M.). Gegen Südwesten zeigt sich die versammelte Prominenz der Walliser Viertausender. Unverkennbar und zum Greifen nah auch das Matterhorn (4474 m ü. M.). Immer wieder bleiben wir ungläubig stehen und fragen uns, ob wir träumen.

Vom Trubel der Skipisten bekommen wir hier oben fast nichts mit. Es ist friedlich und die Natur wirklich ein Erlebnis. Was für ein Wetterglück wir haben! Entlang des Wegs wartet gelegentlich ein Bänkli, wo man sich ausruhen und die Landschaft geniessen kann. Nach etwa zwei Stunden gelangen wir zur Riederfurka und zum Panoramarestaurant. Nun geht es hinab zur Riederalp. Die Alp ist ein autofreies Dorf mit Läden und zahlreichen Restaurants und Hotels. Berühmt gemacht hat sie insbesondere Hotelier Art Furrer. Es ist Nachmittag und die Sonne scheint warm. Auf der Terrasse essen wir einen Burger mit Pommes.

Dann fahren wir mit der Seilbahn zurück ins Tal, zu unserem Ausgangspunkt Mörel.

START & ZIEL Von der Aletsch-Arena-Talstation Mörel (759 m ü. M.) mit der Bahn via Riederalp auf die Moosfluh (2333 m ü. M.). Zu Fuss via Hohfluh (2227 m ü. M.) und Riederfurka (2065 m ü. M.) hinab auf die Riederalp (1925 m ü. M.). Zurück nach Mörel mit der Bahn.

DISTANZ & GEHZEIT 5 Kilometer, 2 Stunden (ohne Bahnfahrt).

HÖHENMETER 450 abwärts.

TIPP Wer nicht die ganze Wanderung machen mag, kann bei der Bergstation Hohfluh abkürzen.

EINKEHR Panoramarestaurant Riederfurka, diverse Restaurants auf der Riederalp.

Das Matterhorn (4478 m ü. M.) grüsst stolz in die Aletsch-Arena herüber.

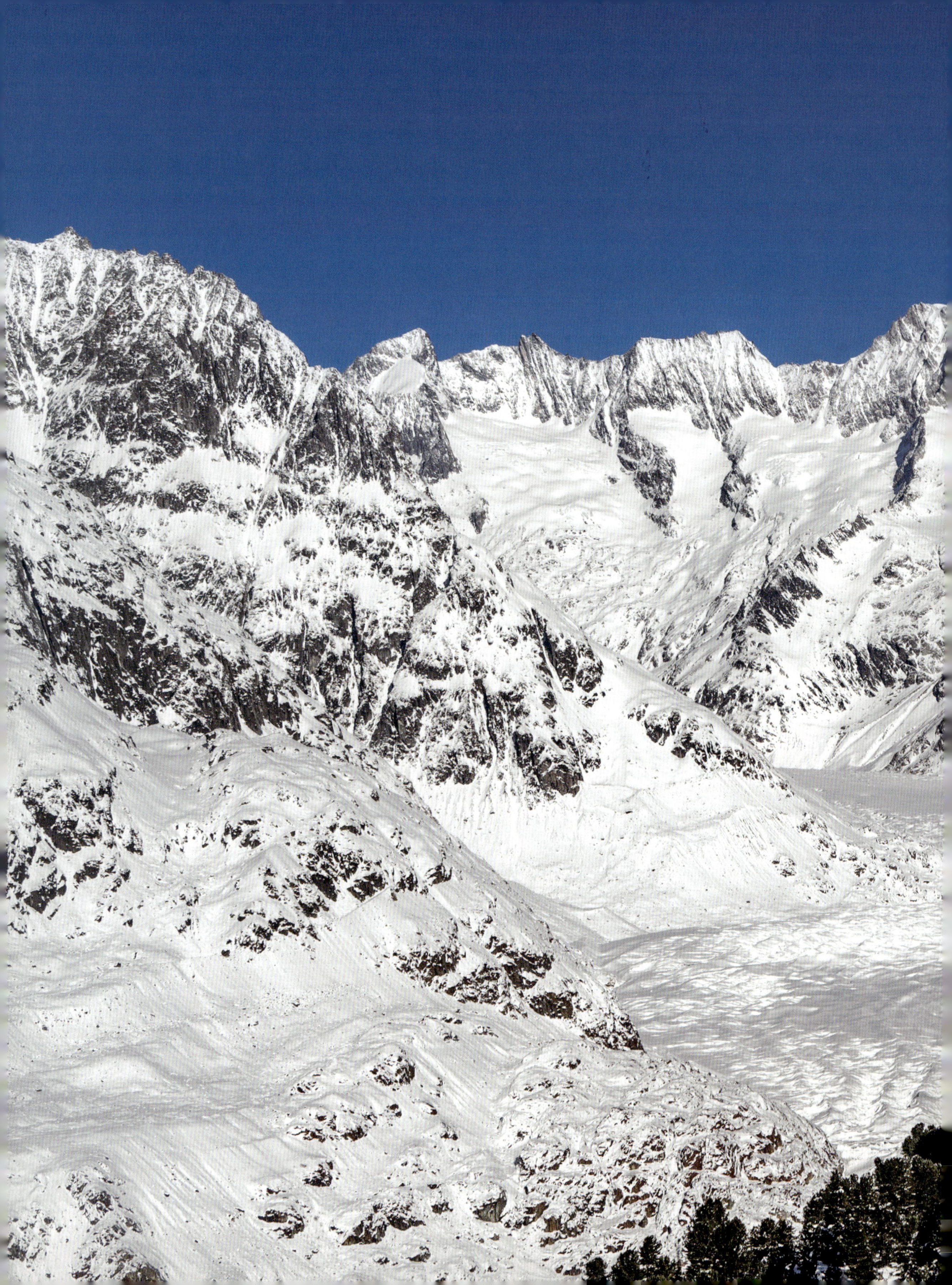

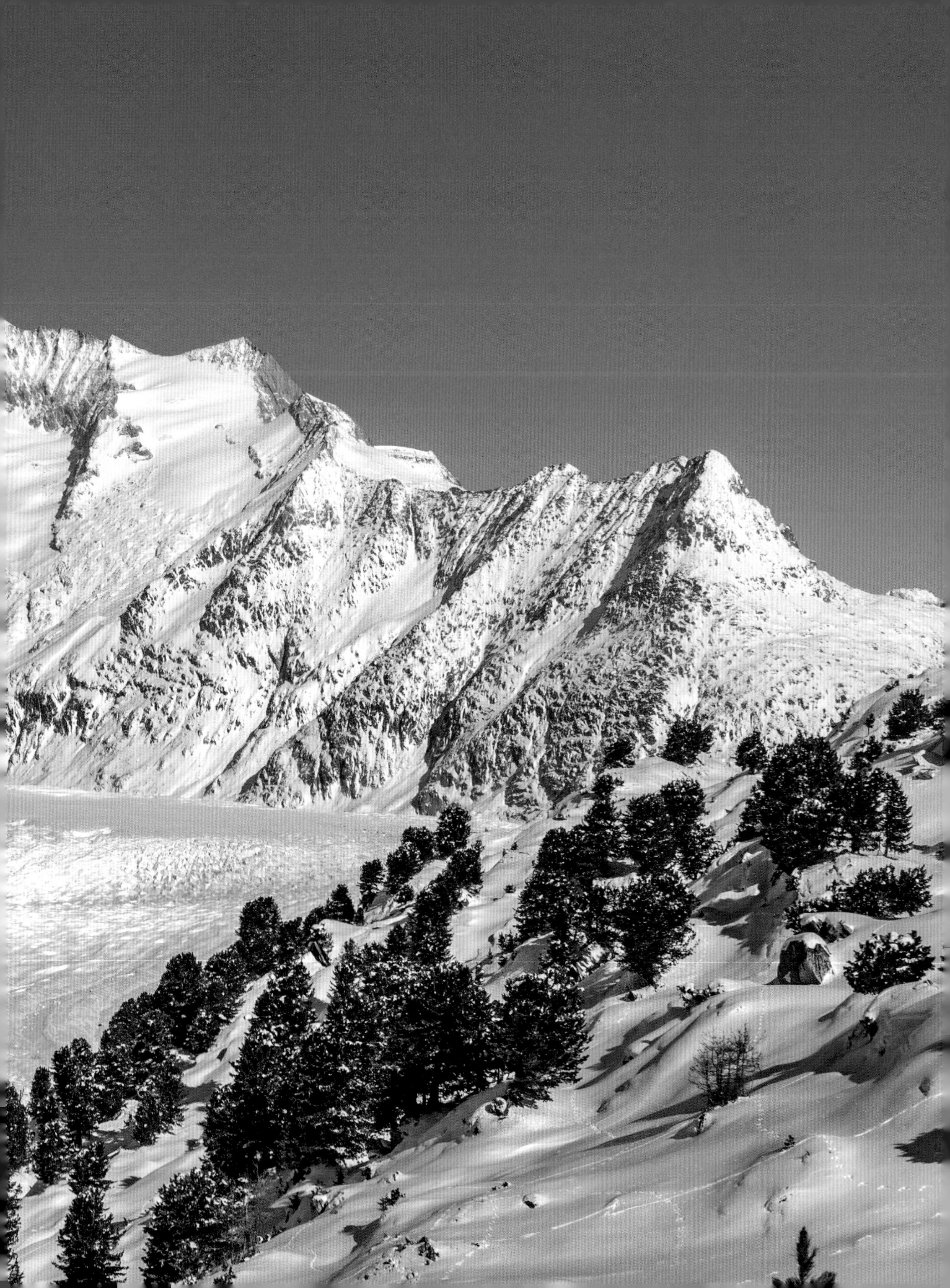

— VAL MÜSTAIR GR —

Willkommen im Wintertraum

Allegra! Wer abseits des Trubels wandern und die Bergsonne geniessen will, ist im Val Müstair richtig. Das Bergtal gehört zu den schönsten der Schweiz. Nirgendwo sonst ist die Luft reiner, der Himmel klarer, sind die Arven knorriger.

Manchmal ist ein Tunnel auch eine Wettermaschine. Jedenfalls kommt uns das so vor, als wir bei Klosters im Prättigau GR auf den Zug verladen, um durch den Vereinatunnel ins Unterengadin zu gelangen. Vor dem Nordportal sieht es grau und hochneblig aus.

18 Minuten später werden wir in Sagliains bei Zernez GR aus dem Loch gespuckt – und müssen notfallmässig zur Sonnenbrille greifen. Hier auf der Südseite ist einer dieser fantastischen Wintertage. Der Himmel ist blau und wolkenlos, bis gestern hat es geschneit. Jetzt glitzert und funkelt die weiss gepolsterte Berglandschaft im gleissenden Licht.

Wir sind auf dem Weg ins Val Müstair. Es ist das südöstlichste Tal Graubündens. Auf der Landkarte hängt es wie eine hängende Zipfelmütze nach Italien hinein. Venedig und die Adria liegen näher als Lausanne und der Genfersee. Auf Deutsch heisst es Münstertal – und es bildet mit dem angrenzenden Schweizerischen Nationalpark das erste hochalpine Unesco-Biosphärenreservat der Schweiz. 80 Prozent der lokalen Bauern produ-

▲
Am Ofenpass werden wir von tief verschneiten Wäldern empfangen.

▲
Engadiner Baukunst in Santa Maria, Val Müstair.

zieren rein biologisch. Grosse Hotelkomplexe und Pistengaudi sucht man vergebens. Zu den berühmtesten Touristen gehören Wolf und Bär, die gelegentlich aus dem Südtirol oder Veltlin zu Besuch kommen. Die bekanntesten Einheimischen sind Steinadler, Bartgeier – und Langlaufstar Dario Cologna.

Um ins Val Müstair zu gelangen, müssen wir von Zernez nur noch über den Ofenpass (2149 m ü. M.) heizen. Je höher wir kommen, desto opulenter zeigt sich der Winter. Die Arven- und Fichtenwälder sehen aus, als wären sie vom Weltmeister der Zuckerbäcker verziert worden. Hinter dem Ofenpass leitet die Strasse in engen Serpentinen hinab ins Val Müstair. Unsere Unterkunft wartet im Bergdorf Valchava (1412 m ü. M.). Da haben wir im Hotel Central La Fainera gebucht. Drinnen empfangen uns eine wohlige Wärme, ein heimeliger Duft nach Arvenholz und eine freundliche Chefin: «Allegra e bainvgnü.» Im Tal spricht man Jauer, einen bündnerromanischen Dialekt. Schriftsprache ist Vallader. Die Einheimischen sprechen aber auch fliessend Deutsch und Italienisch. Sie sind beneidenswert multilingual.

In der Nacht glänzen draussen Millionen von Sternen um die Wette. Es heisst, nirgendwo in der Schweiz leuchte das Himmelszelt intensiver als im Val Müstair. Wegen der nebelfreien Lage, dem trockenen, windarmen Mikroklima. Und weil die Luft- und Lichtverschmutzung so gering ist wie kaum anderswo.

Nach den Wanderungen verbringen wir die Nachmittage nicht in der Wellnessanlage des Hotels, sondern mit Sightseeing in den sechs Minidörfern im Tal. Zu den bekanntesten Wahrzeichen zählt das Benediktinerinnenkloster St. Johann, das seit 1983 zum Unesco-Weltkulturerbe zählt. Es befindet sich in Müstair, der letzten Ortschaft vor dem Grenzübergang ins Vinschgau in Südtirol. Am meisten los ist im 350-Einwohner-Dorf Santa Maria, es ist der Hauptort. Uns fasziniert die Architektur der typischen Münstertaler Bauernhäuser. Die massiven Steinbauten werden von der traditionellen Sgraffito-Malerei geziert. Wir schlendern durch die engen Gassen, bis die Sonne hinter der Bergkette versinkt. Innert Sekunden ist es kalt wie in einer Tiefkühltruhe. Schnell flüchten wir in den warmen Tearoom der Dorfbäckerei und probieren von der hausgemachten Bündner Nusstorte. Sie ist so fein, dass wir gleich mehrere Nusstorten kaufen und als Geschenke für Freunde mit nach Hause nehmen.

▲
Die Häuser in Santa Maria sind liebevoll geschmückt.

Nur das Knirschen des Schnees begleitet ▶
uns auf der Hochebene Jufplaun.

43
Hochebene Jufplaun mit Schneeschuhen

Unterhalb der Ofenpasshöhe befindet sich das Buffalora-Gebiet. Es ist das reinste Paradies für Schneeschuhfreunde und Skitourengeher. Bei der Postauto-Haltestelle Buffalora steht das gleichnamige Gasthaus (1968 m ü. M.). Bevor wir die Schneeschuhe montieren, kehren wir kurz ein, verdrücken einen Nussgipfel, checken nochmals die Karte und das neuste Lawinenbulletin. Dann packen wir die nötige Ausrüstung in

START & ZIEL Buffalora (Postauto, 1968 m ü. M.) – Alp Buffalora (2038 m ü. M.) – Hochebene Jufplaun (2260 m ü. M.) – Chasa da Cunfin (2264 m ü. M.) und je nach Lust und Laune bis ans Ende der Hochebene. Retour auf demselben Weg oder via Döss da las Plattas und den Bach entlang zurück nach Buffalora.

DISTANZ & GEHZEIT 8 Kilometer, 4 Stunden (je nach Runde länger).

HÖHENMETER Ca. 400 aufwärts, 400 abwärts.

EINKEHR Gasthaus Buffalora.

WICHTIG Diese Schneeschuhwanderung ist technisch einfach, aber nicht ausgeschildert und präpariert. Erfahrung im freien Gelände – inklusive Beurteilung der Lawinengefahr – ist nötig. Im Val Müstair gibt es mehrere Anbieter für geführte Schneeschuhwanderungen. Information im Hotel oder Tourismusbüro (www.val-muestair.engadin.com).

AUSRÜSTUNG Schneeschuhe und Lawinennotausrüstung (LVS, Schaufel, Sonde).

den Rucksack, inklusive Lawinenschaufel und Sonde, aktivieren die Suchgeräte und brechen auf.

Unser Ziel: die Schneeschuh-Rundwanderung über die Hochebene Jufplaun (2332 m ü. M.). Die Route beginnt gleich beim Gasthaus Buffalora. Zuerst «bretteln» wir über ein Feld zur Alp Buffalora (2038 m ü. M.). Danach geht es durch den Arvenwald bergauf. Es sieht aus wie in einem Märchen aus uralten Zeiten. Im Val Müstair ist die knorrige Arve sozusagen der Nationalbaum, viele von ihnen sind zwischen 600 und 900 Jahre alt.

Nach einer Stunde erreichen wir die Waldgrenze und eine Anhöhe auf 2194 Metern. Bis hier war an diesem Tag bereits eine Spur im Schnee angelegt. Weiter zur Hochebene Jufplaun ist seit dem neusten Schneefall aber noch niemand gewandert. Wir müssen selber spuren. Die Rundtour gilt zwar als «leicht», weil sie nie sehr steil wird und es keine Stellen mit Absturzgefahr gibt. Aber sie ist weder ausgeschildert noch präpariert. Erfahrung im freien Gelände inklusive Beurteilung der Lawinensituation ist Voraussetzung. Wem diese fehlt, empfehlen wir, die Schneeschuhwanderung mit einer geführten Gruppe zu unternehmen. Im Val Müstair gibt es mehrere Anbieter.

Die Hochebene Jufplaun ist fantastisch. Ein riesiges, dick eingeschneites Flachmoor, das heute uns alleine gehört. Rundum sehen wir nichts als Natur. Östlich der Piz Daint, westlich der Munt Buffalora, und geradeaus geht es ins Val Mora GR. Das einzige Gebäude weit und breit ist die verlassene Chasa da Cunfin (2264 m ü. M.). Früher diente die Hütte dem Grenzwächter. Sie steht beim Übergang zum Val del Gallo, das bereits zu Italien gehört.

Zum Glück haben wir eine Thermosflasche mit heissem Tee dabei. Denn die Luft ist jetzt im Frühwinter trotz der Sonne arktisch kalt, und die Tage sind kurz. Am Nachmittag kriecht der Schatten immer weiter über die Hochebene. Damit wir ihm immer einen Schritt voraus bleiben, machen wir uns auf derselben Route auf den Rückweg zum Ausgangspunkt Buffalora.

Der Piz Daint erhebt sich über der Ebene von Buffalora.
▼

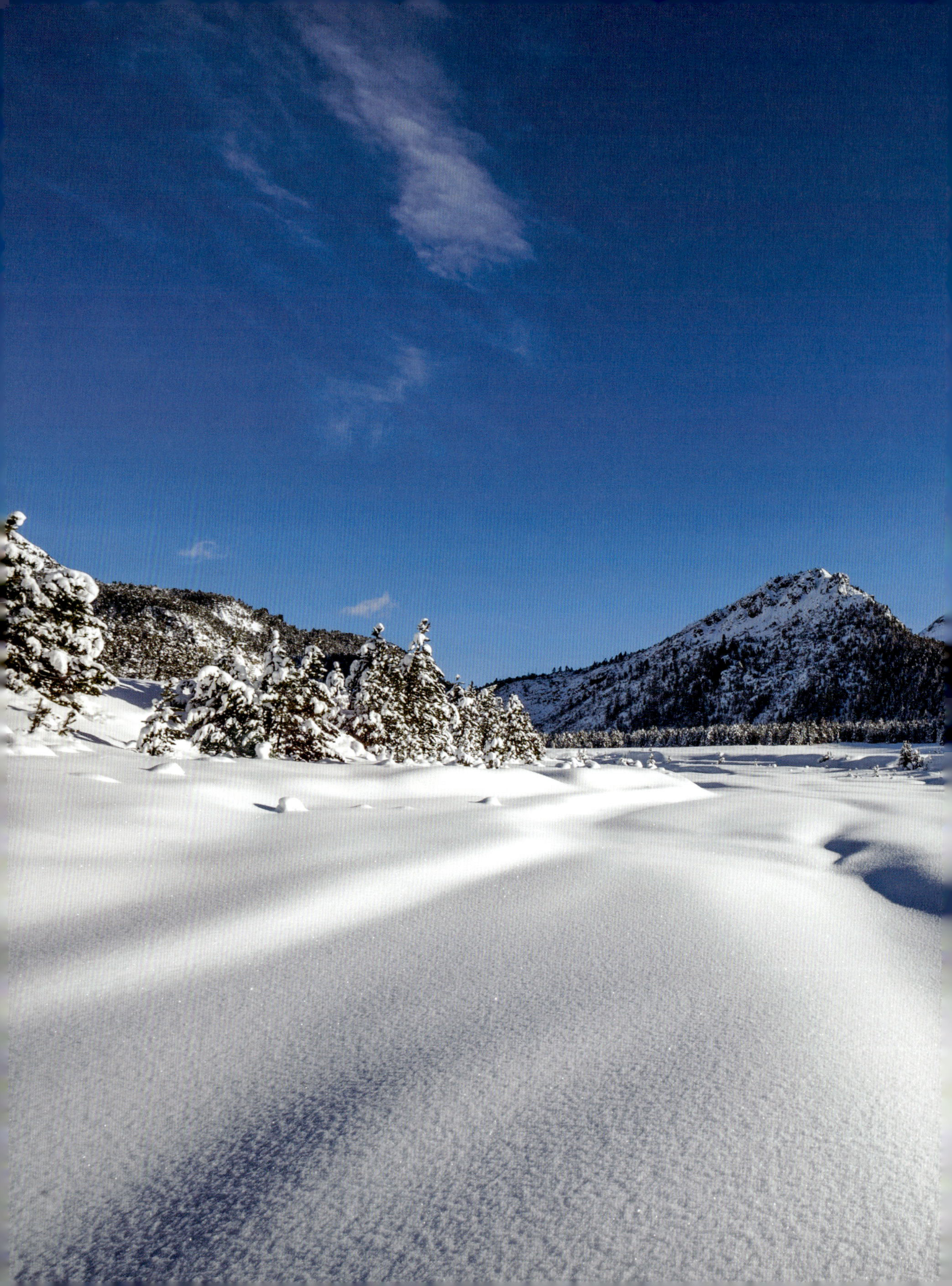

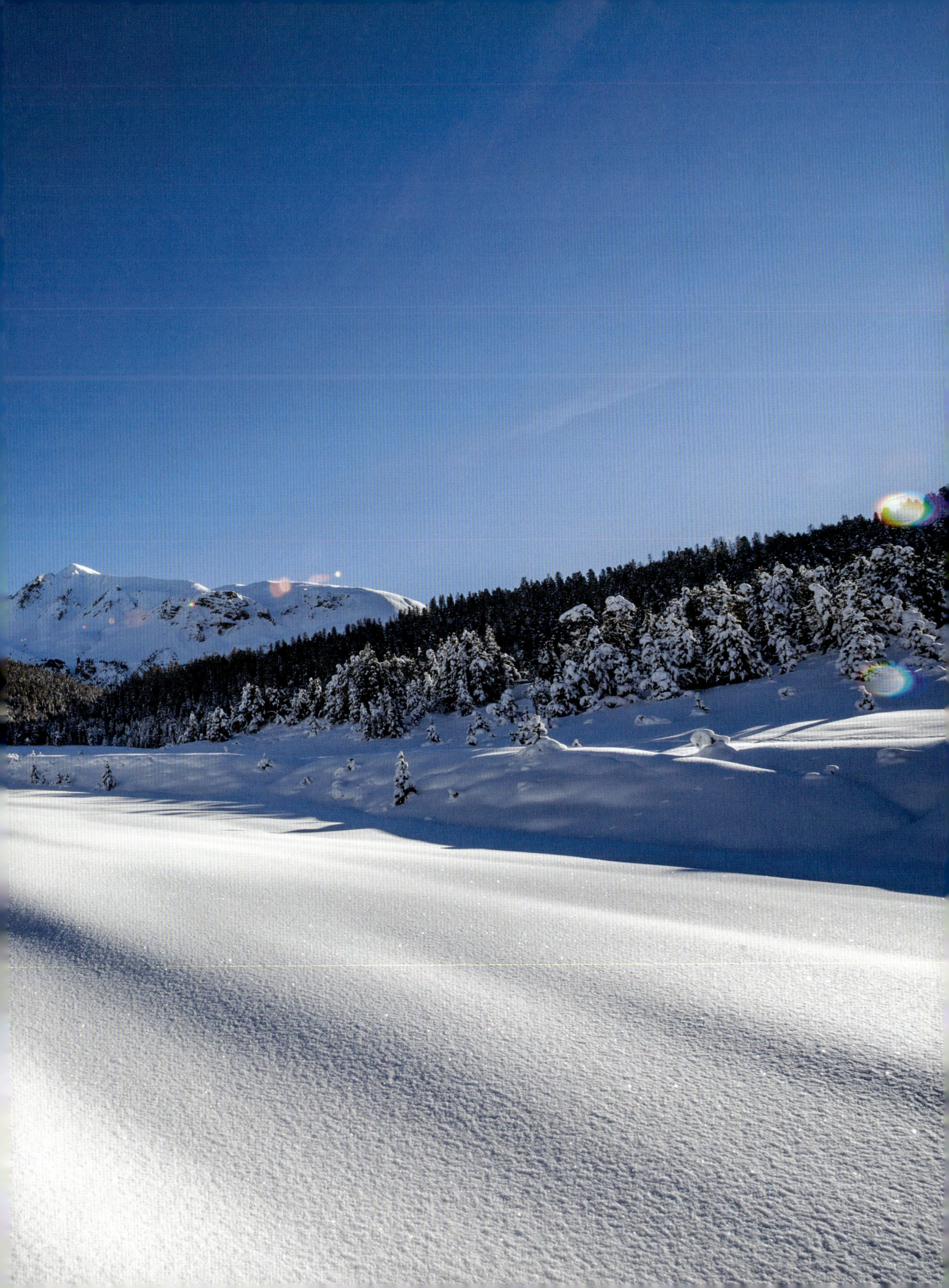

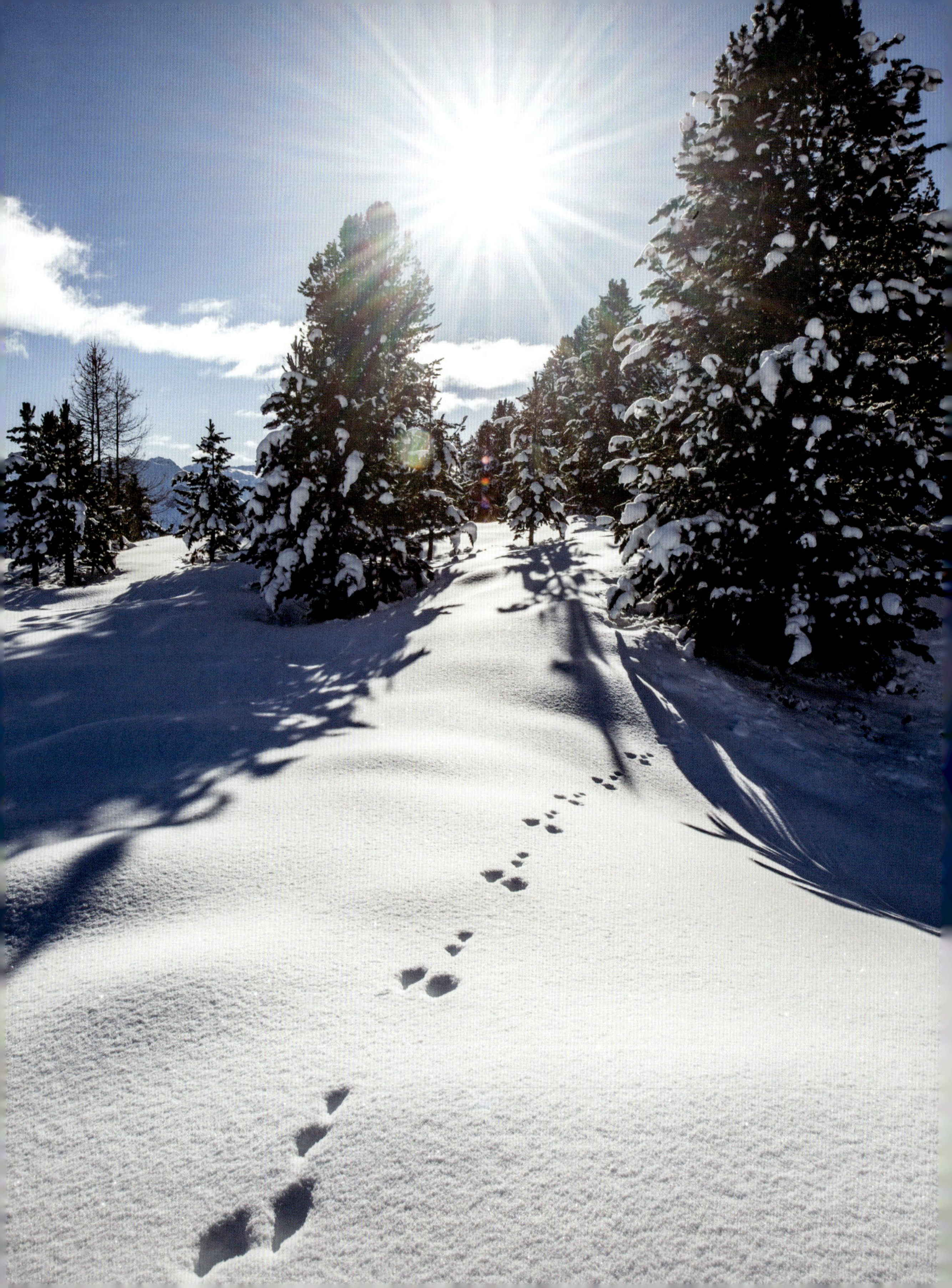

◀ Das Weiss neben dem Wanderweg zur Alp Champatsch glitzert in der Abendsonne.

44
Panoramawanderung Alp Champatsch

Der «Senda Val Müstair» ist eine aussichtsreiche, familienfreundliche und gut präparierte Panoramawanderung über die Münstertaler Sonnenterrasse. Im Winter startet sie oberhalb von Tschierv bei der Talstation der Sportbahnen Minschuns (2100 m ü. M.). Von da führt der präparierte Weg zur Alp Champatsch (2090 m ü. M.) und weiter ins Dörfchen Lü (1920 m ü. M.). Praktisch: Alle Dörfer im Münstertal sind mit dem Postauto oder dem regionalen Sportbus (gratis für Gäste) erschlossen. Direkt vor dem Hotel in Valchava steigen wir ein und beim Skigebiet Mischuns aus.

Das Mini-Skigebiet betreibt zwei Schlepp- und zwei Tellerlifte. Trotz Kaiserwetter ist an diesem Morgen praktisch nichts los auf den Pisten. Wir folgen den pinkfarbenen Wegweisern und nach fünf Gehminuten haben wir die Anlage hinter uns. Auf den ersten 2,5 Kilometern geht es leicht ansteigend zur Alp da Munt und zum Bergsee Lai da Juata (2230 m ü. M.), der sich allerdings unter dem Schnee versteckt. Auf der gegenüberliegenden Talseite blicken wir auf ein Meer von Gipfeln – etwa den Piz Dora (2950 m ü. M.), den Piz Turettas (2962 m ü. M.), den Piz Umbrail (3032 m ü. M.) oder den Ortler, mit 3905 Metern der höchste Berg in Südtirol.

Links und rechts unseres Wanderwegs ist der Schnee unberührt – bis auf die Spuren eines Hasen, der durch das Weiss gehoppelt ist. Nach etwa einer Stunde geht es durch den Wald bergab zur Alp Champatsch, deren ursprüngliche Gebäude im Freilichtmuseum Ballenberg BE stehen. Doch auch die neuen Hütten und Ställe sind romantisch. Und es wartet das kleine Alpbeizli La Posa (jeweils ab Weihnachten bis März geöffnet). Auf der Terrasse geniessen wir Kaffee und Kuchen, Sonne und Aussicht. Es ist so schön und ruhig auf der winterlichen Alp, dass wir am liebsten den ganzen Tag bleiben würden. Irgendwann müssen wir aber doch aufbrechen; eine Stunde später erreichen wir das 60-Seelendorf Lü. Es heisst, von hier sei nachts die Sicht ins Weltall besonders gut. Zwei Wissenschaftler betrieben mehrere Jahre ein Zentrum für Astrofotografie. Inzwischen ist das «Astrovillage» aber aus dem Tal weggezogen. Mit dem Postauto fahren wir zurück ins Tal. Es gäbe auch einen Schlittelweg hinab nach Tschierv, aber leider haben wir keinen Schlitten dabei.

START & ZIEL Talstation der Sportbahnen Minschuns (2100 m ü. M., oberhalb von Tschierv, mit dem Sportbus gratis erreichbar) – Alp Champatsch (2090 m ü. M.) – Lü (1920 m ü. M., Postauto).

DISTANZ & GEHZEIT 7 Kilometer, 3 Stunden.

HÖHENMETER 150 aufwärts, 400 abwärts.

EINKEHR Auf der Alp Champatsch und in Lü.

Kurz vor dem
Gipfel des Piz Terza.

Stillleben auf Valmorain: im Aufstieg zum Piz Terza.

45
Skitour Piz Terza

Das Val Müstair ist mit seiner fantastischen, alpinen Schneelandschaft auch ein Eldorado für Skitourengeher. Die aktuelle Lawinensituation berücksichtigend, entscheiden wir uns für den Aussichtsberg Piz Terza (2909 m ü. M.), den die Südtiroler Urtiolaspitze nennen. Exakt über den Gipfel verläuft die Landesgrenze zu Italien. Die Tour ist auch mit Schneeschuhen machbar. Wir bevorzugen jedoch die Tourenski, weil wir uns eine rassige Abfahrt erhoffen.

Sie beginnt im Dorf Lü (1920 m ü. M.). Das erste Stück führt durch lauschigen Lärchenwald und über die verschneite Forststrasse hinauf zur Alp Valmorain (2193 m ü. M.). Bis hier gestaltet sich der Weg wenig schwierig. Weiter oben sind Erfahrungen im freien Gelände jedoch unabdingbar. Vom Gipfel aus präsentiert sich eine atemberaubende Weitsicht. Sie reicht ins Ötztal, in die Dolomiten, zum Ortler, zur Berninagruppe im Oberengadin – und natürlich hinab ins Val Müstair. Da zuoberst ein zünftiger Wind bläst, bleiben wir nicht lange, ziehen die Felle von den Ski und sausen südseitig durch unberührten, stiebenden Pulverschnee zurück nach Lü. Obschon die Sonne scheint und schönster Schnee liegt, sind wir weit und breit alleine. So fühlt sich Freiheit an.

START & ZIEL Dorf Lü (1920 m ü. M., Postauto) – Alp Valmorain (2193 m ü. M.) – Fuorcla Sassalba (2619 m ü. M.) – Piz Terza (2909 m ü. M.) – Lü.

DISTANZ & GEHZEIT Aufstieg: 4 Kilometer, 3,5 Stunden. Abfahrt: je nach Variante.

HÖHENMETER 1000.

EINKEHR In Lü.

HINWEIS Diese Tour ist auch mit Schneeschuhen möglich, aber nicht ausgeschildert und nicht präpariert. Erfahrung im freien Gelände und in der Beurteilung der Lawinengefahr ist unerlässlich und eine Lawinenausrüstung nötig.

Hoch über dem Val Müstair: Autorin Natascha Knecht auf den letzten Metern zum Gipfel des Piz Terza.

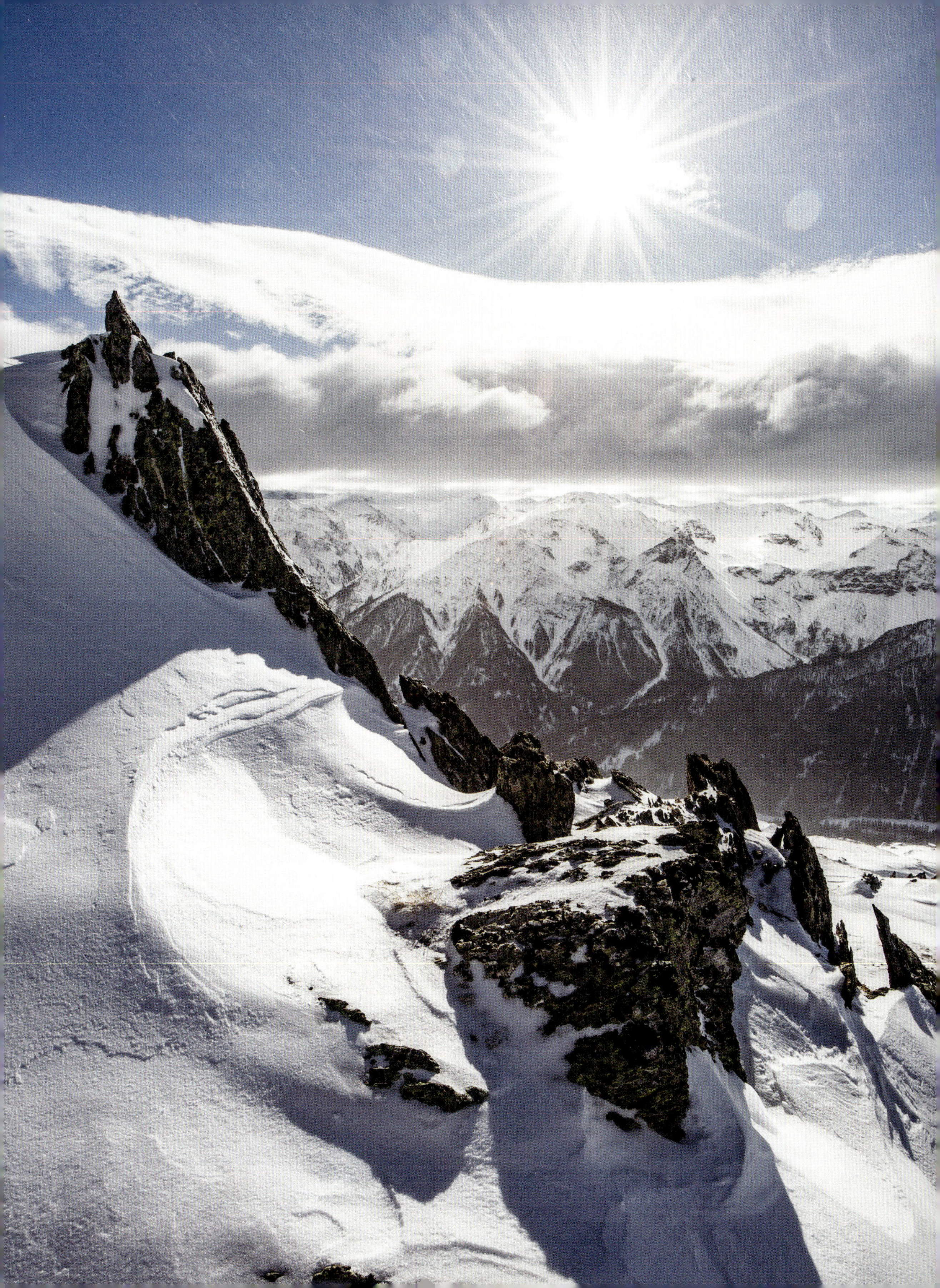

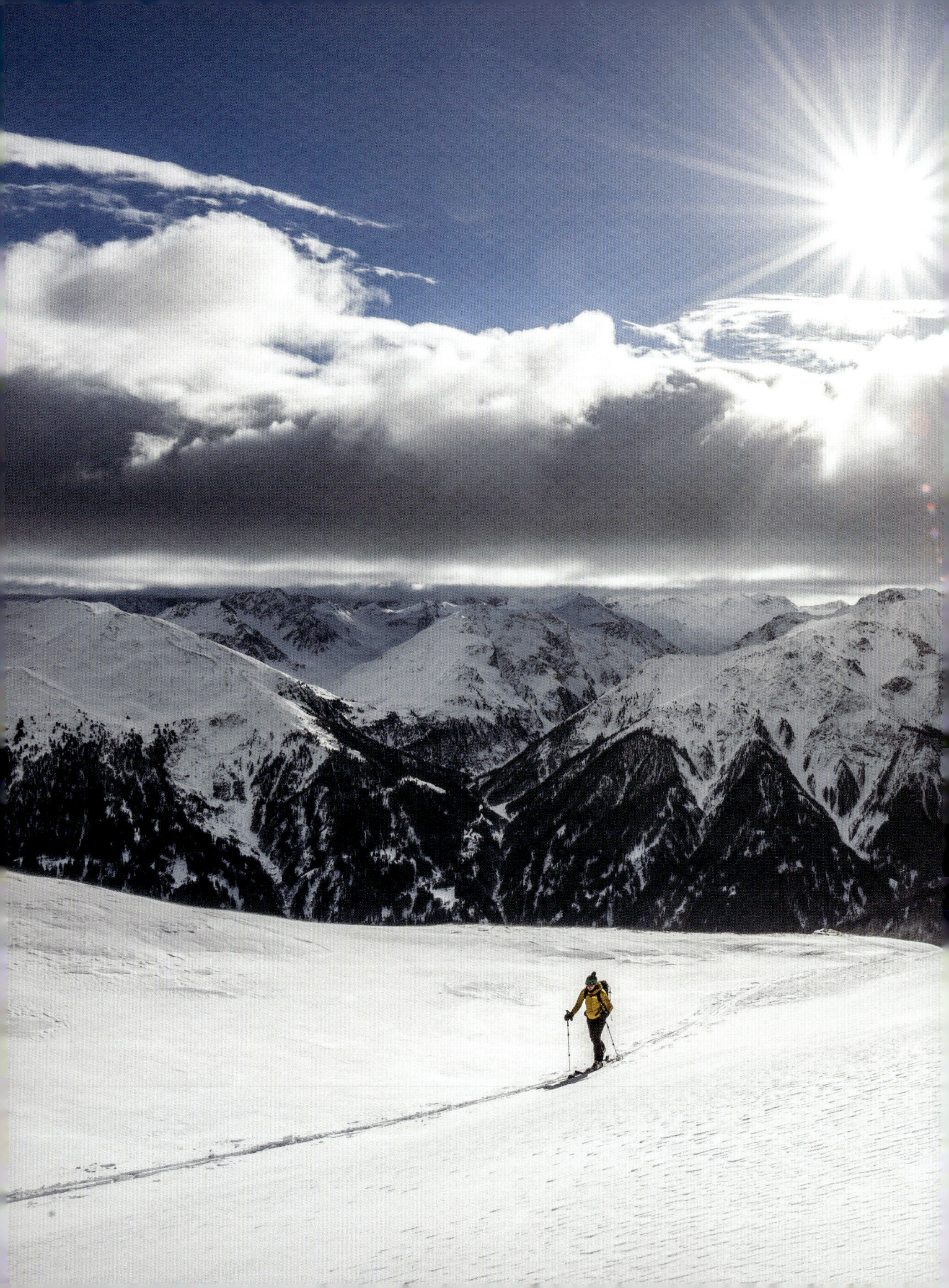

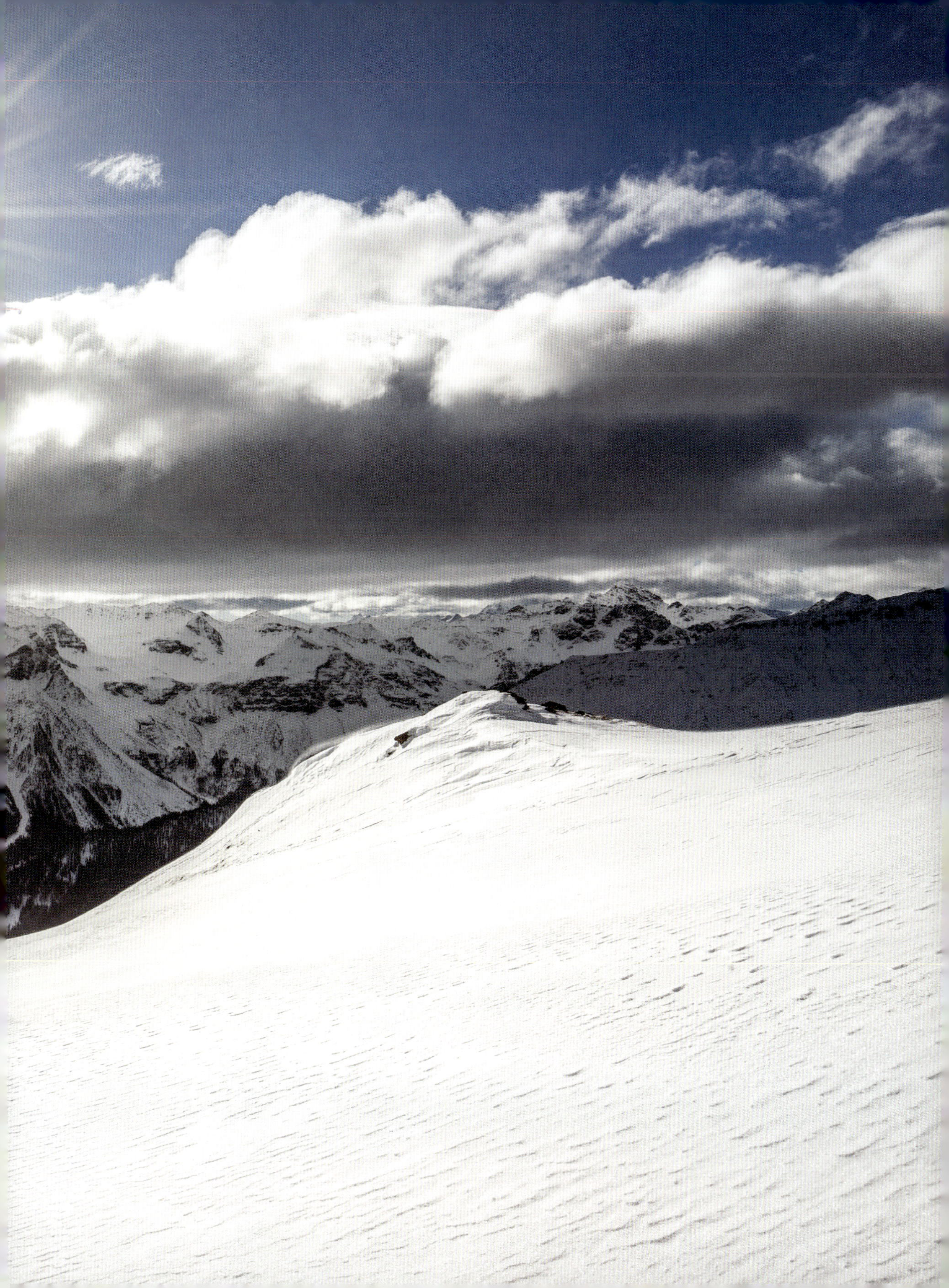

— SURSELVA GR —

Die Ruhe selbst

Safien und Vals: Die ursprünglichen Täler in der Surselva bieten besonders im Winter Erholung pur. Die Wanderwege führen durch stille Natur, zu Pizokel und rassigen Schlittelabfahrten.

Wie angenehm! Plötzlich duftet es in unserem Auto nicht mehr nach Wanderstiefeln, Skischuhen und Käsesocken, sondern nach Räucherstäbchen. Wir haben einen «Stöppler» mitgenommen, der uns jetzt vom Hintersitz erzählt, er stamme aus Indien, lebe in Zürich und sei von Beruf Hellseher. Der Mann bringt uns nicht nur zum Staunen, sondern – zugegeben – auch zum Schmunzeln. Denn wir befinden uns ganz zuhinterst im Safiental, das zu den abgelegensten Tälern im Kanton Graubünden zählt – gerade jetzt im Winter. Hohe Bergzüge riegeln es vom Rest der Welt ab, wunderschöne Schneehänge

und die heimeligen Holzhäuser der Walser Streusiedlungen perfektionieren das Bild. Ins Safiental kommen Naturliebhaber, die «die Ruhe selbst» suchen.

Umso überraschter sind wir, dass der junge Hellseher enttäuscht jammert, ihm sei langweilig hier, «very boring». Seine Schweizer Freunde hätten ihm den Tagesausflug ins Safiental empfohlen. Aber hier gebe es nicht einmal Läden zum Shoppen. «Nichts los!» Stimmt. Wer sich mit Einkaufsmeilen, Schneebars und Holdrio unterhalten will, ist in diesem ursprünglich belassenen Bergtal definitiv am falschen Ort. Der geht in die nahe gelegene Weisse Arena von Flims, Laax

▲
Unterwegs im frischen Pulverschnee zuhinterst im Safiental.

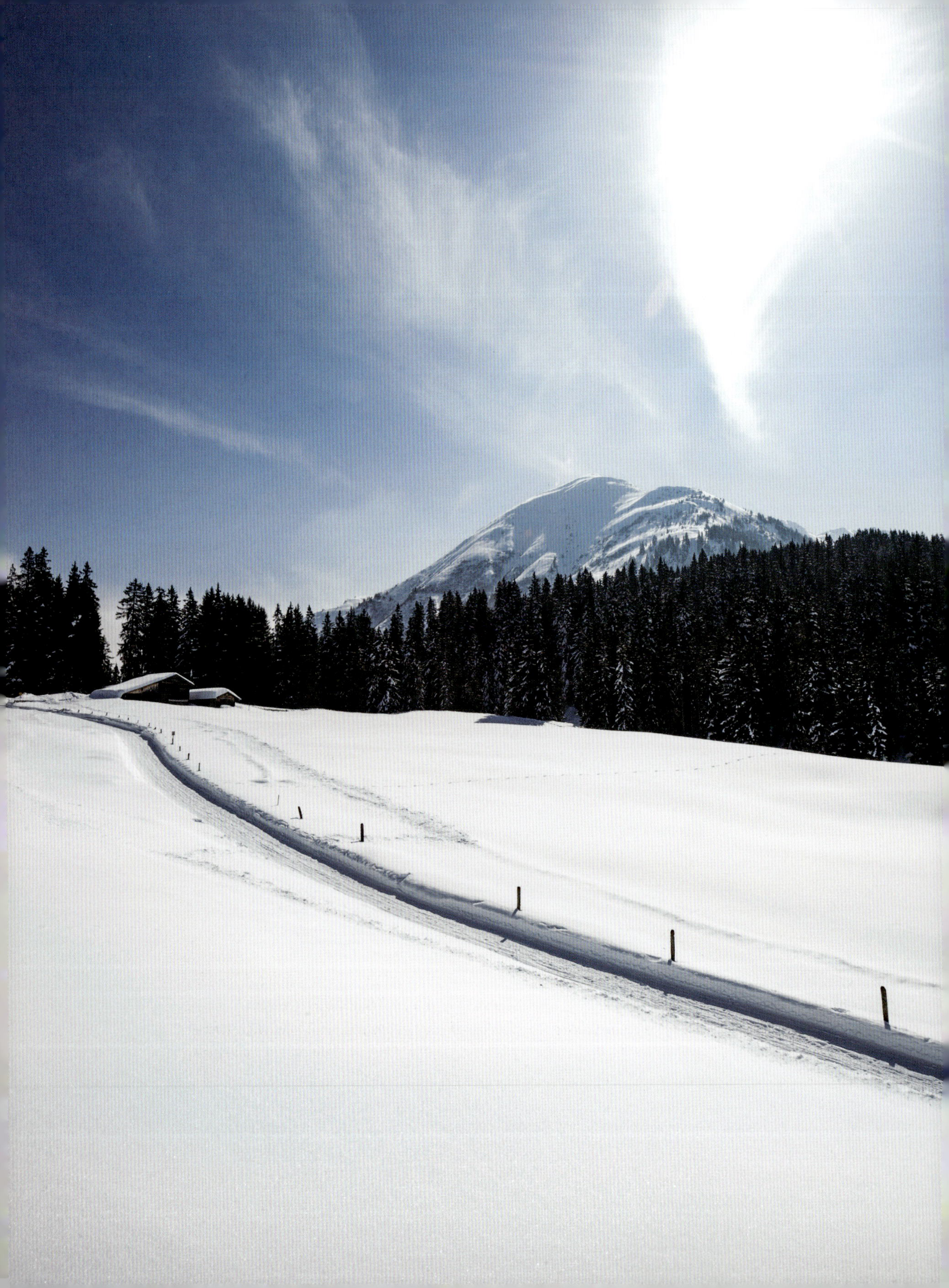

Auf Imschlacht, im Hintergrund der Schlüechtli.

und Falera, wo eine mondäne Klientel verkehrt und wo die Ski- und Snowboard-Jugend Partys feiert. Gern würden wir Mitleid empfinden für diesen armen Kerl aus Indien, der sich aufgrund falscher Vorstellungen ins stille Safiental «verirrt» hat. Doch erstens finden wir es hier alles andere als langweilig. Und zweitens: Wie konnte er dies als Hellseher nicht voraussehen? Wir nehmen ihn mit bis zur Abzweigung Camana/Posthaltestelle, wo unsere Schneeschuhwanderung hinauf zum Camanaboda beginnt (siehe Tipp Schneeschuhtrail «Camana»). Obschon wir ihm anbieten mitzukommen und auch ein Paar Schneeschuhe für ihn hätten, lehnt er ab. Er will so rasch wie möglich aus dem Tal raus, das Postauto kommt auch gleich, es fährt stündlich.

Unter naturorientierten Wanderern, Schneeschuhläufern, Skitourengehern, Schlittlern und Geniessern ist das Safiental längst zu einem bekannten Geheimtipp avanciert. Stünden mehr Unterkünfte zur Verfügung, kämen vielleicht mehr Gäste. Doch die Einheimischen sind darauf bedacht, dass ihr Tal eine touristische Randregion bleibt – ein Rohdiamant, der nur sanft, nachhaltig und harmonisch Schliff bekommen soll.

Zuhinterst im 25 Kilometer langen Tal liegt der Weiler Thalkirch mit dem Berggasthaus Turrahus (1694 m ü. M.). Es ist ein 300-jähriges Walserhaus auf 1700 Metern und im Winter eine beliebte Unterkunft für Skitourengeher. In der traumhaften Gipfelarena rundum gibt es etliche Routen – und auch einige gefrorene Wasserfälle für Eiskletterer. Auf dem Talboden ist eine Langlaufloipe angelegt, die einsamer kaum sein könnte. Die einzigen Zuschauer sind Gämsen und Steinböcke. In der stillen Landschaft hört man die Rabiusa rauschen.

Mit 280 Einwohnern ist Safien Platz (1315 m ü. M.) das einwohnerreichste Dorf im Tal. Etwas weiter oben, auf dem sonnigen Hochplateau auf 1654 Metern, liegt die 100-Seelen-Siedlung Tenna – sie ist der «touristischste» Ort im Tal. Seit 1906 steht hier das Hotel Alpenblick. Nach seiner Eröffnung hatte sich das stattliche Haus rasch zu einem Luftkurort für den internationalen Fremdenverkehr etabliert. Noch heute zeugt der «Alpenblick» vom einstigen Flair der Belle Époque. Die Gästezimmer sind renoviert, aber bewusst einfach gehalten, um nicht vom «Wahren», der ursprünglichen Natur, abzulenken.

Von Tenna aus reicht die Sicht weit über das Safiental, es gibt einen zwei Kilometer langen Winterhöhenwanderweg und seit Dezember 2010 fährt am Dorfrand der weltweit erste solarbetriebene Mini-Skilift, der vor allem Familien mit Kindern begeistert. Da die Solarpanels das ganze Jahr über Sonne speichern, produzieren sie 13-mal mehr Strom, als der Lift im Winter verbraucht. Die überschüssige Energie fliesst ins öffentliche Netz. Umgekehrt kann der Lift bei schlechtem Winterwetter von dort Strom beziehen.

Das Safiental gehört zur Surselva, die insgesamt fast 50 Ortschaften und 150 Weiler beheimatet. Früher hiess die Gegend auf Deutsch Bündner Oberland. Heute wird sie Surselva genannt, was auf Rätoromanisch «oberhalb des Waldes» bedeutet. Sie erstreckt sich vom Oberalppass im Westen bis zum Bergsturzgebiet von Flims im Osten. Hauptort ist Ilanz.

Die Sonnenterrasse des Hotel Camana lädt zum Verweilen ein.

46
Schneeschuhtrail «Camana»

Romantik in der Bergnatur: So kann man den Schneeschuhtrail «Camana» beschreiben. Er startet im Safiental bei der Abzweigung Camana/Posthaltestelle. Nach fünfzig Metern Richtung Camana biegt der pink ausgeschilderte Trail links ab. Er führt durch zauberhaften Wald, später über verschneite Wiesen hinauf bis nach Innercamana – mit Ausblick zum Piz Beverin, Bruschghorn und Glaspass. Von Innercamana geht es weiter zum Weiler Camanaboda. Hier haben Michèle und Toni das alte Schulhaus liebevoll zum herzigen «Hotel Camana – beizli, lotsch und zuber» umgebaut. Als wir ankommen, begrüsst uns der Wirt Toni herzlich. Er zeigt uns das Haus. Es gibt einfache Zweier-, Dreier- und Viererzimmer, in einem der alten Schulzimmer befindet sich die gemütliche Gaststube, an der Wand hängt wie früher eine Schiefertafel, in einer Ecke steht eine kleine Bar. Das Highlight ist jedoch der «heisse Zuber & Sauna» draussen an der frischen Bergluft. Darin können Gäste entspannen und die wunderbare Weitsicht über das Safiental geniessen.

Arznei aus dem Safiental gibt es im Hotel Camana.

Wir setzen uns auf der Terrasse an einen Holztisch und bestellen zwei Hausspezialitäten: Kaiserschmarrn (Toni ist Österreicher) und ein gemischtes Brettli mit Trockenfleisch und Käsevariationen, die Toni eigenhändig auf seiner Safier Alp hergestellt hat. Alles, was im «Camana» auf den Tisch kommt, stammt aus Eigenproduktion oder biologischem Anbau aus der Umgebung. Damit Toni und Michèle ihre Alpprodukte im Sommer herstellen können, ist das «Camana» nur im Winter geöffnet – und für Wanderer, Skitourengeher und Schlittler ein idealer Ausgangspunkt.

START & ZIEL Im Safiental an der Abzweigung Camana/Posthaltestelle (Postautolinie Versam-Thalkirch) – Innercamana – Camanaboda (1766 m ü. M.). Retour: auf gleicher Route oder direkt hinab zur Postauto-Haltestelle Mura.

DISTANZ & GEHZEIT 3 Kilometer bis Postauto-Haltestelle Mura, 2,5 Stunden.

HÖHENMETER 250 aufwärts, 300 abwärts.

EINKEHR Hotel Camana (nur im Winter offen).

47
Panoramaweg Zervreila

👢👢👢 ♥♥♡

Wie das Safiental ist auch das Valsertal ein Teil der Surselva-Region. Das Dorf Vals liegt auf 1252 Metern, zählt gut 1000 Einwohner und erlangte dank seiner Therme und dem Valserwasser nationale Berühmtheit. Unser Ziel: die winterliche Panoramawanderung zum Zervreilasee – mit anschliessender Schlittelabfahrt zurück nach Vals. Bevor wir uns aufmachen, peilen wir noch die Bäckerei an. Da kaufen wir eine Valser Nusstorte, eine lokale Spezialität, und packen sie als Kalorienvorrat in den Rucksack. Dann gehen wir zur Seilbahn am Dorfrand und fahren hinauf ins Wintersportgebiet «Vals 3000».

Die Panoramawanderung beginnt bei der Station Gadastatt (1813 m ü. M.). Zu Fuss folgen wir den pinken Wegweisern des perfekt präparierten Winterwanderwegs Richtung Zervreila und befinden uns kurz darauf in einer stillen, märchenhaften Winteridylle. Die Landschaft ist dick eingeschneit und glitzert friedlich in der Sonne, die Tannen sehen aus, als wären sie mit Zuckerguss verziert, die weissen Berggrate ragen in den fast wolkenlosen, blauen Himmel. Bei jedem Schritt hören wir den Schnee unter den Schuhen knirschen.

◀ Dem Zervrailasee entgegen.
Von hinten grüsst das Zervrailahorn.

Sicht auf den gefrorenen Zervreilastausee bekommt. Dahinter ragt das formschöne Zervreilahorn (2821 m ü. M.) in den Himmel – es wird auch «Matterhorn von Vals» genannt. Von Frunt führt die Wanderung nun 150 Höhenmeter bergab zur imposanten Staumauer und über die Schlucht des Valser Rheins. Der Weg wird kurz steil, ist für Trittsichere aber problemlos begehbar.

Auf der anderen Seite der Staumauer wartet das Gasthaus Zervreila, wo wir in der warmen Stube einkehren und den Durst mit einem kühlen Rivella löschen. Um zurück nach Vals zu gelangen, bietet sich die sieben Kilometer lange Schlittelbahn an. Sie wird von einem «Schlittelclan», bestehend aus «winterabenteuerinteressierten Valser Männern», unterhalten. Dieser Verlockung können wir nicht widerstehen, mieten je einen Rodel und sausen talwärts. Die Strecke führt über die wenig befahrene Autostrasse, ist also breit und wird auch nie zu schnell oder zu gefährlich. Manche Passagen sind flache «Gleitstrecken», auf denen wir den Schlitten ziehen. Ein Abenteuer – das sich auch für Kinder eignet.

Herrlich! Kein Wunder, ist dieser Panoramaweg die beliebteste Wanderung im Valsertal – auch im Sommer. Es geht immer ein bisschen auf und ab, steil wird es jedoch nie, und immer wieder laden Holzbänke zum Verweilen und Geniessen ein.

Nach knapp zwei Stunden erreichen wir das Maiensäss Frunt (1990 m ü. M.). Es besteht aus sieben Walser Holzhäusern und der Minikapelle St. Anna. Diese wurde 1754 erbaut und im Sommer 2016 vom Blitz getroffen: Die Wucht des Einschlags schleuderte das Altarbild zu Boden, ebenso die Statue der heiligen Anna.

Die Anhöhe von Frunt ist wie ein Balkon, von dem aus man eine überwältigende

START & ZIEL Von Vals mit der Seilbahn bis Gadastatt (1813 m ü. M.). Weiter zu Fuss zum Weiler Frunt (1990 m ü. M.) – Zervreilastausee – Restaurant Zervreila (1864 m ü. M.). Zurück nach Vals mit dem Schlitten, Shuttlebus oder zu Fuss.

DISTANZ & GEHZEIT 5,5 Kilometer (bis Restaurant Zervreila), 2,5 Stunden.

HÖHENMETER 250 aufwärts, 200 abwärts.

EINKEHR Bergrestaurant Gadastatt, Restaurant Zervreila, in Vals.

Der Sonne entgegen: auf dem Panoramaweg zum Zervrailasee. ▼

SURSELVA GR 233

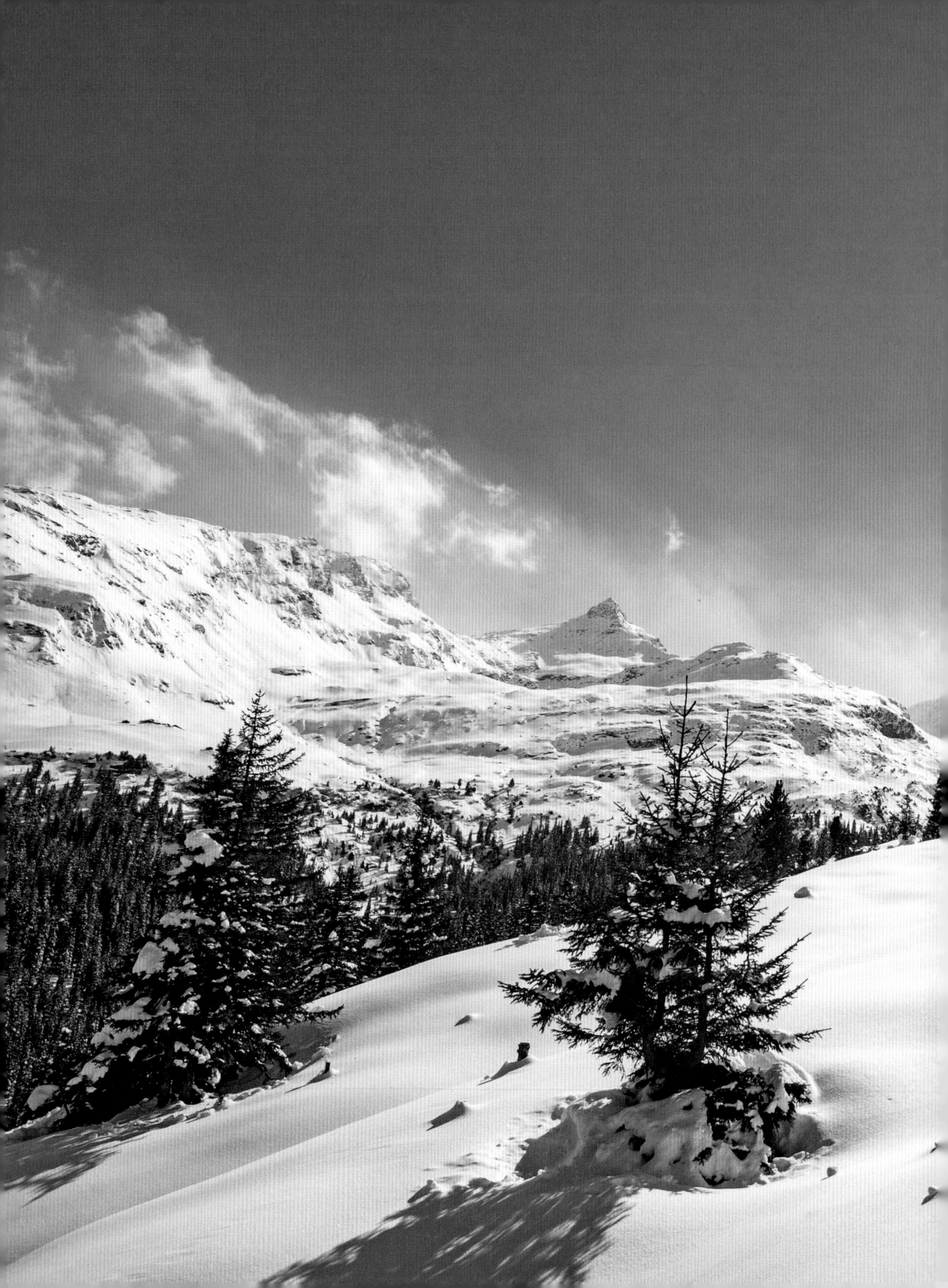

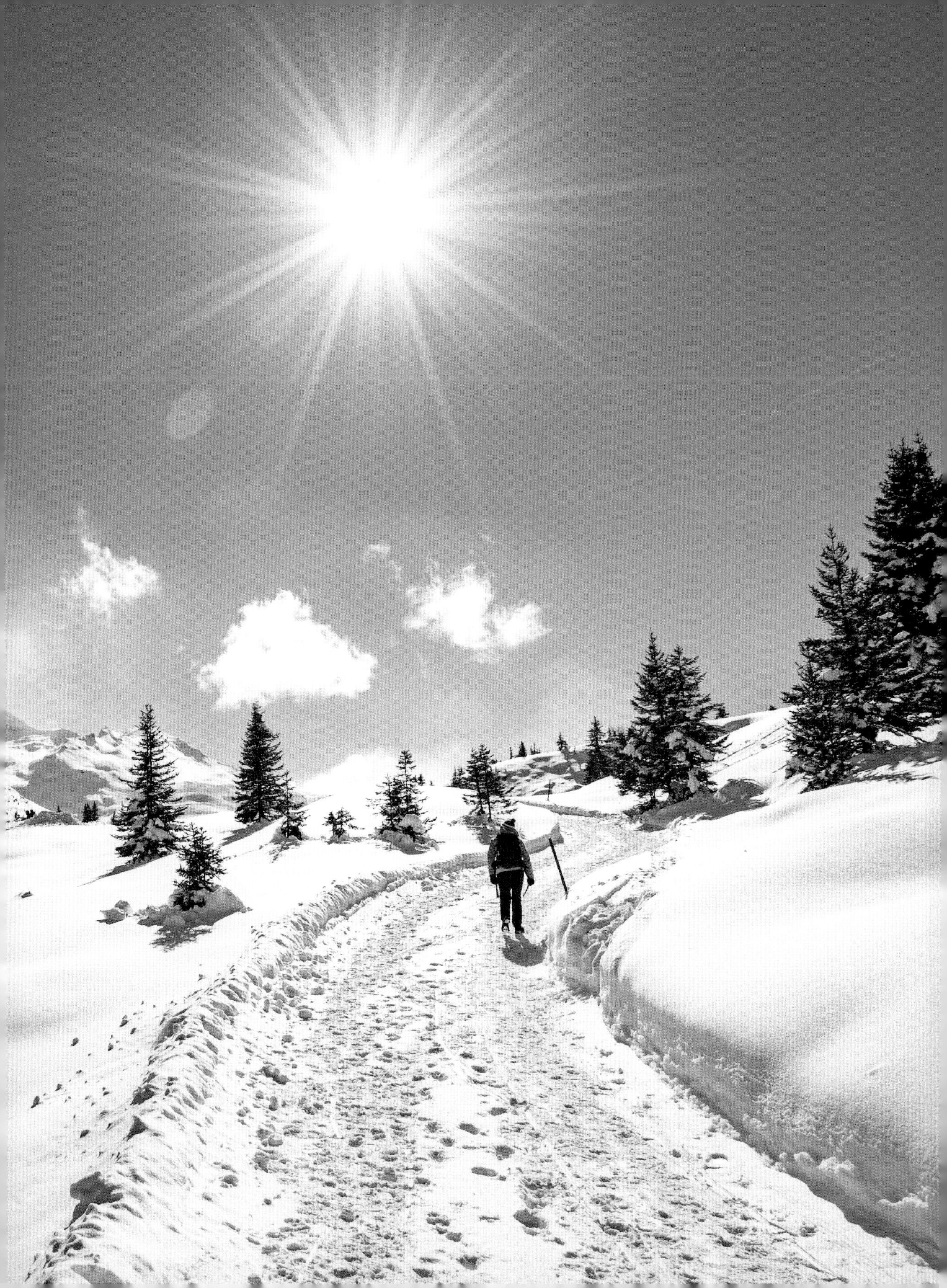

Durch lichten Wald geht es von Brün nach Imschlacht. ▶
Der Wander- und Schlittelweg ist schön präpariert.

Das gemütliche Beizli auf Imschlacht. ▶

48
Schlittelbeizli Imschlacht

In der Surselva gibt es Dörfer, die einen in Staunen versetzen. Eines davon ist Brün. Es liegt auf 1300 Metern – oberhalb des Dorfes Valendas und der Rheinschlucht – und entspricht der Vorstellung einer bäuerlichen Bilderbuch-Schweiz. Die 17 Walserhäuser sind mehrere Hundert Jahre alt und heute nicht mehr alle bewohnt. 22 Personen leben noch hier, davon sind 5 unter 10 Jahre und 5 über 65 Jahre alt.

In Brün endet die Fahrstrasse für den Privatverkehr – und im Winter beginnt hier ein schön präparierter, familienfreundlicher Wanderweg hinauf zum Maiensäss Imschlacht (1652 m ü. M.). Die Berglandschaft ist naturbelassen. Mit jedem Höhenmeter wird die Sicht grossartiger, sie reicht über die Weite des Bündner Oberlands bis zu den Brigelser Hörnern, zur Tödikette und hinüber in das Skigebiet von Flims, Laax und Falera. Oben auf Imschlacht wartet das «Schlittelbeizli». Am Wochenende werden hier kulinarische Spezialitäten serviert. Unter der Woche steht eine Selbstbedienungsbox mit Getränken und Snacks zur Verfügung. Das Geld wirft man in eine Kasse. Vor dem romantischen Maiensäss stehen Bänke im Schnee. Wir machen es uns gemütlich, blinzeln in die Sonne und geniessen die Stille. Es ist so warm, dass Schmelzwasser vom Dach tropft. Im Schopf stehen die Mietschlitten, mit denen wir die 360 Höhenmeter hinab nach Brün flitzen und uns freuen wie kleine Kinder.

START & ZIEL Brün (1289 m ü. M.; oberhalb von Valendas) – Imschlacht (1652 m ü. M.). Retour mit dem Schlitten oder zu Fuss.

DISTANZ & GEHZEIT 3 Kilometer pro Weg, 1,5 Stunden.

HÖHENMETER 300.

EINKEHR Schlittelbeizli Imschlacht.

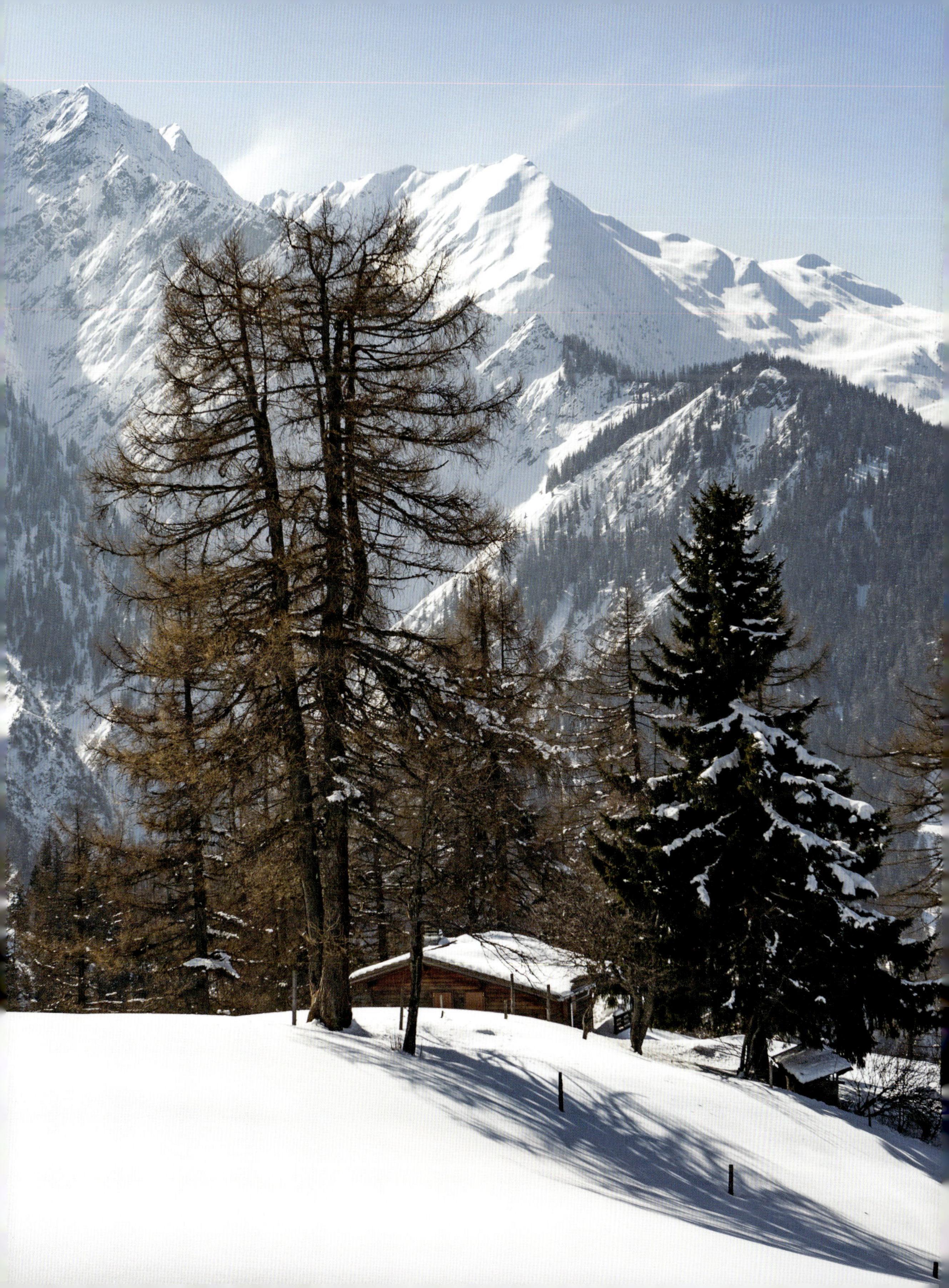

— WELTWEIT ERFOLGREICHE SCHWEIZER MARKE —

Ultrasun für einen besonders hautfreundlichen Sonnenschutz

Der Schweizer Innovations-Leader Ultrasun beschäftigt sich seit über 25 Jahren mit UV-Schutz für eine gesunde, schöne Haut und ist mittlerweile im Ausland fast bekannter als in der Schweiz.

Weltweit empfehlen Dermatologen die Sonnenschutzprodukte der Schweizer Marke Ultrasun, welche einzigartig ohne viele der kritisch diskutierten Inhaltsstoffe besonders hautverträglich formuliert sind. Aber auch das Schweizer Allergie-Gütesiegel aha! zeichnet diverse Ultrasun-Produkte aus, da sie Menschen mit Allergien und Intoleranzen einen Mehrwert an Sicherheit und Information bieten.

Die in Apotheken und Drogerien erhältlichen Produkte bieten einen richtiggehenden High-tech-Schutz und werden von Familien mit Kindern genauso geschätzt wie z. B. auch vom zweifachen Ironman-Hawaii-Sieger Patrick Lange. Als Schutz gegen die sonnenbedingte Hautalterung können die Ultrasun-Gesichtsprodukte aufgrund der weggelassenen kritischen Inhaltsstoffe aber auch täglich verwendet werden.

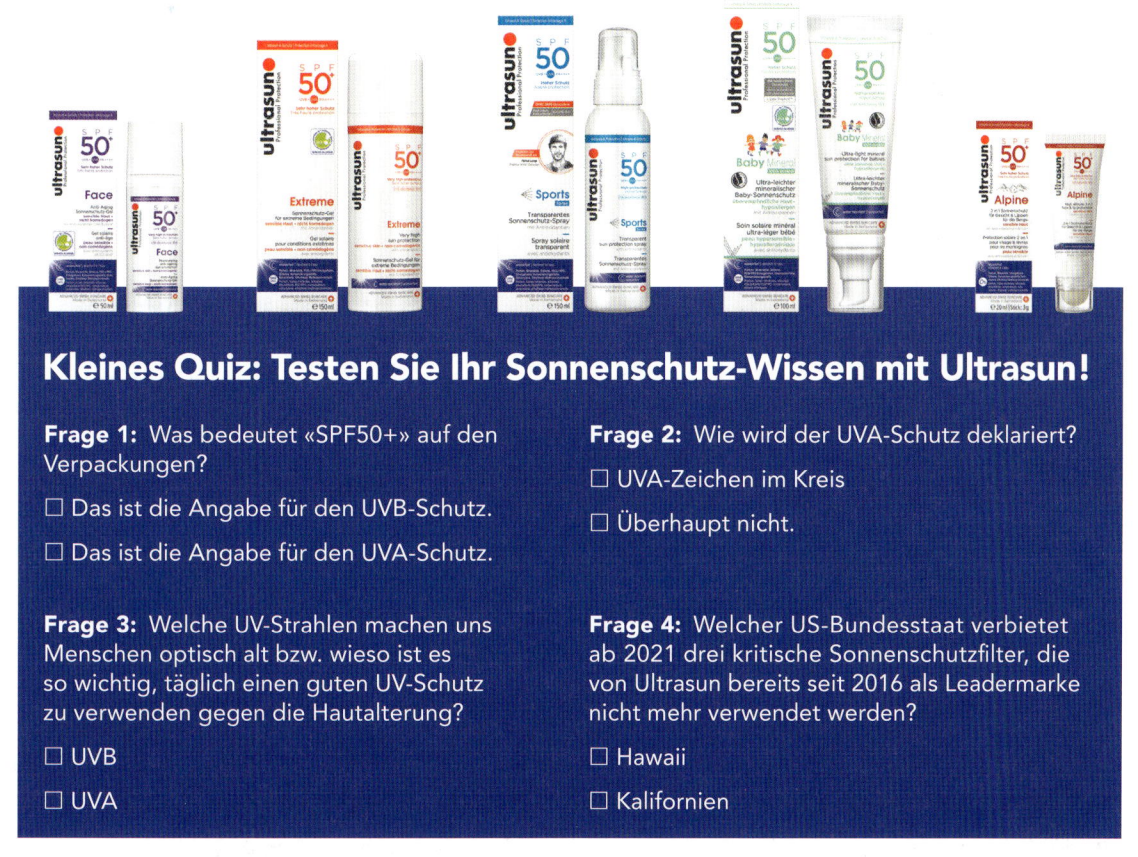

Kleines Quiz: Testen Sie Ihr Sonnenschutz-Wissen mit Ultrasun!

Frage 1: Was bedeutet «SPF50+» auf den Verpackungen?
☐ Das ist die Angabe für den UVB-Schutz.
☐ Das ist die Angabe für den UVA-Schutz.

Frage 2: Wie wird der UVA-Schutz deklariert?
☐ UVA-Zeichen im Kreis
☐ Überhaupt nicht.

Frage 3: Welche UV-Strahlen machen uns Menschen optisch alt bzw. wieso ist es so wichtig, täglich einen guten UV-Schutz zu verwenden gegen die Hautalterung?
☐ UVB
☐ UVA

Frage 4: Welcher US-Bundesstaat verbietet ab 2021 drei kritische Sonnenschutzfilter, die von Ultrasun bereits seit 2016 als Leadermarke nicht mehr verwendet werden?
☐ Hawaii
☐ Kalifornien

Die Auflösung:
Frage 1: Die SPF-Angabe bezieht sich nur auf den UVB-Schutz, steht aber nicht für UVA-Schutz.
Frage 2: Der UVA-Schutz wird in Europa mit dem UVA-Zeichen im Kreis auf den Verpackungen garantiert.
Frage 3: UVB-Strahlen machen uns braun oder verbrennen uns, UVA-Strahlen zerstören die Hautstruktur und lassen uns damit altern.
Frage 4: Hawaii verbietet ab 2021 Octocrylen, Octinoxat (= Ethylhexyl Methoxycinnamate) und Oxybenzon. Ultrasun verwendet diese drei Filter konsequent nicht mehr und nimmt damit eine Leaderrolle ein.

NATASCHA KNECHT | THOMAS SENF

Lust auf Wandern

— BAND 2 —

Neue idyllische Wanderziele in der Schweiz

WANDERGUIDE Frühling & Sommer

Schweizer LandLiebe

SCHWIERIGKEITSGRADE DER WANDERUNGEN

KONDITION	LEICHT	MITTEL	SCHWER
	♥♡♡	♥♥♡	♥♥♥
Länge	< 3 km	< 8 km	> 8 km
Höhenmeter	< 200 hM	< 500 hM	> 500 hM
Gehzeit	< 1½ h	< 4 h	> 3½ h

TECHNIK	LEICHT	MITTEL	SCHWER
Anforderungen	keine speziellen Anforderungen	trittsicher, gute körperliche Verfassung	trittsicher, sehr gute körperliche Verfassung, schwindelfrei
Wegqualität	sehr gut	gut, Stellen unwegsam	teilweise unwegsames Gelände, Bachquerungen zum Teil anspruchsvoll
Ausgesetztheit	kaum ausgesetzt	teilweise wenig exponiert	teilweise exponiert, z. T. mit Ketten gesichert

WANDERINFOS UND WANDERKARTE AUF DEM SMARTPHONE

Wir bieten Ihnen zu jeder Wanderung Online-Informationen (Wegstrecke, Dauer und Höhenprofil) samt Wanderkarte an. Zu den Online-Infos gelangen Sie via QR-Code bzw. dem Link, der bei jeder Wanderung vermerkt ist.

Ein Angebot in Zusammenarbeit mit schweizmobil.ch.

Inhalt

FRÜHLING

Basel-Landschaft
1. Kirschblüten und Ruine Farnsburg 4
2. Aussichtsturm Wisenberg 5
3. Chellenchöpfli und Hinteri Egg 6

Niederhorn und Justistal BE
4. Wo die Krokusse blühen 7
5. Märchenwald des Steinwildes 8
6. Justistal und Sichle 9

Onsernonetal TI
7. Pian Secco 10
8. Bäder von Craveggia 10
9. Waldreservat dell'Arena 11
10. Lago di Saléi 12

Zürcher Oberland
11. Hörnli 13
12. Schnebelhorn 14
13. Pfäffikersee 15

SOMMER

Calancatal GR
14. Sentiero Alpino Calanca 16
15. Calanca-Talebene 18

Göscheneralptal UR
16. Voralphütte & Rekord-Fichte 19
17. Bergsee & Bergseehütte 20
18. Göscheneralp & Stausee 21

Muotatal SZ
19. Glattalpsee 22
20. Urwaldspur Bödmeren 23
21. Karstspur Silberen 24

Oberaargau BE
22. Linksmähder & Hohwacht 25
23. Aussichtsberg Ahorn 26
24. Burgäschisee 27

Obertoggenburg SG
25. Gräppelensee 28
26. Chäserrugg & Rosenboden 29
27. Hinterrugg & Alp Sellamatt 30
28. Toggenburger Klangweg 31
29. Toggenburger Sagenweg 31

www.landliebe.ch/farnsburg

1
Kirschblüten und Ruine Farnsburg

Diese Wanderung durch die «Chirsi-Bluescht» ist traumhaft und eignet sich auch mit Kindern. Entlang der blühenden Kirschbäume geht es vom Dorf Buus hinauf zum Hofgut Farnsburg. Hier leben Bisons (!), Galloway-Rinder und Weideschweine. Auf dem Burgweg geht es weiter zur restaurierten Ruine Farnsburg, wo sich eine herrliche Weitsicht auf das Baselbiet öffnet.

START & ZIEL Buus BL (445 m ü. M.) – Rigiberg (624 m ü. M.) – Hofgut Farnsburg (642 m ü. M.) – Ruine Farnsburg (734 m ü. M.). Retour auf demselben Weg – oder über den Farnsberg (749 m ü. M.) hinab zur Bushaltestelle Buuseregg.

DISTANZ & GEHZEIT
Pro Weg 8 Kilometer, 3 Stunden (bis Buuseregg).

HÖHENMETER 420.

WICHTIG Meistens blühen die Kirschbäume zwischen Mitte und Ende April – je nach Wetter. Planung erforderlich. Infos via www.baselland-tourismus.ch.

TIPP Bei der Ruine Farnsburg gibt es mehrere Grillstellen.

EINKEHR Landgasthof Farnsburg (Öffnungszeiten vorher checken) in Buus.

BASEL-LANDSCHAFT

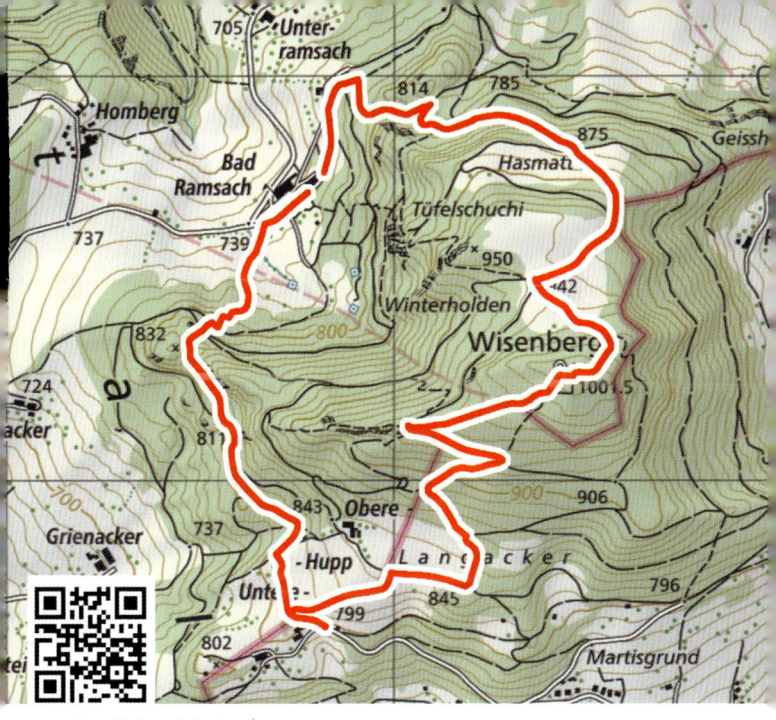

www.landliebe.ch/wisenberg

2
Aussichtsturm Wisenberg

🥾🥾🥾 ❤️❤️🤍

Grün und gemütlich! Mit seinen «orientalischen» 1001 Metern Höhe ist der Wisenberg der östlichste Juragipfel, der die Tausendermarke knackt. Zum Glück steht oben der 24,5 Meter hohe Aussichtsturm, sonst gäbe es vor lauter Bäumen keine Aussicht. Von der Plattform reicht der Blick bis nach Deutschland und ins Elsass. Die Rundwanderung eignet sich für Geniesser, die autofreie Natur erleben wollen und unterwegs gerne einkehren. Ausgangs- und Endpunkt ist Bad Ramsach, wo das Quellhotel Wellness ermöglicht – im Heilbad und im Restaurant mit guter Küche.

START & ZIEL Bad Ramsach (740 m ü. M.) – Hasmatt (875 m ü. M.) – Wisenberg (1001 m ü. M.) – Untere Hupp (799 m ü. M.) – Bad Ramsach.

DISTANZ & GEHZEIT 5 Kilometer, 2 Stunden (Rundtour).

HÖHENMETER 270 aufwärts, 270 abwärts.

EINKEHR Quellhotel Bad Ramsach, Hupp Lodge beim Weiler Untere Hupp.

www.landliebe.ch/chellenchoepfli

3
Chellenchöpfli und Hinteri Egg

🥾🥾🥾 ♥♥♡

Einen Aussichtsberg namens Chellenchöpfli muss man einfach gernhaben. Er ist mit einer Seilbahn erschlossen – und entsprechend beliebt. Der grüne Hügelzug ist weitläufig, bietet etliche Wanderwege (auch kinderfreundliche) und Einkehrmöglichkeiten. So wird es auch bei Andrang nicht überlaufen. Ein oft avisiertes Ziel ist der Nachbargipfel: die Hinteri Egg, mit 1168 Metern der höchste Punkt im Kanton Basel-Landschaft. Da er sich im Wald befindet, gibt es keine Aussicht. Vom Chellenchöpfli ist sie dagegen atemberaubend und reicht bis Eiger, Mönch und Jungfrau.

START & ZIEL Von Reigoldswil BL (541 m ü. M.) mit der Gondelbahn bis Wasserfallen (920 m ü. M.). Weiter zu Fuss: Waldweid (1015 m ü. M.) – Hinteri Egg (1168 m ü. M.) – Chellenchöpfli (1157 m ü. M.) – Hintere Wasserfallen (955 m ü. M.) – Wasserfallen.

DISTANZ & GEHZEIT 5 Kilometer, 2 Stunden (Rundtour).

HÖHENMETER 270.

EINKEHR Vier Bergrestaurants entlang der Rundwanderung.

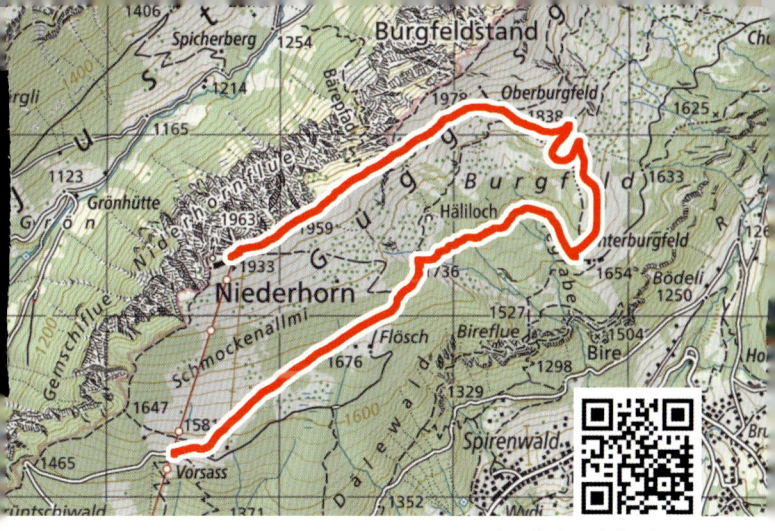

www.landliebe.ch/krokusse

4
Wo die Krokusse blühen
👢👢👢 ♥♥♡

Der Panoramablick auf den Thunersee und hinüber zu Eiger, Mönch und Jungfrau macht das Niederhorn ganzjährig zu einem spektakulären Ausflugsziel. Aber wenn hier im Mai auch noch die Krokusse zu Tausenden blühen, ist dieser Aussichtsberg nicht zu überbieten. Das «muss» man einmal im Leben erlebt haben! Dank der Niederhornbahn kommen auch weniger geübte Berggänger in den Genuss dieses Naturwunders. Wichtig ist einzig: die Schuhe fest schnüren, sonst haut dieses Phänomen jeden aus den Wandersocken!

START & ZIEL Von Beatenbucht (572 m ü. M.) oder Beatenberg (1121 m ü. M.) mit der Bahn aufs Niederhorn (1934 m ü. M.). Wanderung via Hohseil (1920 m ü. M.) – Oberburgfeld (1836 m ü. M.) – Unterburgfeld (1652 m ü. M.) – Alp Flösch (1676 m ü. M.) zum Vorsass (1581 m ü. M.). Von hier mit der Bahn zurück nach Beatenberg – oder zu Fuss via Bodenalp (1365 m ü. M.).

DISTANZ & GEHZEIT 7 Kilometer bis Vorsass plus 3 Kilometer bis Beatenberg, 2,5 Stunden bis Vorsass.

HÖHENMETER 150 aufwärts, 500 abwärts.

TIPP 1 Wer nur spazieren will, erreicht die üppigen Krokusfelder bei der Alp Oberburgfeld in ca. 30 Minuten ab Bergstation Niederhorn.

TIPP 2 Wann die Krokusse blühen, hängt von der Schneeschmelze ab. Meistens ist es zwischen Ende April und Mitte Mai so weit. Infos via Webcam www.niederhorn.ch.

TIPP 3 Wegen Revisionsarbeiten schliesst die Niederhornbahn jeweils ab Ende März drei Wochen den Betrieb. Fahrplan unter: www.niederhorn.ch.

EINKEHR Berghaus Niederhorn; Bärgrestaurant Vorsass in Beatenberg.

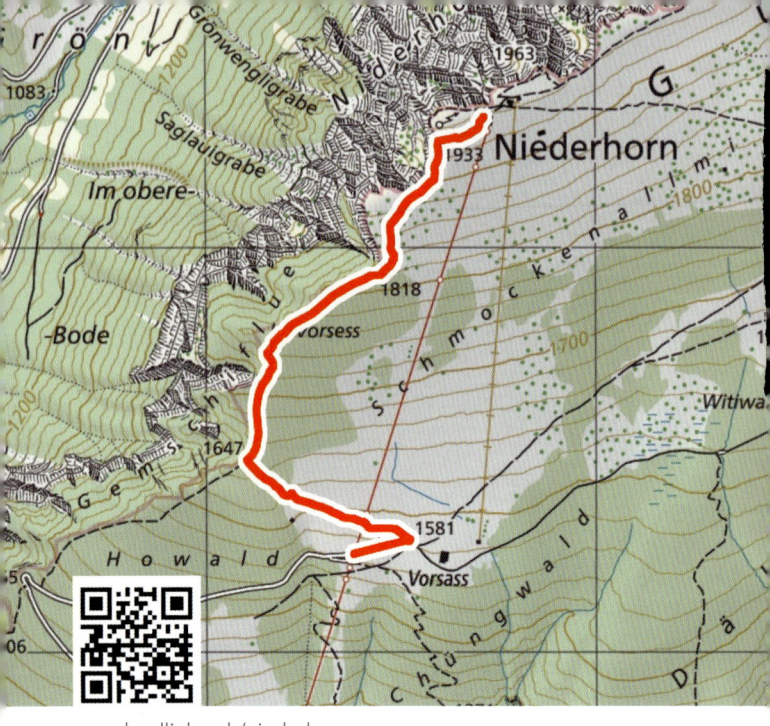

www.landliebe.ch/niederhorn

5
Märchenwald des Steinwildes

👢 👢 👞 ❤ ❤ 🤍

Es duftet nach Moos und Nadelholz; stolze Kiefern, Fichten und Tannen säumen den Trampelpfad. An den lichten Stellen reicht der Blick hinüber zum Niesen, auf den Thunersee und über die Gemschiflue hinab ins idyllische Justistal. Diese bäumige Bergwanderung führt entlang der Südwestflanke des Niederhorns direkt durch das «Wohnzimmer» des Steinwilds. Das Jägerloch auf ca. 1760 Metern erinnert zudem daran, dass hier einst ein wertvoller Schatz abgebaut wurde: Kohle. Der Stollen befindet sich an exponierter Stelle. Man sieht ihn vom Wanderweg aus und zollt den Arbeitern von damals höchsten Respekt.

START & ZIEL Von Beatenberg (1121 m ü. M.) mit der Bahn – oder zu Fuss – zur Mittelstation Vorsass (1581 m ü. M.). Von hier westwärts und durch den Wald via Uf Vorsess (1760 m ü. M.) aufs Niederhorn (1934 m ü. M.). Retour mit der Bahn.

DISTANZ & GEHZEIT 2 Kilometer, 1,5 Stunden.

HÖHENMETER 400.

EINKEHR Bärgrestaurant Vorsass, Berghaus Niederhorn, in Beatenberg.

www.landliebe.ch/sichle

6
Justistal und Sichle
🥾🥾🥾 ♥♥♡

Das beschauliche Justistal bietet pure Berner Oberländer Alpenidylle. Bekannt ist es für die Chästeilet, die jeweils im September als grosses Fest gefeiert wird und viele Besucher anlockt. Im Frühling bleibt es aber ein ruhiges Bergtal mit nahezu unberührter Fauna und Flora. Die Wanderung ist leicht und eignet sich für die ganze Familie. Mit etwas Glück sieht man Steinböcke und Gämsen. Ganz hinten im Bergtal führt ein Naturpfad hinauf auf die Sichle, der Gebirgsübergang nach Innereriz.

START & ZIEL Von Grön (1125 m ü. M.) bis Oberhofner (1451 m ü. M.). Retour auf gleichem Weg oder weiter über die Sichle (1679 m ü. M.) nach Innereriz (1040 m ü. M.).

GEHZEIT Grön bis Oberhofner: 2 Stunden (pro Weg). Sichle plus 1 Stunde (pro Weg). Innereriz plus 1,5 Stunden.

DISTANZ Grön bis Oberhofner: 4,5 Kilometer. Sichle plus 1,5 Kilometer. Innereriz plus 5 Kilometer.

HÖHENMETER Grön bis Oberhofner: 300. Sichle: plus 260.

WICHTIG Die Alp Grön liegt eingangs des Justistals. Kein Postauto. Nur mit Privatauto erreichbar – oder zu Fuss ab Beatenberg (ca. 5 Kilometer, ca. 60 Höhenmeter auf und ab, 1 Stunde) oder ab Thunersee, Haltestelle Merligen Beatus (4 Kilometer, 560 Höhenmeter, 1 Stunde).

EINKEHR Lilis Beizli bei der Alp Gross Mittelberg im Justistal, in Beatenberg, in Merligen.

www.landliebe.ch/piansecco

www.landliebe.ch/craveggia

7
Pian Secco

Das Maiensäss Pian Secco ganz hinten im Valle Onsernone ist ein Kraftort. Wunderschön in grüner Natur gelegen und mit Weitblick über das ganze Tal. Es ist nur zu Fuss erreichbar – und von mehreren Seiten. Wir sind vom Dorf Comologno über den Weiler Ligünc hergewandert und dann ins Dorf Spruga abgestiegen. Eine aussichts- und erlebnisreiche Tour, die wirkt wie ein Entschleunigungsmittel.

START & ZIEL Comologno (1085 m ü. M.) – Ligünc (1343 m ü. M.) – Pian Secco (1440 m ü. M.) – Spruga (1113 m ü. M.). Retour mit dem Postauto.

DISTANZ & GEHZEIT 4 Kilometer, 2,5 Stunden.

HÖHENMETER 400 aufwärts, 370 abwärts.

TIPP Auf Pian Secco gibt es Rustico-Ferienhäuser zu mieten (www.piansecco.ch).

EINKEHR In Comologno und Spruga.

8
Bäder von Craveggia

Gleich hinter dem Dorf Spruga, exakt auf der Grenze zu Italien, befinden sich die historischen Bäder von Craveggia. Die Ruinen wurden sanft renoviert und sind ein ideales Ausflugsziel auch mit Kindern. Baden kann man im Fluss oder in den zwei neuen Granitwannen. Eine der beiden lässt sich mit dem 28 Grad warmen Heilwasser füllen. Die Wanderung führt über ein asphaltiertes, aber verkehrsfreies Strässchen

START & ZIEL Spruga (1113 m ü. M.) – Bäder von Craveggia (980 m ü. M.). Retour auf gleichem Weg.

DISTANZ & GEHZEIT 3 Kilometer, 45 Minuten pro Weg.

HÖHENMETER 150 aufwärts, 150 abwärts.

TIPP Badehosen und Proviant mitnehmen.

EINKEHR In Spruga.

www.landliebe.ch/arena

9
Waldreservat dell'Arena
👟👟👟 ♥♥♥

Im Valle di Vergeletto, dem Seitental des Valle Onsernone, befindet sich das Waldreservat dell'Arena. Durch das wilde Dickicht ist ein schöner, aber anspruchsvoller Bergwanderweg angelegt. Gerade im Frühling und Frühsommer ist die reiche Fauna schier unwirklich grün – und an sonnigen Tagen bieten die hohen Baumkronen willkommen Schatten. Es gibt Bergulmen, Bergahorn oder Alpenerlen. Entlang des Pfads öffnen sich immer wieder herrliche Ausblicke über das Tal.

START & ZIEL Piano delle Cascine (1110 m ü. M.) im Valle Vergeletto. Via Bosco dello Scheggione (1440 m ü. M.) und Gèria (1017 m ü. M.) zurück nach Piano delle Cascine.

DISTANZ & GEHZEIT 8 Kilometer, 4 Stunden.

HÖHENMETER 550 aufwärts, 550 abwärts.

EINKEHR In Piano delle Cascine.

www.landliebe.ch/salei

10
Lago di Saléi

👟 👟 👞 ♥ ♡ ♡

Der Bergsee Saléi (1923 m ü. M.) trägt den Beinamen «Perle der Alpenwelt». Er befindet sich oberhalb der Alpe di Saléi und bietet einen sagenhaften Ausblick über die grüne Hügellandschaft bis hinab zum Lago Maggiore. Auf der Südseite des Ufers gibt es eine Grillstelle. Der Wanderweg führt über offene Alpwiesen, ist nicht sehr steil und einfach zu begehen. Auf der Alp lädt das Bergbeizli zu feinen Tessiner Spezialitäten ein.

START & ZIEL Von Zott (975 m ü. M.) im Valle di Vergeletto mit der Seilbahn auf die Alpe di Saléi (1777 m ü. M.). Weiter zu Fuss zum Lago di Saléi (1923 m ü. M.). Retour auf demselben Weg.

DISTANZ & GEHZEIT 1,5 Kilometer und 45 Minuten pro Weg.

HÖHENMETER 150.

EINKEHR Auf der Alpe di Saléi, in Vergeletto-Zott.

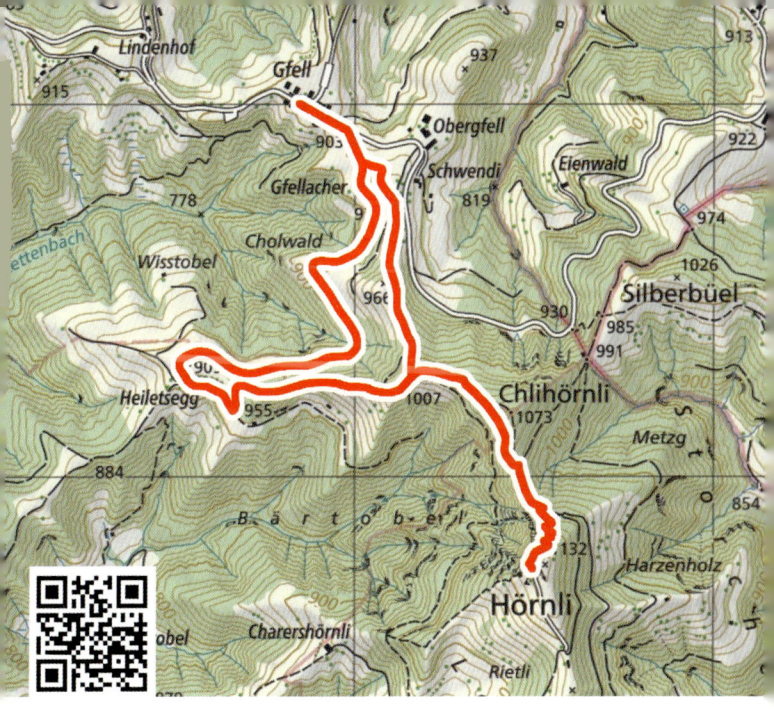

www.landliebe.ch/hoernli

11
Hörnli

🥾🥾👟 ❤️❤️🤍

Kein Wunder, gehört das 1133 Meter hohe Hörnli im oberen Tösstal zu den beliebtesten Ausflugsbergen im Zürcher Oberland: Die Wanderung ist auch mit Kindern gut machbar, der Weg führt durch eine wunderbare grüne Landschaft – und oben öffnet sich eine fantastische Weitsicht. An klaren Tagen reicht sie bis zum Säntis im Alpstein, zum Glärnisch, zur Rigi, zum Chasseral im Jura und gegen Norden bis ins Allgäu in Deutschland. Ein Ort zum «Dureschnuufe» – und ein Beizli hats auch.

START & ZIEL Rundwanderung: Postauto-Haltestelle Sternenberg-Gfell 903 m ü. M.) – Chlihörnli (1073 m ü. M.) – Hörnli (1133) – Heiletsegg (909 m ü. M.) – Sternenberg-Gfell.

DISTANZ & GEHZEIT 5 Kilometer und 2,5 Stunden (Rundtour).

HÖHENMETER 300 aufwärts, 300 abwärts.

VARIANTE Abstieg nach Bauma oder Steg im Tösstal.

EINKEHR «Sternen» in Sternenberg, Berggasthaus Hörnli.

ZÜRCHER OBERLAND

Zusatzinfo: Bachtel
www.landliebe.ch/bachtel

www.landliebe.ch/schnebelhorn

12
Schnebelhorn

Das Schnebelhorn – mit 1292 Metern der höchste Berg im Kanton Zürich – ist für viele Leute ein Sehnsuchtsgipfel. Zwar ist die Wanderung «technisch» nicht speziell anspruchsvoll, aber sie verlangt Ausdauer. Einmal oben, lohnt es sich, dem Höhenweg zu folgen und die Hügelkette bis Chrüzegg zu überschreiten. Zur Belohnung gibt es spektakuläre Fernsichten zu den Alpen, zum Jura, ins Toggenburg, nach Deutschland – und Natur pur.

START & ZIEL Steg im Tösstal (695 m ü. M.) – Boden (705 m ü. M.) – Vorderegg (853 m ü. M.) – Rütiwis (946 m ü. M.) – Roten (1094 m ü. M.) – Hirzegg (1050 m ü. M.) – Schnebelhorn (1292 m ü. M.) – Schindelberg (1234 m ü. M.) – Habrütispitz (1275 m ü. M.) – Chrüzegg (1264 m ü. M.) – Chamm (669 m ü. M.) – Hintergoldingen (828 m ü. M.).

DISTANZ & GEHZEIT Ca. 15 Kilometer, 7 Stunden.

HÖHENMETER 1000 aufwärts, 850 abwärts.

EINKEHR In Steg, Alpbeizli Schindelberg (ab Mai geöffnet), Berggasthaus Chrüzegg, in Hintergoldingen.

VARIANTEN Vom Hörnli zum Schnebelhorn wandern. Abstieg vom Schnebelhorn via Tierhag und Bärloch nach Steg im Tösstal.

ZÜRCHER OBERLAND

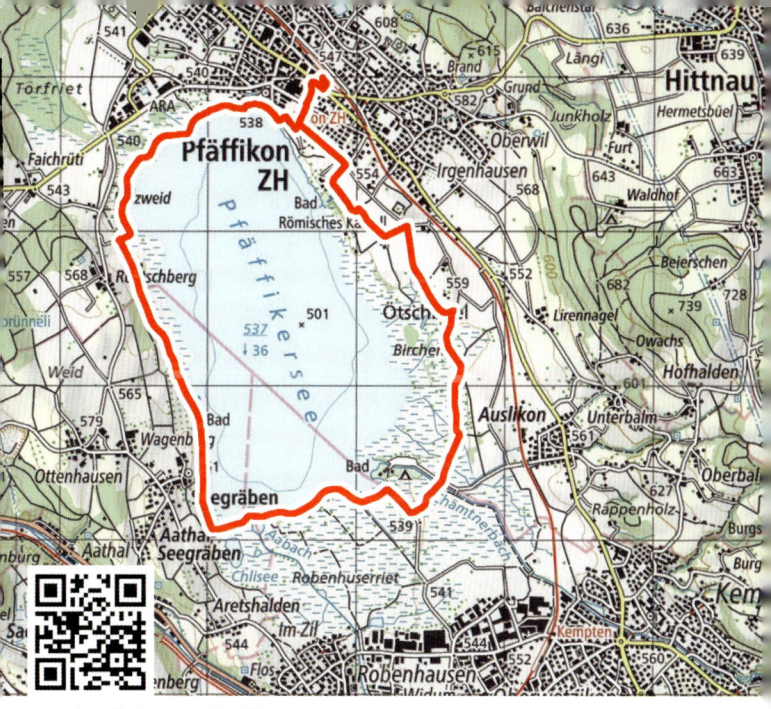

www.landliebe.ch/pfaeffikersee

13
Pfäffikersee
👢👢👢 ♥♥♡

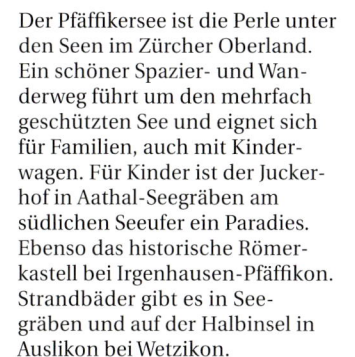

Der Pfäffikersee ist die Perle unter den Seen im Zürcher Oberland. Ein schöner Spazier- und Wanderweg führt um den mehrfach geschützten See und eignet sich für Familien, auch mit Kinderwagen. Für Kinder ist der Juckerhof in Aathal-Seegräben am südlichen Seeufer ein Paradies. Ebenso das historische Römerkastell bei Irgenhausen-Pfäffikon. Strandbäder gibt es in Seegräben und auf der Halbinsel in Auslikon bei Wetzikon.

START & ZIEL Die Rundwanderung um den Pfäffikersee kann man grundsätzlich von überall her starten. Mit Anschluss an die S-Bahn eignet sich Pfäffikon als Ausgangspunkt.

DISTANZ & GEHZEIT 10 Kilometer, 3 Stunden.

HÖHENMETER Praktisch keine.

EINKEHR Pfäffikon, Seegräben Juckerhof, Seekiosk Auslikon.

ZÜRCHER OBERLAND

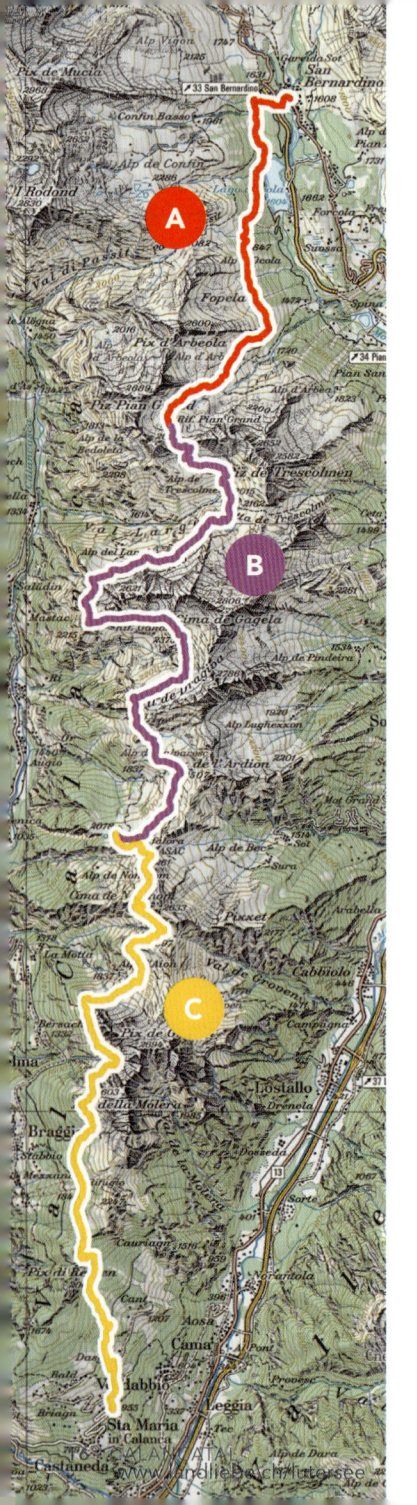

14
Sentiero Alpino Calanca
🥾🥾🥾 ♥♥♥

Der 38 Kilometer lange Sentiero Alpino Calanca ist der Traum eines jeden ambitionierten Wanderers – und einer der schönsten Höhenwege der Schweiz. Die Landschaft ist spektakulär, man blickt über das Tal bis in die Hochalpen und kommt unter anderen am Herzsee vorbei. Es ist ein anspruchsvoller, weiss-rot-weiss markierter Weg in alpinem Gelände, der Ausdauer, Trittsicherheit, Schwindelfreiheit, gute Ausrüstung, Erfahrung im Bergwandern, gute Verhältnisse und eine stabile Wetterlage voraussetzt. Die Tiefblicke sind atemberaubend, einige Stellen sind ausgesetzt und mit Fixketten gesichert. Mindestens drei lange Tagesetappen oder fünf kürzere sind nötig. Tipps für die Planung ab Seite 80.

A: ERSTE ETAPPE

www.landliebe.ch/piangrand

Der Aufstieg zum Rifugio Pian Grand ist die erste Tagesetappe ab San Bernardino Dorf. Man kann sie auch als eigenständige Wanderung machen, ohne danach den weiten Höhenweg des Sentiero Alpino Calanca anzuhängen. Erst führt der weiss-rot-weiss markierte Bergweg durch Moorfauna, Lärchenwald und einen endlosen Garten von Alpenrosen. Weiter oben wird die Landschaft karger und die Aussicht über das grüne Misoxtal ist herrlich. Zwischendurch sind die Pfade steil oder verlieren sich im Geröll. Dann weisen Steinmannli den Weg. Das Rifugio Pian Grand ist ein modernes und heimeliges Selbstversorger-Biwak mit zwei pyramidenförmigen Hütten. Sie bieten Platz für 18 Personen. Ausser dem Essen ist alles vorhanden, was es zum Kochen und Übernachten braucht.

START & ZIEL San Bernardino Dorf (1608 m ü. M.) – Alp d'Arbeola (2080 m ü. M.) – Rifugio Pian Grand (2398) m ü. M.

DISTANZ & GEHZEIT 8 Kilometer, 4,5 Stunden.

HÖHENMETER 1000 aufwärts, 200 abwärts.

B: ZWEITE UND DRITTE ETAPPE

www.landliebe.ch/buffalora

START & ZIEL Rifugio Pian Grand (2398 m ü. M.) – Passo dell'Alta Burasca (2514 m ü. M.) – Alp de Trescolmen (2015 m ü. M.) – Bocchetta del Büscenel (2157 m ü. M.) – Rifugio Ganan (2375 m ü. M., Übernachtungsmöglichkeit im Selbstversorgerbiwak) – Piz de Ganan (2412 m ü. M.) – Herzsee Lagh de Calvaresc (2214 m ü. M.) – Capanna Buffalora (2078; bewartete Berghütte).

DISTANZ & GEHZEIT 15 Kilometer (bis Capanna Buffalora), 8 Stunden.

HÖHENMETER 1200 aufwärts, 1500 abwärts.

C: VIERTE UND FÜNFTE ETAPPE

www.landliebe.ch/santamaria

START & ZIEL Capanna Buffalora (2078 m ü. M.) – Fil de Nomnom (2426 m ü. M.) – Rifugio Alp di Fora (1844 m ü. M.; Übernachtungsmöglichkeit im Selbstversorgerbiwak) – Pian di Renten (1914 m ü. M.) – Santa Maria (955 m ü. M.).

DISTANZ & GEHZEIT 15 Kilometer, 7,5 Stunden.

HÖHENMETER 900 aufwärts, 2000 abwärts.

WICHTIG Alle Übernachtungen in den Hütten und Biwaks müssen bei der Associazione Sentieri Alpini Calanca (ASAC) reserviert werden – über die Capanna Buffalora: Telefon 091 828 14 67 oder 079 772 45 13 (kein SMS). Oder online auf der Homepage: www.sentiero-calanca.ch.

BESTE ZEIT Juli bis September. Im Frühsommer und im Herbst ist mit Schnee oder Eis an abschüssigen Stellen zu rechnen, die Steigeisen und Pickel erfordern. Bei Schnee, Regen und Nebel kann die Wanderung gefährlich werden. Auskunft über den aktuellen Wegzustand gibt der Hüttenwart in der Capanna Buffalora (Tel. 091 828 14 67 oder 079 772 45 13).

WEITERFÜHRENDE LITERATUR

«Val Calanca – 21 Wanderungen in einem ursprünglichen Südalpental» von Ueli Hintermeister und Silvia Fantacci (Rotpunktverlag).

EINKEHR In San Bernardino, in der Buffalora-Hütte und in Santa Maria.

www.landliebe.ch/selma

15
Calanca-Talebene

Wie steil und wild das stark bewaldete Val Calanca ist, sieht man auch vom Tal aus sehr eindrücklich. Zwischen Cauco und Selma führt ein familientauglicher Kultur-Wanderweg durch die einzige Ebene des Talbodens – entlang der Calancasca. An einigen Stellen kann man die Füsse im Wasser kühlen und die Sonne geniessen.

START & ZIEL Cauco (981 m ü. M.) – Selma (977 m ü. M.).

DISTANZ & GEHZEIT 3 Kilometer, 1 Stunde

HÖHENMETER 50.

EINKEHR In den Dörfern.

CALANCATAL GR

www.landliebe.ch/voralp

16
Voralphütte & Rekord-Fichte
👢👢👢 ❤️❤️❤️

Alpenrosen, Enziane, Murmeltiere: Die gut markierte Wanderung durch das Voralptal ist ein Naturerlebnis wie aus dem Bilderbuch. Hinten im Tal wartet die Voralphütte (SAC), wo eine flotte Hüttencrew auch Tagesgäste kulinarisch verwöhnt. Das Voralptal ist ein Seitental des Göscheneralptals und nur zu Fuss erreichbar. Bei der Voralpkurve, wo der Bergweg beginnt, wächst die dickste Fichte der Schweiz. Der Abstecher zu ihr ist grün-weiss markiert und dauert etwa 15 Minuten. Das Prachtstück steht am Rande eines Nadelwaldes und ist schätzungsweise 350 Jahre alt.

START & ZIEL Voralpkurve im Göscheneralptal (Postauto-Haltestelle, Parkplatz, 1402 m ü. M.) – Voralphütte (2126 m ü. M.). Retour auf gleicher Route.

DISTANZ & GEHZEIT 12 Kilometer, 5 Stunden (hin und zurück).

HÖHENMETER 800 aufwärts, 800 abwärts.

EINKEHR Voralphütte.

www.landliebe.ch/bergsee

17
Bergsee & Bergseehütte
👢👢👟 ♥♥♥

Die Wanderung zur Bergseehütte (SAC) und zum wunderschönen Bergsee öffnet den Horizont. Mit jedem Höhenmeter, den wir aufsteigen, wird der Ausblick fantastischer: Das Panorama reicht über das Göscheneralptal und in die wilden Gletscher des Dammastocks (3630 m ü. M.). Der markierte Bergpfad beginnt beim Staudamm des Göscheneralpsees. Nach hundert Höhenmetern gelangt man zu einem Hochmoor, das von lauschigen Rastplätzchen umgeben ist. Dieses erste Wegstück eignet sich auch für Familien. Die nächste Etappe hinauf zur Hütte ist hingegen steil und verlangt Trittsicherheit. Doch die Anstrengung lohnt sich.

START & ZIEL Göscheneralp-Stausee (Postauto-Haltestelle, Parkplatz, 1771 m ü. M.) – Bergseehütte (2370 m ü. M.). Retour auf gleicher Route.

DISTANZ & GEHZEIT 6 Kilometer, 3,5 Stunden (hin und zurück).

HÖHENMETER 600 aufwärts, 600 abwärts.

EINKEHR Gasthaus Dammagletscher beim Staudamm, Bergseehütte.

www.landliebe.ch/stausee

18
Göscheneralp & Stausee
🥾🥾🥾 ❤️❤️❤️

Entlang der Göschenerreuss führt diese Wanderung durch das idyllische Göscheneralptal. Sie beginnt in Göschenen und endet auf der Alp beim Stausee. Der Weg ist ausgeschildert und einfach, damit eignet er sich auch für Familien. Wem die Distanz zu weit ist, der kann mit dem Postauto abkürzen: zum Beispiel bis zum Zeltplatz im Jäntelboden (1536 m ü. M.) fahren oder zum Weiler Gwüest (1582 m ü. M.), wo es ein Gasthaus hat – und von dort hinauf zum Staudamm wandern, wo das Gasthaus Dammagletscher wartet. Hier gab es einst eine Ortschaft, deren Bewohner wegen des Stausees 1962 umgesiedelt wurden.

START & ZIEL Göschenen (1102 m ü. M.) – Göscheneralp, Staudamm (1771 m ü. M.). Retour mit dem Postauto.

DISTANZ & GEHZEIT 9 Kilometer, 4 Stunden.

HÖHENMETER 700.

TIPP Wem die Distanz zu weit ist, der kann mit dem Postauto abkürzen: zum Beispiel bis zum Zeltplatz im Jäntelboden (1536 m ü. M.) fahren oder zum Weiler Gwüest (1582 m ü. M.).

EINKEHR In Göschenen, Gasthaus Göscheneralp in Gwüest, Berggasthaus Dammagletscher beim Staudamm.

www.landliebe.ch/glattalp

19
Glattalpsee

🥾🥾🥿 ❤️❤️🤍

Klar wie ein Kristall und eingebettet wie eine Perle: Der Bergsee auf der Glattalp im Bisistal ist ein Schmuckstück der Natur und ein perfektes Ziel für die ganze Familie. Wenig Höhenmeter, einfacher Weg. Um den See zu umwandern, ist am Südufer Trittsicherheit nötig. Trotz der reichen Blumenvielfalt wirkt die von Karrfeldern geprägte Landschaft wie ein alpines Amphitheater. Ein Ort zum Verweilen.

START & ZIEL Luftseilbahn Sahli–Glattalp im Bisistal. Ab Bergstation Glattalp (1877 m ü. M.) Rundwanderung um den Glattalpsee.

DISTANZ & GEHZEIT 7 Kilometer, 2 Stunden (Rundtour).

HÖHENMETER 150 aufwärts, 150 abwärts.

EINKEHR Berggasthaus Glattalp, Glattalp-Hütte (SAC).

TIPP An Schönwettertagen im Sommer kann es bei der Bahn zu Wartezeiten kommen. Als Alternative bietet sich der Wanderweg vom Sahli auf die Glattalp (700 Höhenmeter, 2 Stunden aufwärts).

www.landliebe.ch/urwaldspur

20
Urwaldspur Bödmeren

🥾🥾👟 ♥♡♡

Urwald? Ja, auch den gibt es im Muotatal. Der Bödmerenwald am Pragelpass ist Heimat von Moorbirken, Bergföhren, Weisstannen und so vielen Fichten, wie es das sonst nirgends in Westeuropa gibt. Im Dickicht gedeihen 250 Moos- und 300 Pflanzenarten. Wie ein solcher Dschungel die Jahrhunderte überdauern konnte, erfahren wir auf dem Themenweg «Urwaldspur» und im neuen Urwaldpavillon. Die Wanderung führt um das Roggenstöckli, durch ein fantastisches Mosaik aus Wald, Weide und Kalkstein. Ein wahres Märchen!

START & ZIEL Urwaldpavillon vis-à-vis der Alpwirtschaft Unter Roggenloch (1525 m ü. M.) an der Pragelpassstrasse. Rundwanderung ums Roggenstöckli.

DISTANZ & GEHZEIT 3,5 Kilometer, 1,5 Stunde (Rundtour).

HÖHENMETER 200 aufwärts, 200 abwärts.

EINKEHR Alpwirtschaft Unter Roggenloch, Alpbeizli Ober Roggenloch.

INFO Ab Muotathal kein ÖV bis zum Urwaldpavillon. Möglichkeit: Taxi Pragel Garage, Muotathal.

MUOTATAL SZ

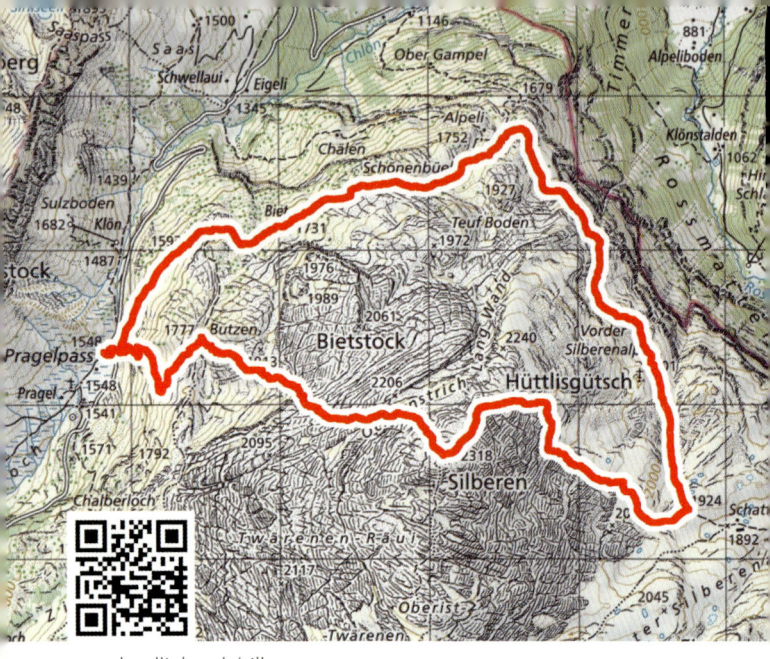

www.landliebe.ch/silberen

21
Karstspur Silberen

👢👢👢 ♥♥♥

Die Silberen-Hochebene bildet das Herzstück der Karstlandschaft im Muotatal. Atemberaubend schön sind die riesigen, silbrig schimmernden Karrenfelder. Über Jahrtausende hinweg hat Wasser imposante Löcher und Furchen tief in den Kalkstein gefressen. Wie ein versteinerter, spaltenreicher Gletscher sieht das Terrain aus. Im Untergrund befindet sich das Hölloch, eines der grössten Höhlensysteme der Welt. Die Wanderung über die Silberen verlangt zwar Ausdauer und Trittsicherheit, lohnt aber jeden Schweisstropfen. Entlang des Wegs kommen wir an romantischen Seen vorbei und auf den Weiden der Silberenalp sömmern Pferde.

START & ZIEL Pragelpasshöhe (1550 m ü. M.) – Alp Butzen (1780 m ü. M.) – Silberen (2315 m ü. M.) – Hinter Silberenalp (1924 m ü. M.) – Alpeli (1752 m ü. M.) – Biet (1691 m ü. M.) – Pragelpasshöhe.

DISTANZ & GEHZEIT 13 Kilometer, 6 Stunden (Rundtour).

HÖHENMETER 1000.

EINKEHR Alpwirtschaft Pragelpasshöhe.

INFO Ab Muotathal kein ÖV auf den Pragelpass. Möglichkeit: Taxi, Pragel Garage.

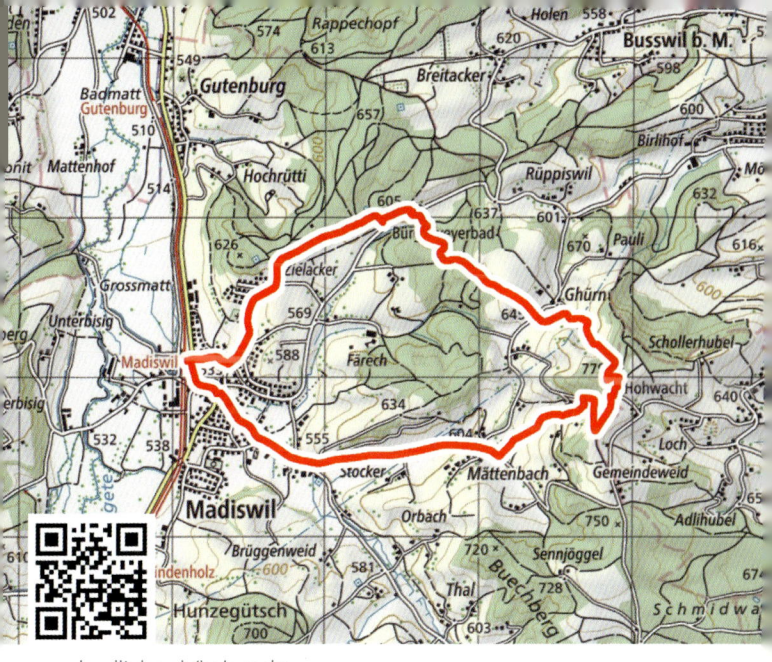

www.landliebe.ch/hohwacht

22
Linksmähder & Hohwacht

Schöne und abwechslungsreiche Wanderung von Madiswil BE (534 m ü. M.) hinauf zur Hohwacht (780 m ü. M.) bei Reisiswil. Oben steht ein Aussichtsturm, an klaren Tagen kann man 150 Gipfel sehen. Der Weg führt über weite Matten, Äcker und Felder durch die Höger-Landschaft. Empfehlenswert ist, den lehrreichen Linksmähder-Pfad im Bauerndorf Madiswil anzuhängen. Er ist wie eine Reise in die Vergangenheit. Die stattlichen Berner Bauernhäuser im Dorf gelten als «Musterkarte ländlicher Architektur des 17., 18. und 19. Jahrhunderts» und man erfährt, weshalb ein Linksmähder das Gemeindewappen ziert.

START & ZIEL Madiswil (534 m ü. M.) – Bürgisweyer (605 m ü. M.) – Hohwacht (779 m ü. M.) – Mättenbach (604 m ü. M.) – Madiswil.

DISTANZ & GEHZEIT 8 Kilometer, 3 Stunden.

HÖHENMETER 300 aufwärts, 300 abwärts.

TIPP Im Dorf Madiswil gibt es den Linksmähder-Pfad. Es ist ein historischer und informativer Rundgang. Sehr empfehlenswert.

EINKEHR In Madiswil, Gasthof Bürgisweyerbad, Waldhaus Hohwacht.

OBERAARGAU BE

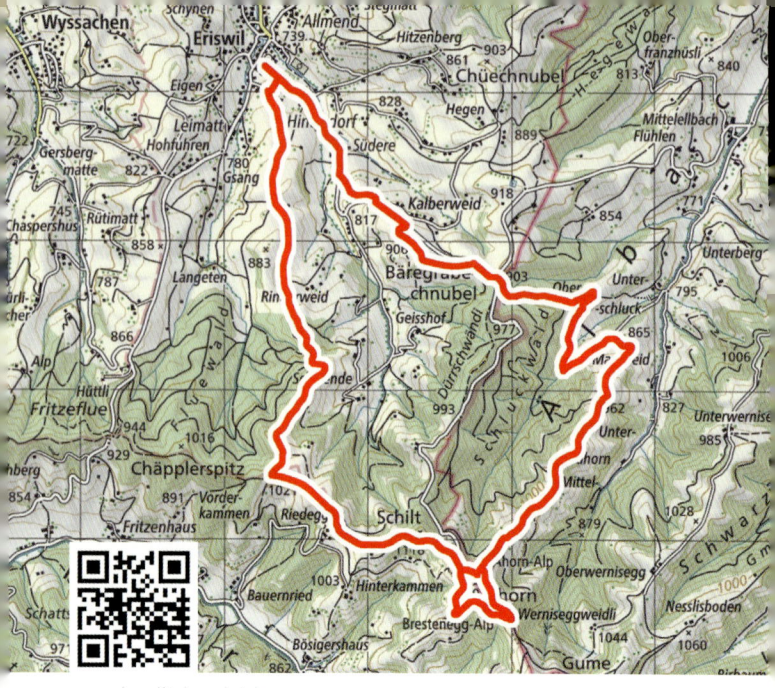

www.landliebe.ch/ahorn

23
Aussichtsberg Ahorn

Die Wanderung von Eriswil BE (739 m ü. M.) auf den Aussichtspunkt Ahorn (1140 m ü. M.) lässt keinen Wunsch offen: Sie führt durch das Hügelland des Oberaargaus bis an die Grenze des Kantons Luzern. Oben ist die Rundsicht atemberaubend, sie reicht bis ins nördliche Napfgebiet, zum Säntis, in die Zentralschweizer, Berner und Freiburger Alpen, in den Jura und ins Mittelland.

START & ZIEL Eriswil (739 m ü. M.) – Bäregrabechnubel (907 m ü. M.) – Oberschluck (855 m ü. M.) – Unterahorn (962 m ü. M.) – Alp Ahorn (1140 m ü. M.) – Brestenegg-Alp (1115 m ü. M.). Retour zur Alp Ahorn – Alp Bettler (1021 m ü. M.) – Eriswil.

DISTANZ & GEHZEIT 13 Kilometer (Rundtour), 5 Stunden.

HÖHENMETER 500 aufwärts, 500 abwärts.

EINKEHR In Eriswil, Restaurant Ahorn-Alp, Wirtschaft Brestenegg-Alp.

www.landliebe.ch/burgaeschisee

24
Burgäschisee
🥾 🏞️ 🥾 ♥ ♡ ♡

Der sehr idyllische Moränensee bei Burgäschi entstand in der Eiszeit, nachdem sich der Rhonegletscher zurückgezogen hatte. Er befindet sich in einem Naturschutzgebiet und ist ein ideales Ausflugsziel für Familien. Rund um das Ufer ist ein schöner Wanderweg angelegt, der teils durch Wald und teils über Wiesen führt. Auf der Südseite ist Baden und Grillieren erlaubt. Der See befindet sich auf der Grenze der Kantone Bern und Solothurn.

START & ZIEL Vom Parkplatz beim Strandbad Burgäschisee (465 m ü. M.) rund um den See.

DISTANZ & GEHZEIT 2,5 Kilometer (Rundtour), 45 Minuten.

HÖHENMETER Keine.

EINKEHR Restaurant Seeblick, Strandbad, in Burgäschi SO.

OBERAARGAU BE 27

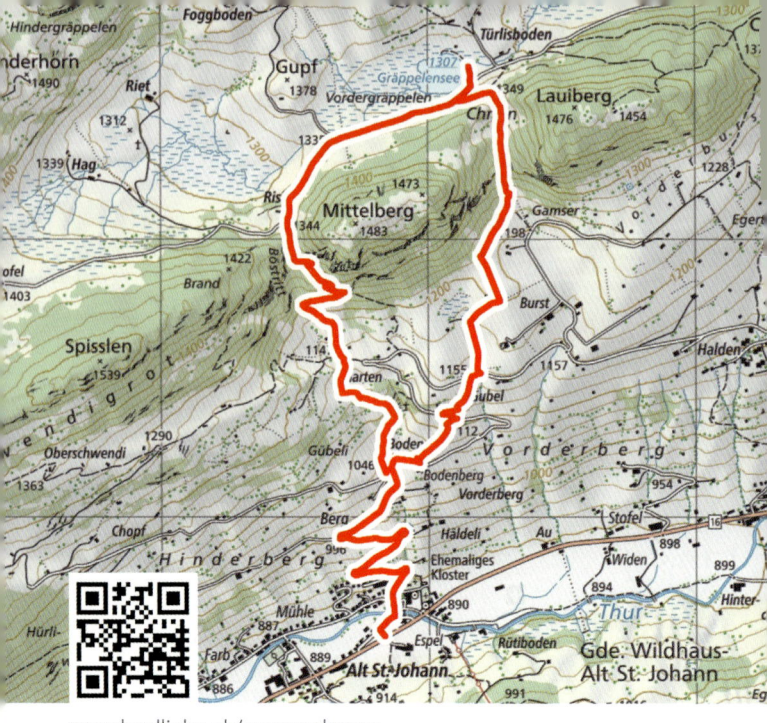

www.landliebe.ch/graeppelensee

25 Gräppelensee

🥾🥾👟 ♥♥♡

Der Gräppelensee ist ein Geheimtipp im Obertoggenburg – und nur zu Fuss erreichbar. Am kürzesten ist die Wanderung ab Alt St. Johann (891 m ü. M.). Sie führt über Feldwege, durch kurze Waldstücke und öffnet einen betörenden Panoramablick hinüber zu den sieben Churfirsten. Der Bergsee liegt auf der Hochebene zwischen Mittelberg und Lütispitz inmitten einer Moorlandschaft von nationaler Bedeutung. Fauna und Flora sind einzigartig. Man darf baden und es gibt eine gepflegte Feuerstelle.

START & ZIEL Alt St. Johann (891 m ü. M.) – Chrinn (1349 m ü. M.) – Gräppelensee (1307 m ü. M.) – Böstritt (1344 m ü. M.) – Alt St. Johann.

DISTANZ & GEHZEIT 7 Kilometer (Rundtour), 3 Stunden.

HÖHENMETER 500 aufwärts, 500 abwärts.

EINKEHR In Alt St. Johann.

www.landliebe.ch/chaeserrugg

26
Chäserrugg & Rosenboden

🥾🥾🥾 ♥♡♡

Der Chäserrugg (2262 m ü. M.) ist einer der sieben Churfirsten und mit der Bahn erschlossen. Oben warten das neue Gipfelgebäude der Stararchitekten Herzog & de Meuron und eine atemberaubende Aussicht ins Alpsteinmassiv, über den Alpenbogen und steil hinab auf den Walensee. An klaren Tagen sieht man 500 Berge in sechs Ländern. Vom Gipfel erstreckt sich der Rosenboden, eine weite Hochebene. Über das Plateau führt der Panorama- und Blumenrundweg. Die Pfade sind einfach zu begehen, die Landschaftskulisse ist einmalig.

START & ZIEL Mit den Bahnen ab Unterwasser auf den Chäserrugg (2262 m ü. M.). Rundwanderung auf dem Hochplateau Rosenboden.

DISTANZ & GEHZEIT 3 Kilometer (Rundtour), 1,5 Stunden.

HÖHENMETER 150 aufwärts, 150 abwärts.

EINKEHR Gipfelrestaurant Chäserrugg und in Unterwasser.

OBERTOGGENBURG SG

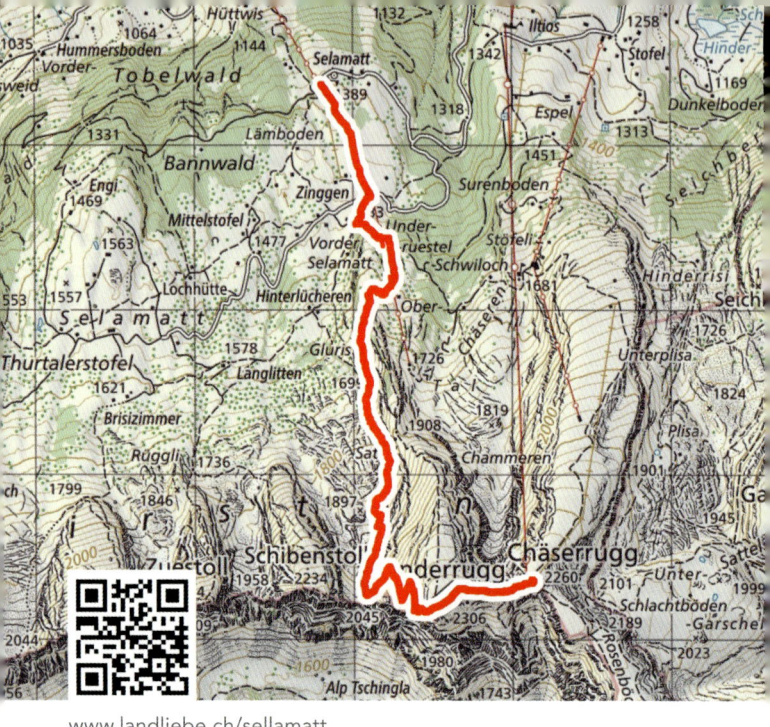

www.landliebe.ch/sellamatt

27
Hinterrugg & Alp Sellamatt

Von der Bergstation des Chäserrugg (2262 m ü. M.) führt ein steiniger Bergweg hinüber zum Nachbargipfel Hinterrugg (2306 m ü. M.). Er ist der höchste der sieben Churfirsten. Weiter geht es steil bergab durch das Gluristal zur Alp Sellamatt. Es ist eine herrliche Wanderung durch unberührte Landschaft, aber auch eine sportliche – selbst im Abstieg. Die vielen Kehren im oberen Stück sind sehr steil und anspruchsvoll. Bergerfahrung ist Voraussetzung. Selbstverständlich kann man diesen Bergweg auch von unten nach oben unter die Füsse nehmen. Gleich neben der Bergstation auf der Sellamatt befindet sich ein Gasthaus mit Sonnenterrasse und betörender Panoramasicht.

START & ZIEL Ab Unterwasser mit den Bahnen auf den Chäserrugg (2262 m ü. M.). Bergweg zum Hinterrugg (2306 m ü. M.) – hinab zur Alp Gluris (1699 m ü. M.) und Alp Sellamatt (1390 m ü. M.). Mit der Bahn nach Alt St. Johann im Tal.

DISTANZ & GEHZEIT 5,5 Kilometer, 2,5 Stunden.

HÖHENMETER 950 abwärts.

TIPP Die Wanderung in umgekehrter Richtung unter die Füsse nehmen: bergauf ab Sellamatt.

EINKEHR In Unterwasser, Gipfelrestaurant Chäserrugg, Berggasthaus Sellamatt, in Alt St. Johann.

www.landliebe.ch/klangweg

www.landliebe.ch/sagenweg

28
Toggenburger Klangweg

Der Toggenburger Klangweg ist ein Erlebnis für die ganze Familie in der grünen Natur. Entlang des Wegs stehen Klanginstallationen, die der Wanderer in Bewegung setzen darf. Jede klingt anders. Klänge gehören im Toggenburg zur Kultur – von Kuhglocken über Alpsegen bis Jodeln. Der Klangweg ist in zwei Etappen gegliedert: von Oberdorf (1230 m ü. M.) nach Iltios (1350 m ü. M.) und weiter zur Alp Sellamatt. Wir haben letztere unter die Füsse genommen.

START & ZIEL Von Unterwasser mit der Bahn bis Iltios (1350 m ü. M.). Von hier Wanderung zur Alp Sellamatt (1390 m ü. M.). Retour auf demselben Weg – oder ab Selamatt mit der Bahn hinab nach Alt St. Johann.

DISTANZ & GEHZEIT 2 Kilometer, 45 Minuten.

HÖHENMETER 50 aufwärts, 50 abwärts.

EINKEHR In Unterwasser, Berggasthaus Iltios, Berggasthaus Sellamatt, in Alt St. Johann.

29
Toggenburger Sagenweg

Ein landschaftliches Highlight! Der Sagenweg ist eine Rundwanderung und führt von der Alp Sellamatt zum Thurtalerstofel – stets entlang der imposanten Zacken der Churfirsten. Der Weg ist einfach zu begehen und kinderfreundlich (ab 6 Jahren). Die Kleinen erfreuen sich an den zwölf Tafeln, die schaurig-schöne Mythen und Legenden aus der lokalen Sagenwelt erzählen. Es gibt Feuerstellen mit Holz.

START & ZIEL Von Alt St. Johann (890 m ü. M.) mit der Bahn auf die Alp Sellamatt (1390 m ü. M.). Rundwanderung zum Mittelstofel (1471 m ü. M., kurze Variante) oder zum Thurtalerstofel (1557 m ü. M.) – und zurück zur Alp Sellamatt.

DISTANZ & GEHZEIT 3 Kilometer (Mittelstofel), 6 Kilometer (Thurtalerstofel), 1,5 respektive 3 Stunden.

HÖHENMETER 150 respektive 250 aufwärts, 250 abwärts.

EINKEHR Berggasthaus Sellamatt und in Alt St. Johann.

OBERTOGGENBURG SG

Schweizer LandLiebe

NATASCHA KNECHT | THOMAS SENF

Lust auf Wandern

— BAND 2 —

Neue idyllische Wanderziele in der Schweiz

WANDERGUIDE Herbst & Winter

Schweizer LandLiebe

SCHWIERIGKEITSGRADE DER WANDERUNGEN

KONDITION	LEICHT	MITTEL	SCHWER
	♥ ♡ ♡	♥ ♥ ♡	♥ ♥ ♥
Länge	< 3 km	< 8 km	> 8 km
Höhenmeter	< 200 hM	< 500 hM	> 500 hM
Gehzeit	< 1½ h	< 4 h	> 3½ h

TECHNIK	LEICHT	MITTEL	SCHWER
	👢👢👢	👢👢👢	👢👢👢
Anforderungen	keine speziellen Anforderungen	trittsicher, gute körperliche Verfassung	trittsicher, sehr gute körperliche Verfassung, schwindelfrei
Wegqualität	sehr gut	gut, Stellen unwegsam	teilweise unwegsames Gelände, Bachquerungen zum Teil anspruchsvoll
Ausgesetztheit	kaum ausgesetzt	teilweise wenig exponiert	teilweise exponiert, z. T. mit Ketten gesichert

WANDERINFOS UND WANDERKARTE AUF DEM SMARTPHONE

Wir bieten Ihnen zu jeder Wanderung Online-Informationen (Wegstrecke, Dauer und Höhenprofil) samt Wanderkarte an. Zu den Online-Infos gelangen Sie via QR-Code bzw. dem Link, der bei jeder Wanderung vermerkt ist.

Ein Angebot in Zusammenarbeit mit schweizmobil.ch.

Inhalt

HERBST

Genf und Waadt
- **30** Aussichtsgipfel La Dôle 4
- **31** Genfer Champagne 5
- **32** Weinberge von La Côte 6

Lötschental VS
- **33** Themen- und Lehrpfad «sehen & verstehen» 7
- **34** Lötschentaler Höhenweg 8
- **35** «Besinnungsweg» nach Kühmad 9

Pilatus
- **36** Normalweg ab Alpnachstad 10
- **37** Aussichtsberg Matthorn 11
- **38** Heitertannliweg ab Kriens 12
- **39** Gratweg vom Pilatus ins Eigental 13

WINTER

Goms, Obergoms, Binntal VS
- **40** «Natura Trail» im Binntal 14
- **41** Hungerberg im Obergoms 15
- **42** Panoramaweg in der Aletsch Arena 16

Val Müstair GR
- **43** Hochebene Jufplaun mit Schneeschuhen 17
- **44** Panoramawanderung Alp Champatsch 18
- **45** Skitour Piz Terza 19

Surselva GR
- **46** Schneeschuhtrail «Camana» 20
- **47** Panoramaweg Zervreila 21
- **48** Schlittelbeizli Imschlacht 22

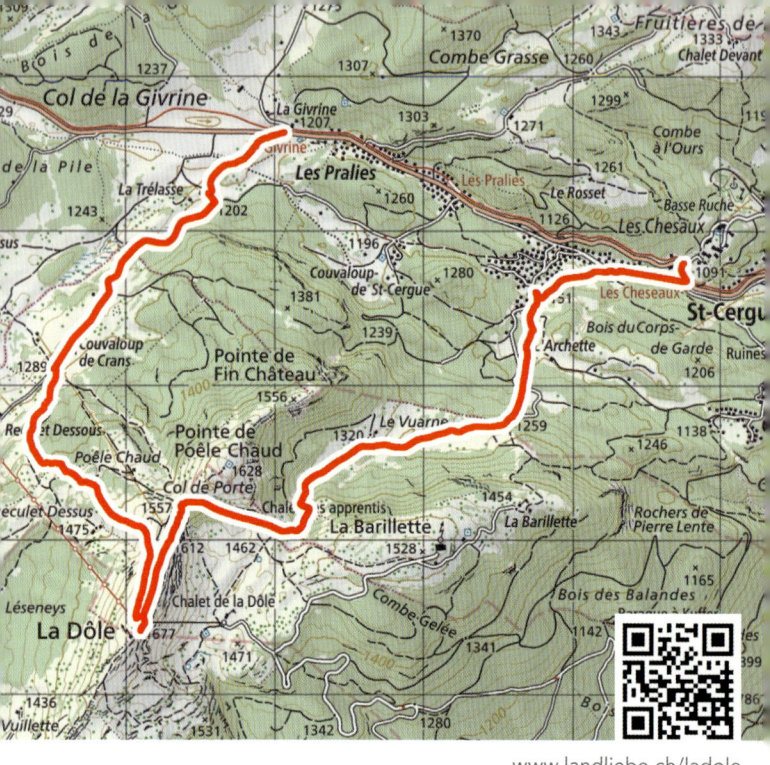

30
Aussichtsgipfel La Dôle

👟👟👟 ❤️❤️❤️

Kein Wunder, gehört der Berggipfel La Dôle zu den beliebtesten Wanderzielen am Lac Léman. Die Weitsicht über den See und die gesamte Hochalpenkette ist spektakulär. Gleich vis-à-vis winkt zum Greifen nah der Höchste von allen: der Montblanc. Weil auf La Dôle riesige futuristische «Kugeln» warten, wird dieser Ausflug auch «Spaziergang zum Mond» genannt. Es handelt sich bei den Kugeln um Radaranlagen von MeteoSchweiz, Swisscom und Skyguide.

START & ZIEL La Givrine (1207 m ü. M.) – La Trélasse (1202 m ü. M.) – Cuvaloup de Crans (1289 m ü. M.) – La Dôle (1677 m ü. M.) – Col de Porte (1558 m ü. M.) – Le Vuarne (1320 m ü. M.) – Saint-Cergue (839 m ü. M.).

DISTANZ & GEHZEIT 11 Kilometer, 4,5 Stunden.

HÖHENMETER 550 aufwärts, 650 abwärts.

EINKEHR In Saint-Cergue und Cuvaloup de Crans.

www.landliebe.ch/champagne

31
Genfer Champagne
👢👢👢 ♥♥♥

Wo besonders edle Trauben reifen: Diese Rundwanderung durch La Champagne im Genfer Hinterland ist ein landschaftliches Highlight und bringt uns an die Grenze – nämlich ins westlichste Dorf der Schweiz, nach Chancy. Weinberge, Ackerfelder, Alleen und Auen machen die Tour sehr abwechslungsreich. Gut zu wissen: Die westlichste Ecke der Schweiz ist ein wahres Flachland – es gibt keine schweisstreibenden Steigungen zu überwinden. Das Motto heisst: geniessen. In den ruhigen Dörfern warten gemütliche Beizli.

START & ZIEL La Plaine (354 m ü. M.) – Avully (424 m ü. M.) – Sézegnin (415 m ü. M.) – Avusy (412 m ü. M.) – Chancy (361 m ü. M.) – Le Martinet (377 m ü. M.) – La Plaine.

DISTANZ & GEHZEIT 14 Kilometer, 4 Stunden (Rundtour).

TIPP Ein Bus verkehrt zwischen den Ortschaften, die Wanderung kann entsprechend abgekürzt werden.

EINKEHR In den Dörfern.

GENF UND WAADT

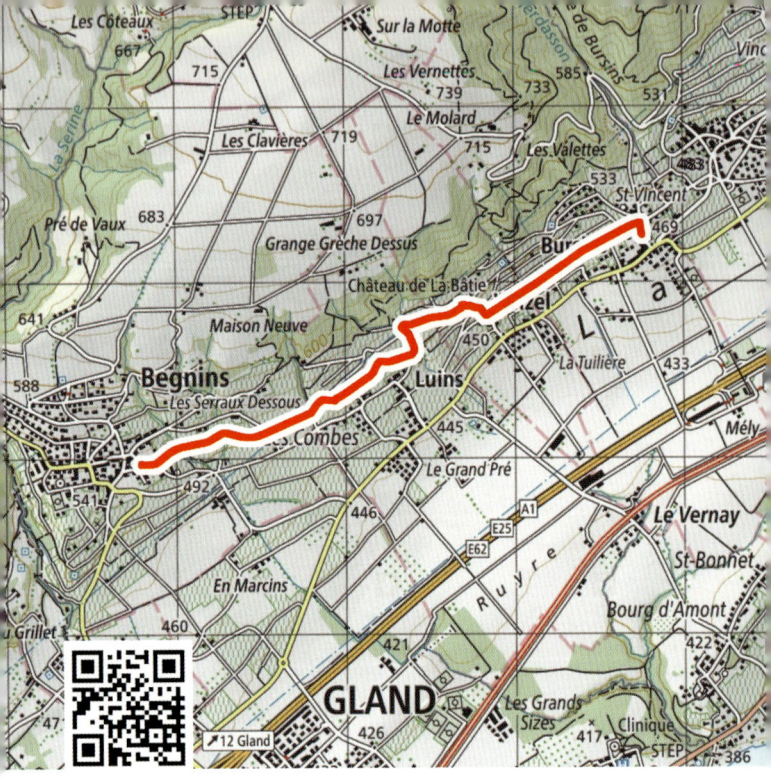

www.landliebe.ch/lacote

32
Weinberge von La Côte

Traumhaft schön und Entschleunigung pur: Diese Wanderung durch die prächtigen Weinberge von La Côte am Genfersee ist wie Ferien – und führt zwischen den Winzerdörfern Vinzel und Bursins auch am Weingut von Bundesrat Guy Parmelin und dessen Bruder vorbei. Die Region La Côte umfasst die Hälfte der Waadtländer Weinanbaufläche und produziert rote, weisse und rosé Tropfen. Entlang des Wegs stehen altehrwürdige Châteaus. Imposant ist das Château Le Rosey in Bursins, seine Mauern stammen aus dem 13. Jahrhundert. Jetzt im Herbst duften die reifen Trauben herrlich, und die Reben leuchten goldig. Betörend ist die Sicht auf den Lac Léman und in die Alpen.

START & ZIEL Begnins VD (541 m ü. M.) – Luins (469 m ü. M.) – Vinzel (450 m ü. M.) – Bursins VD (469 m ü. M.). Retour auf derselben Route – oder mit dem Bus.

DISTANZ & GEHZEIT 4 Kilometer, 1 Stunde pro Weg.

HÖHENMETER 100 aufwärts, 100 abwärts.

EINKEHR In den Dörfern.

6 GENF UND WAADT

www.landliebe.ch/lehrpfad

33
Themen- und Lehrpfad «sehen & verstehen»
👞 👞 👞   ♥ ♥ ♥

Von der Fafleralp zuhinterst im Lötschental führt diese Rundwanderung durch eine unverbaute und einmalig schöne subalpine Landschaft. Lärchen, Alpenflora, Bergseen, die junge Lonza, Sicht auf den Langgletscher und die weissen Schneegipfel! Entlang des Wegs informieren Tafeln des Lehrpfads «sehen & verstehen» zum Thema Klima und Gletscherlandschaft – und öffnen tatsächlich die Augen. Die rot-weiss markierten Wege verlangen etwas Trittsicherheit, sind aber nicht sehr steil und eignen sich auch für berggängige Kinder.

START & ZIEL Fafleralp (1766 m ü. M.) – Grundsee (1842 m ü. M.) – Guggisee (2007 m ü. M.) – Fafleralp.

DISTANZ & GEHZEIT 8 Kilometer (Rundtour), 3 Stunden.

HÖHENMETER 450 aufwärts, 450 abwärts.

EINKEHR Auf der Fafleralp.

LÖTSCHENTAL VS

www.landliebe.ch/hoehenweg

34
Lötschentaler Höhenweg

🥾 🥾 🥾 ❤️ ❤️ 🤍

Alpweiden, Lärchen und Sicht auf verschneite Dreitausender und Gletscher: Der Lötschentaler Höhenweg gehört zu den schönsten Panoramawanderungen der Schweiz. Einfach zu begehen, auch mit Kindern geeignet (Sagenweg). Am malerischen Schwarzsee wartet eine Feuerstelle, und in den gemütlichen Alprestaurants geniessen Wanderer die Sonnenseite des Tales und den Blick auf das imposante Bietschhorn (3934 m ü. M.).

START & ZIEL Von Wiler mit der Seilbahn auf die Lauchernalp (1969 m ü. M.). Weiter zu Fuss Richtung Weritzalp (2099 m ü. M.) – Tellialp (1865 m ü. M.) – Schwarzsee (1860 m ü. M.) – Fafleralp (1795 m ü. M.) mit Bushaltestelle.

DISTANZ & GEHZEIT 9 Kilometer, 3 Stunden.

HÖHENMETER 250 aufwärts, 500 abwärts.

TIPP Diese Wanderung wird ebenso oft in entgegengesetzter Richtung unternommen: von der Fafleralp auf die Lauchernalp.

EINKEHR In Wiler, auf der Lauchern-, Telli- und Fafleralp.

www.landliebe.ch/kuehmad

35
«Besinnungsweg» nach Kühmad

Diese leichte und stille Wanderung führt auf dem Talboden des Lötschentals über den «Besinnungsweg»: von der Kirche in Blatten zur barocken Wallfahrtskapelle Mariä Heimsuchung von Kühmad. Wunderbare Naturlandschaft mit Blick auf die Lonza, Lärchenwälder und Berggrate. Im Herbst grasen auf den Weiden Schwarznasenschafe. Auch für wenig erfahrene Wanderer geeignet.

START & ZIEL Blatten (1540 m ü. M.) – Eisten (1580 m ü. M.) – Geryn (1607 m ü. M.) – Kühmad (1625 m ü. M.). Retour auf gleichem Weg.

DISTANZ & GEHZEIT 2 Kilometer (pro Weg), 45 Minuten (pro Weg).

HÖHENMETER 120.

TIPP Wer nicht zurückwandern will, kann in Kühmad den Postbus nehmen.

EINKEHR In Blatten.

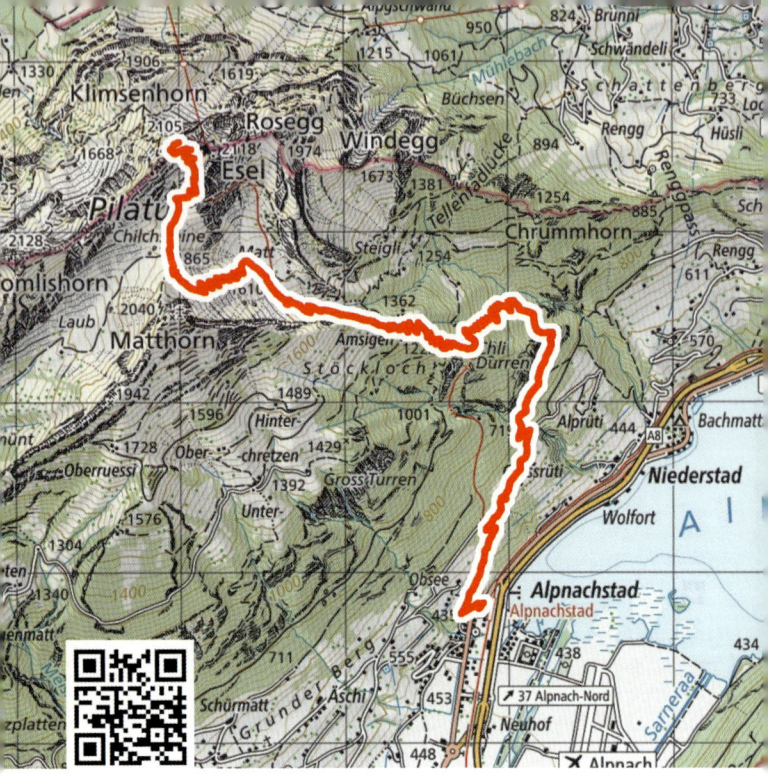

www.landliebe.ch/alpnachstad

36
Normalweg ab Alpnachstad

Die Klassikerwanderung am Pilatus! Technisch einfach, aber konditionell anspruchsvoll. Entlang der steilsten Zahnradbahn der Welt. Fantastische Landschaft.

START & ZIEL Talstation Pilatus-Zahnradbahn in Alpnachstad (beim Bahnhof, 435 m ü. M.) – Ämsigen (1362 m ü. M.) – Mattalp (1610 m ü. M.) – Chilchsteine (1865 m ü. M.) – Pilatus Kulm (2105 m ü. M.). Retour mit der Bahn.

DISTANZ & GEHZEIT 8 Kilometer (Aufstieg), 5,5 Stunden.

HÖHENMETER 1650.

EINKEHR Alpnachstad, «Pilatus-Kulm» und «Pilatus-Bellevue».

TIPP I Kürzere Variante: mit der Zahnradbahn von Alpnachstad bis zur Mittelstation Ämsigen fahren.

WICHTIG Die Zahnradbahn macht jeweils ab Mitte November Winterpause.

TIPP II Ab Chilchsteine lohnt sich der Abstecher auf das Matthorn (2040 m ü. M.). Siehe Wandertipp «Aussichtsberg Matthorn».

www.landliebe.ch/matthorn

37
Aussichtsberg Matthorn
👟 👟 👟   ♥ ♥ ♡

Das Matthorn ist ein Nachbargipfel des Pilatus und offeriert eine Weitsicht, die einem den Atem verschlägt. Am schnellsten erreicht man den Aussichtsberg ab der Pilatus-Bergstation. Der Weg ist anspruchsvoll, an den schwierigsten Stellen helfen die angebrachten Stahlseile. Trittsicherheit und Schwindelfreiheit sind trotzdem von Vorteil.

START & ZIEL Bergstation Pilatus-Zahnradbahn (2105 m ü. M.) – Chilchsteine (1865 m ü. M.) – Matthorn (2040 m ü. M.). Retour auf gleicher Route oder hinab nach Alpnachstad (435 m ü. M.).

DISTANZ & GEHZEIT 3,5 Kilometer, 2,5 Stunden (Rundtour).

HÖHENMETER 400 aufwärts, 400 abwärts.

TIPP Das Matthorn kann auf der Wanderung von Alpnachstad auf den Pilatus als Abstecher angehängt werden.

EINKEHR «Pilatus-Kulm» und «Pilatus-Bellevue».

www.landliebe.ch/kriens

38
Heitertannliweg ab Kriens
👢👢👢 ♥♥♥

Von Kriens bis Fräkmüntegg eine familienfreundliche Wanderung – mit Pilu-Land und Seilpark. Von der Fräkmüntegg geht es über Alpweiden hinab nach Ober Lauelen (1330 m ü. M.), wo schliesslich der Heitertannliweg beginnt. Er ist steil und teilweise ausgesetzt (bei Regen oder nach Schneefall ungeeignet). Beim Klimsenjoch wartet eine Kapelle. Prächtige Weitsicht ins Flachland und in die Voralpen.

START & ZIEL Kriens (490 m ü. M.) – Krienseregg (1026 m ü. M.) – Schönenboden (1115 m ü. M.) – Fräkmüntegg (1416 m ü. M.) – Ober Lauelen (1330 m ü. M.) – Klimsenhornjoch (1864 m ü. M.) – Pilatus-Kulm (2105 m ü. M.). Retour mit der Bahn.

DISTANZ & GEHZEIT 12 Kilometer, 7 Stunden.

HÖHENMETER 1800.

TIPP I Kürzere Variante: mit der Seilbahn von Kriens bis Krienseregg oder Fräkmüntegg fahren.

WICHTIG Die Seilbahn ist jeweils ab Ende Oktober drei Wochen in Revision, kein Betrieb.

EINKEHR Kriens, Krienseregg, Fräkmüntegg, «Pilatus-Kulm» und «Pilatus-Bellevue».

www.landliebe.ch/gratweg

39
Gratweg vom Pilatus ins Eigental

🥾 🥾 🥾 ♥ ♥ ♥

Vom Pilatus-Kulm aus beginnt diese Wanderung harmlos. Bis zum Tomlishorn ist der Weg gut ausgebaut und einfach (30 Minuten pro Weg, 1,5 km). Danach führt der schmale Naturpfad über den ausgesetzten, grasbewachsenen Grat. Bis ins Eigental lange und anspruchsvoll. Aber landschaftlich überaus reizvoll mit Fernsicht über die Zentralschweiz, zu den Emmentaler Gipfeln und in die Berner Hochalpen. Die Gratwanderung sollte keinesfalls bei Regen- oder Schneefall angegangen werden. Im Moor auf der Oberalp befindet sich der Pilatussee, in den laut Legende Pontius Pilatus versenkt worden sein soll.

START & ZIEL Von der Pilatus-Bergstation (2105 m ü. M.) via Tomlishorn (2128 m ü. M.) und Oberalp (1546 m ü. M.) nach Eigenthal-Talboden (970 m ü. M., Busbahnhof) – oder umgekehrt.

DISTANZ & GEHZEIT 11 Kilometer, 4,5 Stunden.

HÖHENMETER 300 aufwärts, 1400 abwärts.

EINKEHR «Pilatus-Kulm» und «Pilatus-Bellevue», Eigenthal Dorf.

UNSERE PLAN-B-VARIANTE
Von der Pilatus-Bergstation (2105 m ü. M.) via Tomlishorn (2128 m ü. M.) bis Widderfeld (2075 m ü. M.). Hier den Grat Richtung Alpnach verlassen. Abstieg via Felli (1701 m ü. M.), Märenschlag (1320 m ü. M.) und Lütoldsmatt ins Tal.

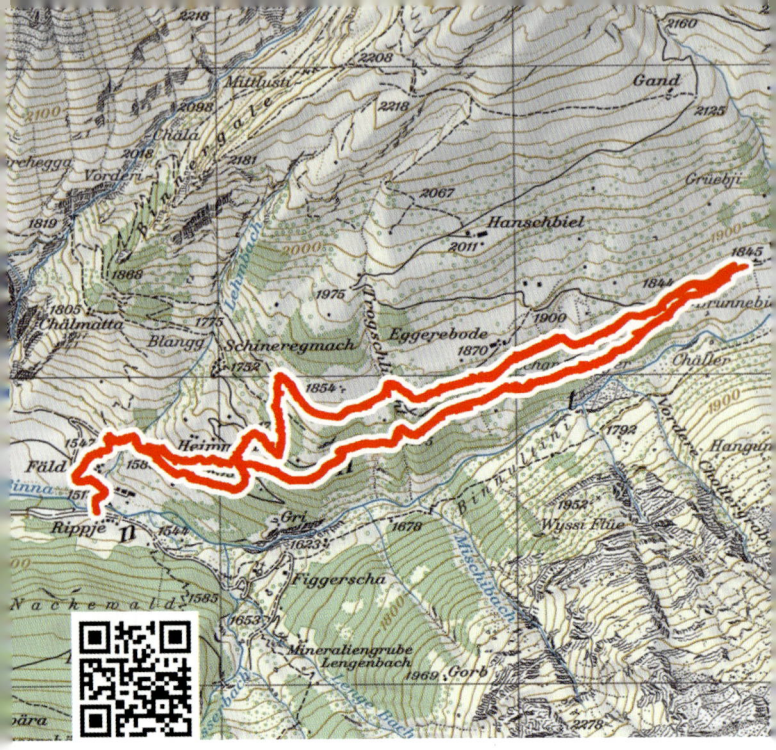

www.landliebe.ch/binntal

40
«Natura Trail» im Binntal

Eine Schneeschuhwanderung fürs Bilderbuch! Ruhig, verträumt, landschaftlich einmalig. Der «Natura Trail» startet in Fäld, dem hintersten Weiler im Binntal. Abwechselnd durch lichten Lärchenwald und über offenes Gelände führt der gut ausgeschilderte Weg in angenehmer Steigung bis auf die Alp Brunnebiel. Hier öffnet sich ein prächtiger Weitblick zum stolzen Ofenhorn, das exakt auf der Grenze zu Italien liegt. Zurück gehen wir am Eggerebode vorbei und am Ende direkt hinab zum Ausgangspunkt Fäld.

START & ZIEL Fäld (1547 m ü. M.) – Alp Brunnebiel (1845 m ü. M.) – Fäld.

DISTANZ & GEHZEIT 6 Kilometer (Rundtour), 2,5 Stunden.

HÖHENMETER 350 aufwärts, 350 abwärts.

TIPP Bis Ende Januar bleibt der Talboden vormittags im Schatten. Die Sonne erreicht den «Natura Trail» erst ab dem Mittag.

EINKEHR Restaurant Bärgkristall in Fäld.

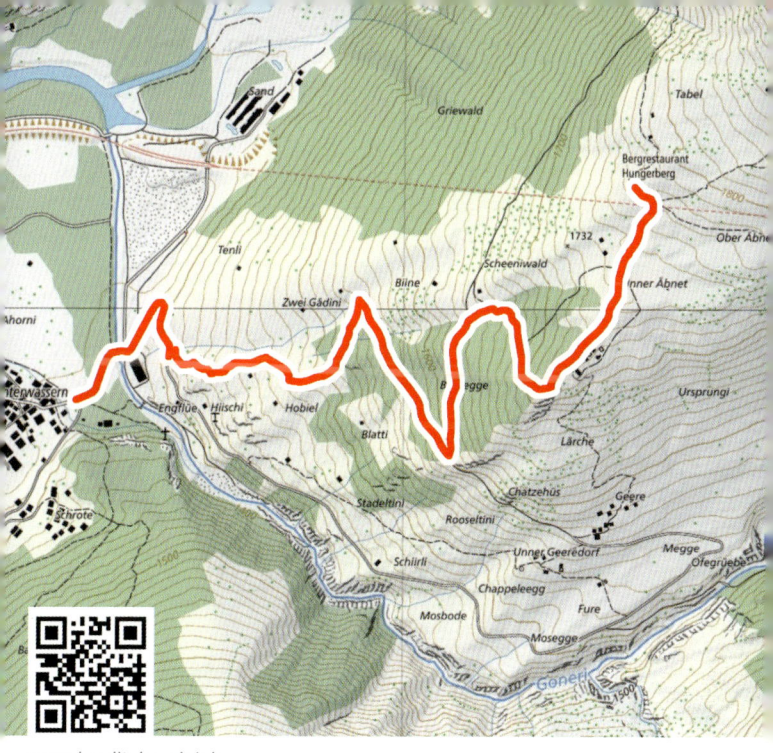

www.landliebe.ch/obergoms

41
Hungerberg im Obergoms

👟👟👟 ♥♥♡

Der Hungerberg ist eine der schönsten und sonnigsten Bergterrassen im Obergoms. Schlicht umwerfend ist die Weitsicht über das ganze Tal vom Restaurant Hungerberg. Hinauf führt ein direkter, recht steiler, aber präparierter Trail für Schneeschuläufer sowie ein sanfter angelegter, ebenfalls perfekt präparierter Winterwanderweg.

START & ZIEL Oberwald/Parkplatz Unterwassern (1385 m ü. M.) – Bergrestaurant Hungerberg (1772 m ü. M.) – Unterwassern.

DISTANZ & GEHZEIT 2 Kilometer pro Weg, 1,5 Stunden aufwärts und 1 Stunde abwärts.

HÖHENMETER 400 aufwärts, 400 abwärts.

TIPP Für erfahrene Schneeschuhläufer und Skitourenfahrer bietet sich der Aussichtsgipfel Gale (2508 m ü. M.) an. Er befindet sich oberhalb des Hungerbergs, führt durch freies, nicht ausgeschildertes Gelände.

EINKEHR Bergrestaurant Hungerberg (Öffnungszeiten beachten: www.hungerberg.ch), diverse Restaurants in Oberwald.

GOMS, OBERGOMS, BINNTAL VS

www.landliebe.ch/aletsch

42
Panoramaweg in der Aletsch-Arena

👟👟👟 ♥♥♡

Kein Wunder, ist der Wanderweg zwischen Moosfluh und Riederfurka die populärste Winterwanderung im Goms: Das Panorama ist atemberaubend! Auf der einen Seite der Aletschgletscher, der grösste Eisstrom der Alpen. Auf der anderen Seite die versammelte Prominenz der Walliser Viertausender – inklusive Matterhorn.

START & ZIEL Von der Aletsch-Arena-Talstation Mörel (759 m ü. M.) mit der Bahn via Riederalp auf die Moosfluh (2333 m ü. M.). Zu Fuss via Hohfluh (2227 m ü. M.) und Riederfurka (2065 m ü. M.) hinab auf die Riederalp (1925 m ü. M.). Zurück nach Mörel mit der Bahn.

DISTANZ & GEHZEIT 5 Kilometer, 2 Stunden (ohne Bahnfahrt).

HÖHENMETER 450 abwärts.

TIPP Wer nicht die ganze Wanderung machen mag, kann bei der Bergstation Hohfluh abkürzen.

EINKEHR Panoramarestaurant Riederfurka, diverse Restaurants auf der Riederalp.

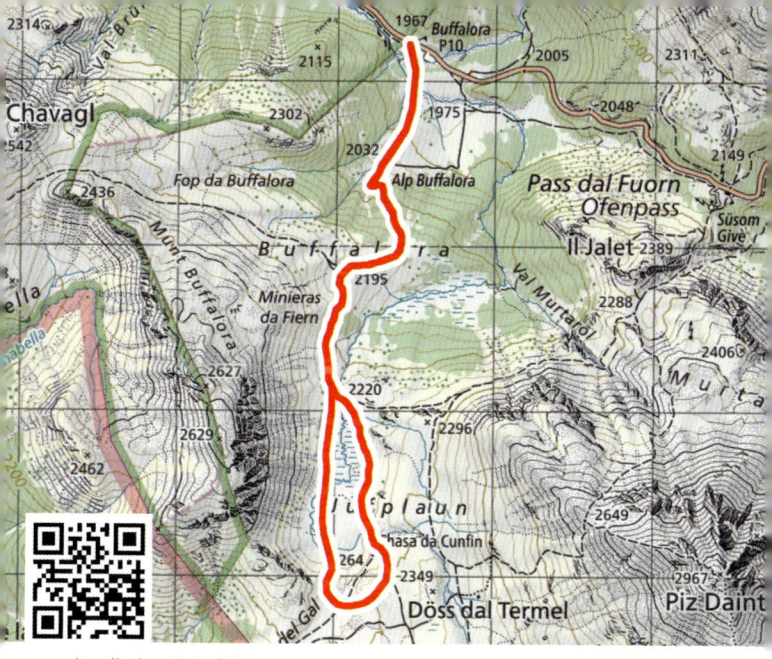

www.landliebe.ch/jufplaun

43
Hochebene Jufplaun mit Schneeschuhen
👢 👢 👟 ♥ ♥ ♡

Eine Schneeschuhwanderung wie aus dem Bilderbuch. Wir spuren durch einen knorrigen Arvenwald bergauf, auf der Hochebene Jufplaun drehen wir eine weite Runde. Berge, Natur und Stille, so weit Auge und Ohr reichen. Sehr erholsam. Proviant und heissen Tee in der Thermosflasche nicht vergessen.

START & ZIEL Buffalora (Postauto, 1968 m ü. M.) – Alp Buffalora (2038 m ü. M.) – Hochebene Jufplaun (2260 m ü. M.) – Chasa da Cunfin (2264 m ü. M.) und je nach Lust und Laune bis ans Ende der Hochebene. Retour auf demselben Weg oder via Döss da las Plattas und den Bach entlang zurück nach Buffalora.

DISTANZ & GEHZEIT 8 Kilometer, 4 Stunden (je nach Runde länger).

HÖHENMETER Ca. 400 aufwärts, 400 abwärts.

EINKEHR Gasthaus Buffalora.

WICHTIG Diese Schneeschuhwanderung ist technisch einfach, aber nicht ausgeschildert und präpariert. Erfahrung im freien Gelände – inklusive Beurteilung der Lawinengefahr – ist nötig. Im Val Müstair gibt es mehrere Anbieter für geführte Schneeschuhwanderungen. Information im Hotel oder Tourismusbüro (www.val-muestair.engadin.com).

AUSRÜSTUNG Schneeschuhe und Lawinennotausrüstung (LVS, Schaufel, Sonde).

VAL MÜSTAIR GR

www.landliebe.ch/champatsch

44
Panoramawanderung Alp Champatsch

So macht Winterwandern Freude! Der Weg über die Münstertaler Sonnenterrasse ist schön präpariert und familienfreundlich, die Weitsicht reicht bis ins Südtirol.

START & ZIEL Talstation der Sportbahnen Minschuns (2100 m ü. M., oberhalb von Tschierv, mit dem Sportbus gratis erreichbar) – Alp Champatsch (2090 m ü. M.) – Lü (1920 m ü. M., Postauto).

DISTANZ & GEHZEIT 7 Kilometer, 3 Stunden.

HÖHENMETER 150 aufwärts, 400 abwärts.

EINKEHR Auf der Alp Champatsch und in Lü.

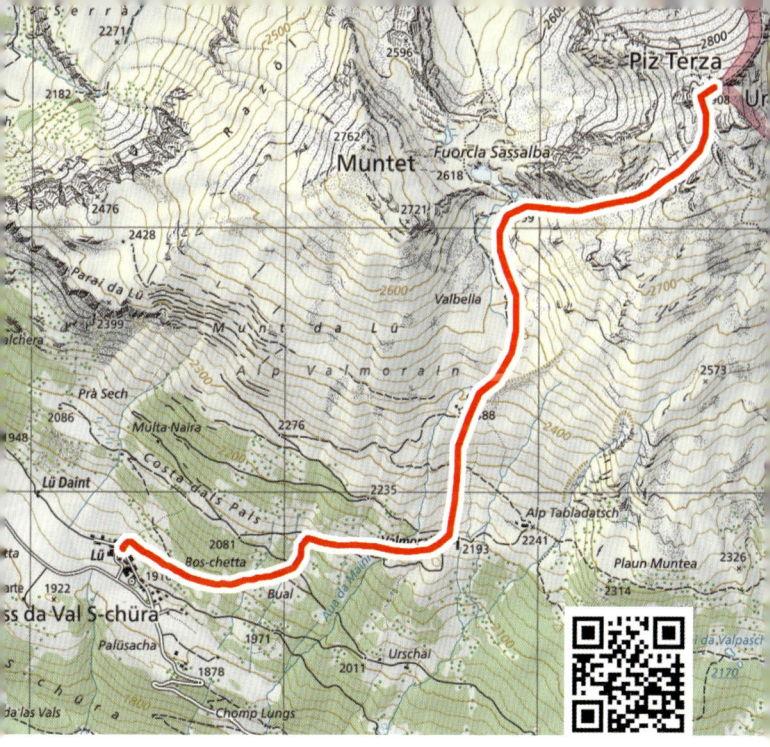

www.landliebe.ch/pizterza

45
Skitour Piz Terza
👢👢👢 ♥♥♥

Ein fantastischer Aussichtsberg mit zwei Namen: Die Münstertaler nennen ihn Piz Terza, die Südtiroler Urtiolaspitze. Exakt über dem Gipfel verläuft die Landesgrenze zu unserem Nachbarn Italien. Im unteren Teil ist diese Tour romantisch und leicht. Oberhalb der Alp Valmorain wird die Route jedoch alpin. Beliebt bei Skitourengehern, denn die Abfahrt über die unberührten Südhänge ist rassig.

START & ZIEL Dorf Lü (1920 m ü. M., Postauto) – Alp Valmorain (2193 m ü. M.) – Fuorcla Sassalba (2619 m ü. M.) – Piz Terza (2909 m ü. M.) – Lü.

DISTANZ & GEHZEIT Aufstieg: 4 Kilometer, 3,5 Stunden. Abfahrt: je nach Variante.

HÖHENMETER 1000.

EINKEHR In Lü.

HINWEIS Diese Tour ist auch mit Schneeschuhen möglich, aber nicht ausgeschildert und nicht präpariert. Erfahrung im freien Gelände und in der Beurteilung der Lawinengefahr ist unerlässlich und eine Lawinenausrüstung nötig.

VAL MÜSTAIR GR

www.landliebe.ch/camana

46
Schneeschuhtrail «Camana»

🥾 🥾 👟   ♥ ♥ ♡

Das ursprüngliche und ruhige Safiental bietet Erholung und Natur pur! Ein Highlight ist die Schneeschuhwanderung vom Talboden hinauf nach Camanaboda zum alten Schulhaus, das zum heimeligen «Hotel Camana – beizli, lotsch & zuber» umgebaut wurde (nur im Winter offen). Auf der Sonnenterrasse mit dem grandiosen Weitblick kann man die Seele baumeln lassen. Die Biospeisen (inklusive Murmeltier) stammen aus dem Tal, die diversen Käse stellen Gastgeber Toni und Michèle eigenhändig auf ihrer Alp her.

START & ZIEL Im Safiental an der Abzweigung Camana/Posthaltestelle (Postauto-Linie Versam – Thalkirch) – Innercamana – Camanaboda (1766m ü. M.). Retour: auf gleicher Route oder direkt hinab zur Postautohaltestelle Mura.

DISTANZ & GEHZEIT 3 Kilometer bis Postautohaltestelle Mura, 2,5 Stunden.

HÖHENMETER 250 aufwärts, 300 abwärts.

EINKEHR Hotel Camana (nur im Winter offen).

20 SURSELVA GR

www.landliebe.ch/zervreila

47
Panoramaweg Zervreila

👢👢👟 ♥♥♡

Die geschützte Moorlandschaft liegt unter der Schneedecke, die Aussicht reicht bis zu Gipfeln wie dem Zervreilahorn («Matterhorn von Vals») und bis zum Zervreilasee. Zu Recht ist dieser einfache, aber erlebnisreiche Panoramaweg die beliebteste Wanderung im Valsertal. Immer wieder laden Holzbänke zum Verweilen und Sonnegeniessen ein. Vom Restaurant Zervreila aus führt eine sieben Kilometer lange Schlittelbahn nach Vals. Rodel können gemietet werden. Die Strecke eignet sich auch für Schlittelanfänger und Kinder.

START & ZIEL Von Vals mit der Seilbahn bis Gadastatt (1813 m ü. M.). Weiter zu Fuss zum Weiler Frunt (1990 m ü. M.) – Zervreilastausee – Restaurant Zervreila (1864 m ü. M.). Zurück nach Vals mit dem Schlitten, Shuttlebus oder zu Fuss.

DISTANZ & GEHZEIT 5,5 Kilometer (bis Restaurant Zervreila), 2,5 Stunden.

HÖHENMETER 250 aufwärts, 200 abwärts.

EINKEHR Bergrestaurant Gadastatt, Restaurant Zervreila, in Vals.

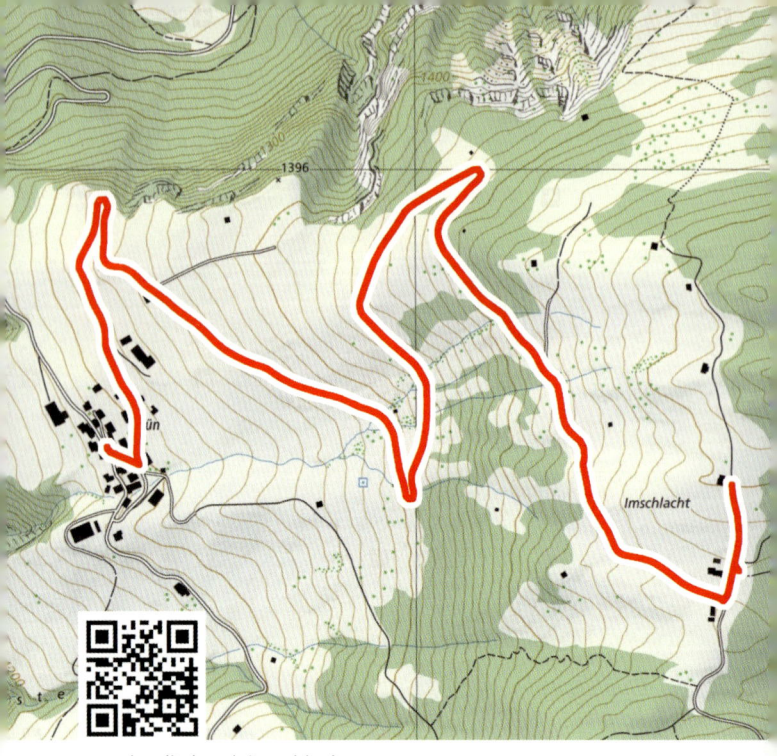

www.landliebe.ch/imschlacht

48
Schlittelbeizli Imschlacht

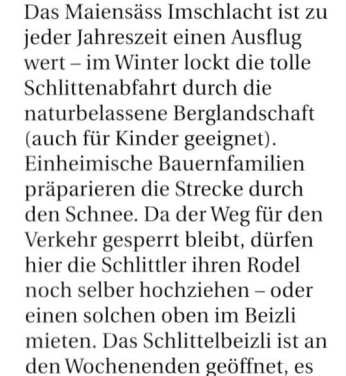

Das Maiensäss Imschlacht ist zu jeder Jahreszeit einen Ausflug wert – im Winter lockt die tolle Schlittenabfahrt durch die naturbelassene Berglandschaft (auch für Kinder geeignet). Einheimische Bauernfamilien präparieren die Strecke durch den Schnee. Da der Weg für den Verkehr gesperrt bleibt, dürfen hier die Schlittler ihren Rodel noch selber hochziehen – oder einen solchen oben im Beizli mieten. Das Schlittelbeizli ist an den Wochenenden geöffnet, es gibt kulinarische Spezialitäten aus der Region. Unter der Woche steht den Gästen eine Selbstbedienungsbox mit Getränken und Snacks zur Verfügung. Von der Terrasse aus blickt man bis zu den Brigelser Hörnern oder zur Tödikette.

START & ZIEL Brün (1289 m ü. M.; oberhalb von Valendas) – Imschlacht (1652 m ü. M.). Retour mit dem Schlitten oder zu Fuss.

DISTANZ & GEHZEIT 3 Kilometer pro Weg, 1,5 Stunden.

HÖHENMETER 300.

EINKEHR Schlittelbeizli Imschlacht.

Schweizer
LandLiebe